岩 波 文 庫

33-133-3

中　　国　　史

(上)

宮崎市定著

岩 波 書 店

はしがき

私は大正十四年に京都大学東洋史学科を卒業してすぐ京都府立一中、ついで六高、三高、それから京都大学へ移り、定年退職するまで前後およそ四十年、その間に何十回となく中国史概説を講義してきた。ここ十数年は学生を持たないから、従って講義したこともない。それが今度、岩波書店から「岩波全書」に収めるべき「中国史」を出すことになり、私はこの書の読者を、私の学生に見立てて、学生の前で久しぶりに講義するつもりで筆を執ることにした。しかしこれは何も読者に対してえらがるつもりでは毛頭ない。

はじめのうち、私の講義する概説は、当然のことながら、先輩諸賢の高説の請売りであった。それにしても、従来の研究が堆積した山脈の最高の稜線を辿ろうとする努力だけはしてみようとした。しかしそれにもかかわらず、私にはどこか納得できない不満や疑問の点が続出して、それらの問題を解明するためには、結局自分自身が個別に研究を重ねて行くより外に途がない、という結論に到達した。これは概説が単なるまとめ仕事ではなく、基本的な研究の一種であるという事実の発見を意味したのである。

私が大学を卒業した前後の頃、研究室には博学無比の大先生が揃っておられた。その学問の奥行きも間口も、いったいどの位あるのか見当がつかなかった。それは私にとって偉大なる未知数であった。私が初期にものした研究論文は、もっぱらこれら諸先生に見て頂くためのものであり、それにしては恥ずかしくないようにと、ひたすら心掛けたものであった。そしてこのことは同時に、偉大なる未知数の数値を測りたいという願望を蔵するものであった。諸大家に追いつくためには、未知数が全然未知数であっては、目標を設定することさえ出来ないからである。幸いにして先生方はその未知数の偉大さを以て、寛大に私を包容して下さったのであった。

私が私なりに努力を払ったつもりでも、方程式はなかなか解けないでいる間に、先生方は相次いで他界されてしまった。もう私の前に未知数らしい大家はどこにも見当らなくなってきた。その結果、私の研究発表のやり方も従って少しずつ変ってこなければならなくなった。私は過去の未知数に代って、将来の未知数を相手にしなければならぬと覚ったのである。

この小著もそうであるが、私が近頃発表するものは、世のいみじき学匠達に捧げるものではない。私の性分はそういう既知数にはあまり興味を感じない。私は将来ある若い世代を相手に学問を語りたく思う。これから学問を始めようという人は、計り知るべからざる未知数である点において私の関心を惹く。

それと同時に私はこの新しい未知数に対して、大きな責任を感ぜずにはおられない。こちたき談義を繰返して、未知数から飽きられてしまってはならないが、さりとて甘言をもって未知数をスポイルすることはなおさら避けなければならぬであろう。何かの理論によりかかって半独立の歴史学を薦めては、未知数を誤る結果に陥るだろうし、偉大に生長すべき可能性を潜めた未知数を啓発する力量を欠くが故に、矮小化した盆栽仕立てに手を貸しはせぬかの懸念も絶えず存在する。これらの点は私がこれまでもしばしば述べてきたところであるが、自戒他戒のためには、何べん繰返しても、繰返しすぎることにはならぬであろう。

昭和五十二年六月

宮崎市定

凡例

一、天子の在位年数は、実際に即位した翌年に改元した年から数え始め、最終の年までを含む。ただし革命の際は、新天子即位の年から数え始める。
一、すべて年齢は中国流に従い、数え年による。
一、地名はその所在を示すために、現今の省名を冠らせることがある。
一、略年表、系図、参考文献解説、索引は下巻の巻末に付録する。
一、初歩的な参考文献は、拙著『アジア史研究』(同朋舎発行)及び『アジア史論考』(朝日新聞社発行)の中において求め得られるであろう。

〔編集付記〕
一、本書は岩波全書として上巻が一九七七年六月に、下巻が七八年六月にそれぞれ刊行された。また『宮崎市定全集1』に収録され、九三年三月に刊行された。本文庫版の底本には全集版を用いた。
二、本文庫版では、適宜読み仮名を付した。
三、副詞・接続詞など、使用頻度の高いものを一定の基準で平仮名に改めた。
四、一部の歴史用語には〔 〕で注を付した。

(岩波文庫編集部)

目　次

はしがき
凡　例
総　論……13
一　歴史とは何か……13
二　時代区分論……42
三　古代とは何か……53
四　中世とは何か……67
五　近世とは何か……85
六　最近世とは何か……105

第一篇　古代史……111
一　三　代……111
二　都市国家の時代……123
三　戦国時代……147
四　秦……174
五　前　漢……195
六　後　漢……238
第二篇　中世史……259
一　三　国……259
二　晋……280
三　南北朝……291
四　唐……320
五　五　代……343

【下巻目次】

凡　例
第三篇　近世史
一　北宋・遼
二　南宋・金
三　元
四　明
五　清
第四篇　最近世史
一　中華民国
二　国民政府
三　中華人民共和国
むすび

参考文献解説
近世独裁王朝系図
地図
自跋
解説(井上裕正)
中国史年表
事項索引
人名索引

総論

一　歴史とは何か

歴史の個性

私はこの書をこれから読もうとする方に対して、私が歴史というものについて日頃考えていることを、少し詳しく述べてみようと思う。それは読者が失望することのない為に、私がしなければならぬ義務であると共に、こういう機会を利用して私が年来の主張を繰返す場を得た私の権利でもある。

まず第一は、歴史は客観的な学問であるから、誰が書いても同じ結果になるという考えを棄てて欲しいことである。もちろん歴史の叙述の中には、誰が書いても同じになるような部分がある。例えば年表などは誰が造っても大同小異で、その主要部分は動かないであろう。しかし歴史は年表ではないのである。戦時中に一人の参謀本部の将校が、ある大学教授を訪ねてきて、年代を幾つ覚えたら大学の先生になれるか、と聞いて教授をびっくりさせたという話が伝わっている。年表は確かに歴史を圧縮したものであり、重要な歴史学の一部分ではあるが、ただそれだけでは大きな意味を持たない。例えば何年にある国が滅びたという事実は誰が見ても動かせない事実であるにしても、それが持つ意義の評価については各人各様であり得る。殷が滅びた、ということは動かせない歴史事実であるにしても、それが果して世界的な重大事件であったか、あるいは実際には局所的な政権の異動にすぎなかったか、それが中国文化の上にどんな影響を及ぼしたか、この質問に対する応答は幾様にも与えられ、そのいずれが正しいかは一概に決定されぬであろう。私は本書を草するに当って、何よりも自己に忠実であろうと努めた。ただし従来の通説と称せられるものをも、なるべくは忘れずに紹介するつもりであるが、その間に自ら厚薄の別が生ずるを免れないであろう。

時間とは何か

第二には歴史学には時間の評価が大切であることを主張しようとする。私はある歴史的事件が発生するためには、無数の原因があったはずだと考えているが、その原因を結びつけて一つの結果に達するためには時間が必要であった。例えば人類が火の使用を知る以前、どれほど長い間、どれほど多くの人間が、自然による発火、燃焼の状態を目撃したであろうか。そのある者は火に焼けた肉を食い、火に焼けた芋、火に焼けた南瓜を食い、どんなに生よりも甘いと感じたことであろうか。しかしそのたびにそれだけの人がすべて、その火を自分で所有しようと考えたとは限らない。恐らく何千年の間に、ごく限られた人数の者だけが、この大それた欲望を起したに違いない。幸いに人類は既に燃え棒杙(ぼうぐい)を手に持つだけ指の働きが自由になっていた。またその棒を持って歩けるように、腰を伸ばして立つことができるようになっていた。またその火を保存するための洞窟を見つけてそこに住んでいた。だからその仕事といえば火を消さぬように、現場から洞窟まで運び、更にそれが消えないように絶えず薪を追加するだけの知恵があればよかった。しかしこの簡単な仕事も一度で成功するはずはなかった。何べん、何百回、何千回となく、途中で消えて失敗することが繰返されたであろうか。その間に当然何千年、何万年の歳月が過ぎたことは容易に推察される。しかし長い年代の間には有利な要素の出現が期待される。例えば発火燃焼している現物と、住居の洞窟との距離が極めて短いという場合、もしそうでなければ燃え棒杙(ぼうぐい)が偶然にも松の節榑(ふしくれ)で、松脂(まつやに)が沢山溜っていて、松明(たいまつ)のように相当に長距離を火のついたまま運べる場合などに遇えば、困難だった企画が一挙に解決される。だがそれはまさに千載一遇の好機と言わなければならない。

そしてそれは人間の絶え間のない努力に対し、長い長い時間が、最後的に必要な、有利な条件を満たしてくれたのである。

しかし一度人類の手中に握られた火も、これを継続して燃焼させる仕事が、何かの原因で中断され、火が消えて了うと、人類はまた振り出しに戻って、新しい火種を創造しなければならなかった。そしてその間に時間は惜しみなく流れ、何千年、何万年が一瞬のように過ぎ去ったかも知れない。しかしもし人類の知恵がある程度進歩しており、最初の火から第二、第三の分家が出来ていたとすれば、火種が中絶してしまうという不幸は防ぐことができた。この火種の分家は、必ずしもそうと意識して実行されたとは限らない。かえって敵対する部族がこの魔法の火の存在を知り、スパイを忍びこませ、プロメテウスよろしく、火種を盗み出して自分たちの所有にしていたかも知れない。いずれにしても結果は同じで、火の使用の範囲が拡まれば拡まるほど、火種の絶える心配は少なくなり、やがては人類全体の遺産として子孫の代に引き継がれて行くのである。

この火種の他地域への伝播ということも、種々の困難を伴ったことは事実であって、そう易々と実行されたものではなかったであろうが、しかしこれを最初の火種保存の発明と比べるならば、その難易は同日の談ではない。発明、発見は非常にむつかしいことであるが、それを模倣したり、借用したりするのは比較的容易なものである。

このような考えからして、私は必然的に文化一元論の立場に立つ。人類文化の最も基本的な要素はある特定の一地域で発達し、それが世界の各地に伝播して、それぞれの地に特色ある文明を成立させたと考えるのである。もっと端的に言えば、人類の最古の文明は西アジアのシリア周辺に発生し、それが西に伝わってヨーロッパの文明となり、東に向ってインド、中国の文明になったと考える。例えば銅や鉄の発明はすべて西アジアに起り、それが四方に伝わって行ったものと見たいのである。

距離の評価

文明が西アジアからヨーロッパへ伝わったことは距離が短いから容易に考えられることだが、それが中国へ伝わるについては、その中間に横たわる広大なる空間の克服を如何に説明するか、そういう疑問が必ず発せられるものと思う。しかしこの場合も、解決の鍵は時間に外ならない。銅器そのもの、または銅の精錬法の知識などが、あるいは戦争により、あるいは交易により、あるいは結婚、臣服に伴う贈与により、何べんとなく東方へ向って発進したであろう。最初は十キロメートルで止ったかも知れない。次には百キロで止ったかも知れない。しかし数十回、数百回の後には一千キロの地点に到達して、そこに基地を造ったこともあり得るであろう。次にはその基地から出発して更に東へ向って行けば、それを何十回、何百回と繰返した後には、いつか中国へ到着してそこに土着する日が来るのである。ただそのために滅法長い時間を要する。

このように考えて来ると、中国と西アジアとは決して切り離された二地域であるとは言えなくなる。いな、世界中の各地域は、何らかの方法で、他の地域とある程度の連絡を保ち、交渉を続けて来たと考えなければならない。それは今日のように汽車や、汽船や、飛行機やで旅行するのとは速度の点で雲泥の差がある。しかし長い時間をかければ、その効果はいつか同じことになる。貨車一台の荷物は駱駝百頭に分載できるとする。汽車の速さがもし駱駝の百倍とすれば、一万頭の駱駝、もしくは一万倍の時間をかければ、同じ分量を同じ距離の所へ運搬することができるのである。

同じ長さの時間、例えば一年という長さでも、その間に非常に多くの重要な事件が行われる時と、ほとんど社会が停滞したように動かない時とがある。概して言えば古代へ行くほど社会の動きが緩慢であり、現代に近付くほど変転が激しい。それにもかかわらず、我々は古代の緩慢な動きによっても、それが長時間かかれば達成できる大きな成果を無視してはならない。また現代の急激な社会の動きの裏に、本当に人類全体のために有益な進歩が果してどれだけ出来たかの評価を慎重に見極めなければならない。歴史学とは時に関する研究だと言うことができる。

言葉の論理

第三に私が主張したいのは、歴史学はどこまでも事実の論理の学問だということである。私がいつも考えていることは、人間の頭の働きには大体二通りの方向があることである。ある人たちは言葉を重んじ、言葉と言葉との関係なら、どこまでもその論理の展開について行くことができる。この派の人は具体的な事実に出会うと、すぐそれを抽象化し、抽象しない限りは理解したことにならぬとする。頭の中には抽象語がいっぱい詰まっており、その抽象語と抽象語との関係を体系化したのが理論というものであり、学問の目的はこの理論なるものを完成することであると考えている。

ここで我々が注意しなければならぬことは、事実を抽象して抽象語を造ると、その言葉は事実の裏付けなしでも、独り歩きし出す危険のあることである。例えば日本が中国の模倣をして律令を制定して用いたことから律令国家という言葉ができた。中国に前からあった律令を用いた隋唐も、もちろん同様に律令国家である。このような時、律令国家という言葉が独り歩きし出すのである。それも同じ律令国家であるから、中国の状態から日本の状態を推測するならばまだよい。日本の状態から中国を推測するのは極めて危険である。例えば日本の律令国家は古代であるから、中国の律令国家も古代に違いないというような類推をされては困るのである。同じ律令という名をもっても、それが自然発生した土地と、それを輸入した土地とでは、地盤が違えば、その在り方も違う。ところがそんな条件の違いを無視して、律令国家という抽象語が幽霊のように独り歩きをして、愛しあったり結婚したりするのだ。

最も甚だしい例は戦時中の日本であった。日本の歴史事実を抽象して、あるいは抽象したと称して、無数の抽象名詞が造成された。皇道、神国、八紘一宇（はっこういちう）などの言葉が、本当の日本の歴史から離れて、独立に動き出したから大変だったのである。あとで聞けばこういう理論を発明した極右論客は、左翼から転向したり、あるいは左翼の論理を借用したりして、その説をでっち上げたものだと言う。借りられた方は迷惑であったかも知れないが、しかし私の個人的な考えでは、世の中にはずいぶん唯物論と名乗る観念論があって、それはどこの側からでも借用されそうな危険を内蔵しているような気がしてならない。

事実の論理

これと全く反対な頭の働きが一方にある。それは具体的な事実ならば、そのまま頭の中に納まり、事実と事実との連絡、因果関係においてなら、相当複雑な、かつ長たらしいものであっても、すぐ理解することができるという頭である。しかしそれを抽象化されてしまうと、もう言葉と言葉の論理にはついて行けない。言葉には具体性がないからである。しかしその代り、具体的な事実ならば、地理的な横糸と、時間的な縦糸との交錯する座標軸の上に夫々の地位を与えて整理すれば、この事実の論理は混同したり、衝突したりすることがない。そして事実と事実とを結びつけて網の目を造り、これまで足りなかった所を補い、もつれていたり、間違っていた網の目をほどいて正常に戻す、それが歴史学だと思っている。しかし世間ではどうやら、こういう作業は歴史学の中でもいちばん下等な仕事だと見る人が多いようである。少なくもそれだけでは理論にならず、思索性を欠くと思われがちのようである。しかし私の考えではこのような行き方こそ、歴史家の本筋であり、歴史家でなければ出来ない仕事だと思って自ら安んじている。他人が何と思おうとそれは私に関係したことではない。

時間と空間

ただ私が問題としたいのは、時間と空間が織り成す座標軸の広さである。近頃学問が専門化してきたと言われるが、専門化はすなわち細分化である。それにはそれだけの長所があることは当然であるが、ただ歴史学の場合、もし座標軸の設定の範囲があまりに狭くては座標軸の用をなさないことになろう。地理的には北半球の東経七十度から百三十度まで、時間的には十世紀から十三世紀までの四世紀は自分の研究範囲と定めるが、それ以外は誰か他の人に任せきり、ということでは、その範囲内の究極的な意味を問われたときに、どこまで自信を以て答えられるであろうか。もしもこれが地図を作成する事業であったなら、各人が夫々範囲を定めて分担し、あとでそれを接ぎあわせれば、すぐ完全な世界図が出来上り、接ぎ目が何時までも残って害をなすことはない。しかし歴史の場合においては、部分を合せただけでは、それは単なる集合に止まって綜合ではない。そこが地図と歴史の異なる点である。地図を造るには原則を定めておけば、誰が造っても同じものになるが、歴史というものは、決して誰が造っても同じになるとは言えない。部分部分の作者が違えば、それぞれ個性をもった部分が出来上るから、それを無理なく接ぐことができない。強いて接合してみても、それを一つの個性によって統合することができないのである。

あるいは言うであろう。世界史の時間と空間の座標などは、ある種の年表が既に示唆しているように、造ろうと思えばすぐにも出来るではないか、と。しかし私が世界史の座標に要求している縦の発展の時間の線も、横の平面の地理の線も、それらは数学の線であっては困るのである。数学の直線は二点間の最短距離で、長さだけあって幅がない。

そんな線は歴史の座標にはなりにくい。歴史上の座標軸になる線は、幅もあり、重さもあり、何よりも学者の個性が滲んでいるものでなければならぬ。他人からの借物でなく、学者自らが創作した線であるべきだと考える。以上述べたことを、本当によく理解して貰うためには、実例をあげて説明するのが便利であろう。

世界史略年表

左の図は私が考案した世界史の略年表で、その中に私の時代区分論に従って、時間の座標が示してある。斜めに走っている曲線がすなわちそれである。古代から中世、中世から近世の境界線を普通ならば直線で区切るべき所を、ここでは曲線を用いているのに

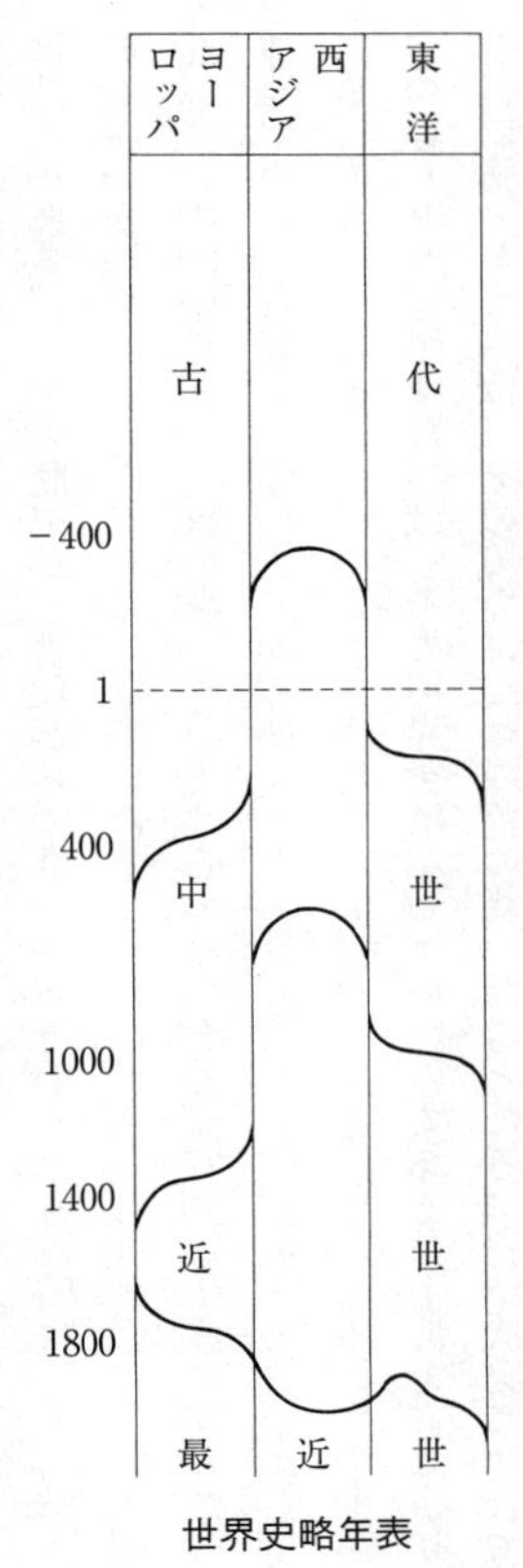

世界史略年表

は理由がある。一つの歴史が、古代から中世へ移るというような時に、ある時点で何も彼もが一度に変るということは、実際にはあり得ない。例えば九六〇年、宋王朝の成立を以て、中国中世から近世へ移った年とするのは、全く便宜的な手段にすぎないので、本当は近世的な傾向はずっと前から始まっており、また大体完成するまでにも更に相当の歳月を要したであろうことは言うまでもない。そこでもし色彩を用いて中世から近世への移り変りを示すならば、その境界をぼかせばいいのである。中世を青に塗り、近世を黄に塗ったならば、その境界は二つの色の雑(まじ)った帯となる。青が次第に薄れて緑になったかと思うと、緑が今度はまた次第に薄れて黄に移って行くのである。併し此処では色を用いることが出来ぬので、曲線によってその漸次移行を現わそうとした。

この表は私がこれまで既に、何べんも使用した図であるが、その意味を特に説明したことはなかったと思う。そのためか、ともすれば多くの読者に私の苦心がみすみす看過されるおそれがあったようである。そこでいま、実例によって若干の注解を試みよう。

東洋的近世

読者はまず東洋地域の近世の部に目を向けられたい。この区間は王朝名で言えば、宋・元・明と清朝の大部分を含ませたつもりである。私の考えに従えば東洋の中心をなす中国は、三国・六朝・唐・五代という中世の状態が、その終り頃になると、次第に近世的傾向を現わし、宋代に入ってほぼ近世の形態を整えてしまうと、そのまま大体同じような状態が清朝の末、十九世紀中葉まで続き、そこから今度は最近世(近代)の傾向が強く現われるようになる。

そこでいま東洋の近世を見ると、これは隣の欄の西アジアの近世と接触している。ところが西アジアの近世は、東洋よりもずっと早く始まっている。私の心算(こころづもり)では、イスラムのアッバス王朝の君主、ハルナラシッド〔ハールーン・ラシード〕の治世の前後において一通りの完成を見たと考えるのである。するとこの西アジアの近世は、東洋の中世に影響を及ぼして、その近世化を刺戟したに違いない。私の言葉で言えば、西アジアのルネサンスが、東洋に影響して、そのルネサンスを出現せしむるに貢献したのである。このような場合、おくれて開花したルネサンスほど完成度が高いものである。すると同じ近世ながら東洋のルネサンスは、西アジアに逆流して、その近世文化を一層高めることが予想され、事実またその通りであったのである。ところで東洋の近世は、西アジアを隔てて、ヨーロッパとも関わりを持つ。東洋が近世化した初期において、ヨーロッパはまだ中世である。とすると東洋の近世文化は、西アジアを経由して、ヨーロッパ中世に影響を及ぼし、その近世化を帮助することもあり得るという推測が可能である。私の考えによれば、事実その通りだったので、言いかえればヨーロッパのルネサンスには、東洋のルネサンスの影響があったに違いないと見られる。そして最後に出て最も完成したヨーロッパのルネサンスは、もう一度逆流して、西アジア、東洋へ影響を及ぼすようになる。

この図に示したように、ヨーロッパの近世は他の地域に比べて非常に短い。完成度の高かったヨーロッパのルネサンスは、そのまま進展を続けて、更に一段と高い産業革命に到達することができたからである。

最近世

この産業革命によって象徴される最近世文化は当然他の地域に影響を及ぼさねばやまぬはずである。しかも本来ならば、まず近接する西アジアを最近世化し、しかる後に東洋を感化すべきであった。しかるに事実は西アジアには当時トルコ帝国があってヨーロッパ文化の受容を拒否し、その結果、西アジアを迂回してヨーロッパ新文化が東洋へ輸入された。その東洋においては、歴史的因縁の深い中国がまずこれと接触したが、当時の清朝は西アジアのトルコ帝国に劣らず、強い拒否反応を示したため、思いもかけず後進的な日本においてまず最近世化が成功を見た。そして日本を仲介することによって中国のヨーロッパ文化輸入が促進され、辛亥革命によって清朝が倒れ、中華民国の成立を見るに至った。ただしこれは政治上の現象に止まり、その経済、社会等の一般状態はなお完全には旧套(きゅうとう)を脱することが出来なかったが、しかしながらこれによって、近代化への方向が確立されたのである。話が少し先走りしすぎたが、もう一度その前の宋朝以後の近世に戻ろう。

このように我々は、世界史略年表を前にして、例えば宋朝成立以後、およそ九百年間に継起した歴史事実について考えるならば、まずそれが東洋近世史の内部においていかなる意義を有するかを考慮におきながら、今度はそれが東洋の中世、他の地域の近世、及び最近世に対して、直接、あるいは間接にそれからそれへといかに関わりあうかを際限なく問いつめ、最後にそれが世界の歴史上において、いかなる意味をもつかを評価しなければならぬのである。

従来とてもこれに類似した方法が用いられたことがないではない。例えば清の康熙(こうき)帝を問題とする時、ヨーロッパではフランスにルイ十四世あり、ロシアに〔ピーター（ピョートル）〕大帝が出で、日本は徳川五代将軍綱吉の在職中であった、というが如き比較である。しかしこれだけでは同年代的に有力な専制者が並んで現われたという類似の平行現象を挙げるに止まり、それ以上に内面的な関連は追究されない。またその関係を辿っ

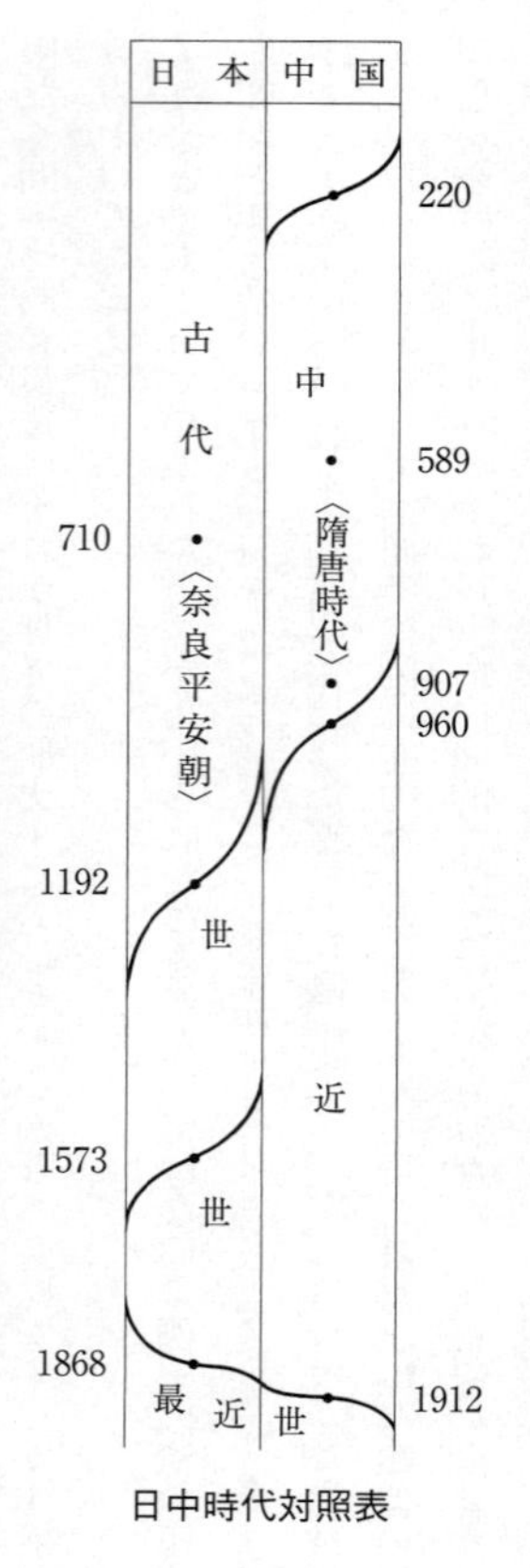

日中時代対照表

てみても具体的に実りある成果を挙げる望みが少ないであろう。歴史学の上で同年代ということと、同段階ということとは、全く意味が違うのである。

中国と日本の場合

もう一つここに実例を挙げよう。これは私の旧著『アジア史概説』、『東洋史の上の日本』その他において私が述べた、中国と日本との関係を図式化したものである。この図式には現われていないが、中国における古代帝国の出現を、秦の天下統一、前二二一年とすれば、日本における古代王朝が明瞭に主権を樹立したのは、ほぼ雄略天皇(四五七―四七九年)の頃と思われるから、その間にざっと七百年に近い時間のずれがある。これだけの距離は、日本がどんなに努力しても、一朝一夕に追いつけるものではなかった。中国の古代帝国、秦漢王朝は約四百四十年ほど継続して滅び、次の三国時代以後は中世の分裂時代に入るが、この統一王朝時代の長さはヨーロッパの古代帝国ローマの寿命、アウグスッス〔アウグストゥス〕の出現(前二七年)から東西ローマ帝国の分裂(三九五年)までの約四百二十年と匹敵し、常識的にも考えられる妥当な期間と言えるであろう。ところが日本古代王朝の開花期、奈良・平安の両朝は、これとは比較にならぬほど、ずっと後に来るのである。日本はこの時期に、隣接する中国から律令制度を輸入し、若干改定を加えてこれを実施した。その限りにおいて、これを律令国家、律令時代と呼んで差支えない。しかしそこから一足とびに、律令国家であるから当時の日本が古代なら、中国の隋唐も古代であるとするならば、こんな乱暴な議論はない。中国の隋唐に律令が行われたのは事実であるが、律令そのものは、中国では漢代から始まり、隋唐を経て、宋代明代までも行われたのであり、律令だけでは時代の特色を現わすわけに行かないのである。また隋唐律令の特色をなすと思われる、いわゆる均田法(きんでんほう)は、三国魏の屯田法(とんでんほう)に淵源(えんげん)する古い由来をもち、それはむしろ中国中世を特徴づける土地法であったことは否定すべからざる事実である。しかもそれは隋唐時代になると、もはや衰頽(すいたい)期に入っており、形骸化して残っていたと見られるのであるが、この制度を輸入した日本では、借り物の悲しさ、社会の実態に適合しなかったため、法を作るかたわらから崩れ去り、帰化権を獲得することさえなく忘れられてしまった。その原因は何よりも当時の両国間における時代の格差に求められるであろう。すなわち両国は空間的には平行して存在したが、中国では中世、日本ではまだ古代というふうに、ワン・ラウンドの差があったのであった。両国の関係はこのように図式化して視覚に訴える方法によると、明瞭に相互の位置が見定められてくるのである。

歴史的地域

とはいえ、私のこの方法にはまだ不十分な点があることを認めなければならない。まず地域と地域との境界線を直線で描いたが、これは更に工夫を加えて曲線を用うべきであったであろう。考えてみると西アジアとヨーロッパとの間において、バルカン半島の歴史は、ある時には西アジア史に、またある時はヨーロッパ史に含まれる。このような変化は曲線によって凹凸を設ければ、ある程度までその実態を現わすことができる。しかしこれは非常に煩瑣(はんさ)で、技術上の困難を伴う。そして著者にとってその技術上の困難を克服してみたところで、これを読む側においても、それだけの準備をして貰った上でなければ理解されにくいはずである。今のところは、この直線による描法の欠陥は双方の側において黙過しあうのが適当であろうと思う。

世界史を図式化する上で、両属性のあるバルカン半島を無視せざるを得なかったように、当面の問題とされない地域は、やはりこれを省略せざるを得ないのである。私が前に掲げた世界史略年表では、インド、アメリカ、アフリカがすべて省略されている。また日・中両国の関係図式においてはその中間に是非必要な朝鮮が省略されている。このような取扱いは決して正当でないことはもちろんであるが、図式というものが、簡略化を前提とするものである以上、省略は本質的に避け得られない結果と言えるであろう。ともあれ我々はいかなる方法であれ、あらゆる知恵を絞って、常に世界史を念頭におき、世界史的立場から、最も具体的に個別の歴史研究に取組む用意が必要だと思う。

世界史的立場

世界史的立場に立つことは、同時に何を研究の題目に選ぶべきかという、対象の選択にも貢献する点が多いであろう。人類の歴史は有史以来でも数千年、その間各地で何億、何兆とも知れぬ多数の人々が生活してきたのであるから、いちいちその跡をたどることは不可能であり、また不要でもある。勢いそこには題目の選択が不可欠となる。そして研究の題目の適否が、半ばその研究の価値を決定するとも言われている。適否の条件は私にも言えない。ただ概して言えば、世界史に関連のあるものほど、研究に値すると言ってよいかと思う。しからばその関連の仕方ということになるが、別にそれは直接的なもの、例えば東西アジア間の文化交渉と言ったような題目とばかり限られてはいない。多くの場合は西アジアを通しての東西関係という風に、間接、あるいは間接の更に間接ということになるのを免れまいが、それはそれでよい。また広い地域に共通する問題ばかりが世界史に関連するとは限らない。どこにもなくて一個所にだけある特殊な現象もまた、その故によって世界史に関連してくるのである。何が最も価値ある研究題目であるかを知り得るのは、最後的には各人が経験を重ねた上で到達し得る境地であろう。

現代史

次に第四に注意を喚起したいのは、世界史あるいは世界史の部分的研究と、現実に進行しつつある世界情勢との関連の問題である。現今の世界は非常な速度で動きつつあり、必然的にその中には人類の将来に深い関わりのあるべき大事件も含まれているに違いなく、更にこれについての情報も洪水のように押しよせてくるのである。これに対して過去の世界に対する研究は遅々として進まぬのが常態なのであって、せっかく世界史の体系を組立てて見ても、すぐその日から一日、一日と現在との間に距離が生じて行くことを免れない。いったい学者は過去の研究を一方で行いながら、他方で現実の世界史の進行に追いついて行けるだろうか、という疑問が生ずる。特にこの疑問は、いわゆる現代史なるものを研究対象とする人にとって、深刻な悩みの種とならざるを得ないのである。

しかし考えてみると、人間の実生活には、絶えず将来を予測し、将来に備えながら、現在の瞬間を生き、新しい歴史を作って行く一面と、また絶えず過去を振返って過去を整理する一面とがある。そして過去を整理しておかなければ、明日の生活に支障を来すことになるのである。過去はそのまま消えて行くものでなく、その中の必要な部分は将来に再生する。だから過去を整理するという仕事は、それ自身が生活の進行なのである。何だか反対の方向に向いているように見えて、実際はそのいずれも、我々が生きて行く間に起る、生活の営みに外ならない。

歴史は人と共に

歴史家の研究はその人自身の生き方の一面であるが、特に過去の整理に重点を置くものである。そして現在と思ったことも、一瞬にしてたちまち過去に変ってしまう。こういう際に歴史に志す者は、他の人よりも一層、現実の社会の動きに鋭く対応し、観察して、印象を深めておくことが必要である。現実の問題として体験し、把握し、理解し、記憶し、整理したことは、やがて何物にも替え難い貴重な史料になるからである。あるいはこんなことは、特に取上げて注意するまでもなく、たとえ歴史家でなくても、たいていの人は既に実行していることなのかも知れない。言いかえれば、老成者はそのまま一種の史料なのであって、近頃の若者は、ともすれば老齢の故に老齢者を侮る気風がもしあったとしたならば、それは大きな誤りだと言わなければならない。

私個人の経験を持出すのは場違いかも知れないが、私は今世紀の初めに生れたので、第一次世界大戦の頃からは既に有史時代に入っており、孫文の最後の活動の頃から後は、事柄によっては、ある程度確実な記憶を持っている。

一九二七年、蔣介石(しょうかいせき)の北伐軍が南京を占領した際、配下の共産軍が日本・英国・米国の租界に侵入し居留民に暴行を加えた。いわゆる南京事件なるものである。これに対して、英・米の軍艦は揚子江中より城内に砲撃を加えて報復したが、日本軍艦は現場に居あわせながら行動を共にしなかった。しかるに近時、中国で出版された歴史には、日本をも連ねて砲撃の仲間入りをさせているそうで、日本の若い学者たちの多くは、またその説を信じ、そのまま自著に転載したりする者がある。私はこれを見て不審に思い、学生と談たまたまこの事に及んだ時、私の記憶の方が正しいことを力説し、学生に検討を依頼したところ、更に確実な根本史料に当ってみると、果せるかな、私の方が誤っていないことが明らかとなった。単に事実がどうという問題ばかりではない。戦後は物事の考え方が戦前とはすっかり変ってきて、悪いことは何でも日本ということになったらしいが、本当は必ずしもそうではないのである。特に戦争などというものは、一方だけが絶対に悪いということはほとんどあり得ない。むしろ問題はどちらが、より悪かったかという点に落付くものと私は思う。概して言えばより強い方が、より悪かった場合が多いようである。

情報と選択

現実の世界の動きに直面して、これを史料として保存し、整理して行こうとする場合、いちばん困るのは情報が多過ぎることである。もし新聞をそのまま保存しようとすれば、たちまちにして部屋や、家や、ないしは倉庫でさえもいっぱいになってしまう。だから新聞の場合は切抜きにして保存するより外に手はない。するとここに、何の記事を選んで切抜きを造るべきかという選択の問題が生じる。そしてこれはどうして容易ならざる大問題である。下手をすれば何十年後になって、何の役にもたたぬ紙屑ばかりためたものだと後悔することになりかねない。

人生には選択ほど大切なものはない。美術館長にとって何よりも必要なものは、絵なり骨董なりの真価を見抜いて、価値あるものだけを購入する選択眼だとされる。特に生存している画家の作品などの場合、当時の世間の名声に盲従して買い入れると、その評価が実は政治力や権力や俗論やに左右されて歪められており、結局駄作ばかり背負いこむことになって、数十年後には陳列する価値もない厄介物になる。一方、生存中には見逃されていた不遇の美術家の作品が、死後にその真価を認められて価格も騰貴し、当然あるべき所にないような事態が起れば、それこそこの上なき恥辱とされる。新聞切抜きを造る場合も同じことである。近頃は新聞の頁が多くなり、記事も豊富になってきて、どの記事が本当に大切で、後々まで役に立つかを選択することは極めてむつかしい。しかし歴史に志す学徒ならば、これは是非やってみるがよい。その切抜きを保存することがまた問題である。スクラップ・ブックに貼ることが望ましいが、これも時間を食う仕事で、根気がいり、永続さすことがなかなかむつかしい。また帳面がたちまちのうちに堆積して処置に困るものである。その整頓が更に一層困難である。必要な記事が容易に検索できるのでなければ、せっかく造ってみても無いに同じ。これらの作業は自分で実際にやってみると、史料というものがいかに貴重なものかが分る。何気なく我々が今日使用している史書は、かつて誰かが非常な苦心と労力を費して、今日の形に整えてくれたものなのである。

歴史と記憶

史料というものは多きに過ぎれば整理に困り、少なすぎては役に立たない。有形の史料ばかりではない。頭の中に記憶として畳みこんだ知識の場合でも同じことが言えそうである。人間の頭脳の働きには限度があるから、もしあまり多くの記憶が頭の中を占領していると思考力が衰える。これは別に医者と相談した上での結論ではないが、私が経験上から独自に導き出した判断なのである。過去の中国の学者は科挙を目標にして勉強したので、何よりも博覧強記に努めてきた。そこで記憶力にかけては恐らくどこの国の学者より勝っていたと思われるが、その書いたものを見ると、本当に頭の冴えた人は案外に少ない。だから私は記憶学問の方はほどほどにしておいて、絶えず思考の場所として空間を残しておくように努めている。幸いにして近頃はいわゆる工具が整備されてきて、辞書があり、年表があり、目録があり、地図があり、必要に応じて参照することができる。昔の中国の学者はこういうものを全部頭の中に叩きこんでおかねばならなかったのである。しかしそうは言っても最小限度の記憶がなければ研究はできない。その最小限度という所も要求の方は日増しに増大するから、なかなか馬鹿にはならず、ややもすれば記憶能力に対し過重負荷（オーバー・ロード）になりがちである。そこでここにも何を記憶し、何を忘れるべきかという選択の問題が切実になってくる。

方法の選択

選択の大切なことは更にもっと重要な問題について言える。学問の研究には色々な方法があること、人生の行路と同じ。はじめ平坦に見えていた道が、しばらく行くと険阻(けんそ)になり、最後には行詰る場合がある。また最初は稔りの多い沃野であったものが、その先は果てしない砂漠に続いている場合もある。それとは反対に初めは細い険阻な坂道であったものが、峠を越えてみると平坦な大道が無限に前途に開けている場合もある。もちろんこんなことが初めから分っていれば誰も迷いはしない。分らなければこそ迷うのであるが、概して言えばあまり甘い話には誘われない方がよい。大勢が行くからと言ってその方角に従ったところでよいとは限らない。要は細く長く続き得る勉強の方法を選ぶがよい。そしてどこまでも自分自身の判断で決定すれば、たとい予期の通りに行かないでも悔いは残らない。

歴史学の効用

最後に第五の問題として考うべきは、歴史学をどのように社会、人生に役立てるべきかの課題である。これについて現今、だいたい二通りの考え方があるようである。その一は歴史学を直接社会に、更には政治に役立てようという意見である。そしてそれは現にソビエトや中国のような共産主義国で、政府の手によって実施奨励されているのである。これを見て自由主義国においても、ある意見では階級闘争のために歴史学を役立てるべきだと主張する。この派では政治でも、軍事でも、外交でも、裁判でも、事あるごとに声明を出し、運動を起すことを歴史学徒の任務と考えているようである。

これに対立する他の考え方があり、この方では歴史学を以て客観事実を研究する科学であると定める。実は私もこれと同じ立場に立つ一人であるから、むしろこの場合は私自身のこととして論述することが適当であろう。

私は歴史学を以て、人文科学の中で最も根本的な基礎科学であると考える。人文科学のあらゆる分野、例えば哲学でも文学でも、法学でも経済学でも、すべては歴史学の中に含まれる。だから歴史学にとっては、特に哲学が必要だとか、経済学が必要だとか言う必要はない。しかし、哲学や、経済学をやる人には、もし歴史学を度外視したならば、それは完全な科学にならぬだろうと注意することが、実際的に必要であろうと考える。歴史学は最も多く、他の分野の学問にとって必要なのである。

ところで基礎的な学問ほど、由来直接の役には立たぬものなのである。また役に立つはずがないのだ。それは自然科学に比べればすぐ分る。解剖学者は大てい診察ができないし、解析幾何を専門とする数学者がそのまま測量ができるとは限らない。学者として多くの人に読まれる本を書くことはもちろん悪くない。しかし本当は他人の研究に役立つ研究をし、他人の論文に引用される論文を書くことの方がもっと必要なのだ。だから歴史家は、別に政治に手を出す必要はないし、運動に参加する義務もない。もちろん、したければ各人の自由意志で行動することには何の支障もないのだが。

歴史学の中立性

しかし私は歴史家は歴史を基礎科学として純粋な中立性を保つためには、なるべく実際の政治に参加せぬ方が適当だと考える。中立という言葉を使うと、左翼の理論から、そんなものはあり得ない、中立とは右翼のことだという反論が出るのを常とする。しかし私に言わせれば中立ということは何も左翼に定めてもらわねばならぬものではない。ただ右にも左にも流れぬ純粋の中立ということは、個人の能力の点からして、非常に困難なものだということは自覚している。ただ出来るだけの努力をして中立に志すあるのみで、それが事、志と違って多少偏った結果に陥ってもそれはやむをえない。そういえば左翼のマルキストを自任している人が、一体どれだけ本当にマルキストなのであろうか。マルクスが死んでしまった今日、それを診断してくれる人はもうどこにもいない。それをどうして他人の場合ばかりは論定できるものだろうか。

中立を保つためには精神の自由が不可欠の前提となる。そして何者にも煩わされない自由の境地を保つためには、派閥的なグループに属しないことが有利である。最もよいのは一人一党である。もちろん一人一党では現実の社会における発言が迫力を欠くことはやむをえない。しかし学問は必ずしも即効を求むべきではない。

一人一党ということは、言いかえれば百人に百通りの意見が出ることである。統制国家の下ではそれでは困るかも知れないが、自由主義の社会ではそれが当然なのだ。学問上の結論まで権力者に定められてはたまらないのである。各人が各様の意見をもち、大ぜいの人がその中から良いものを選び、更に長い年月をかけてそれを確かめて行くのが自由社会の法則なのである。

権力と歴史

ソ連では国定の百科事典が最高の権威なのだそうである。ところがその内容は、中央において権力者の交代があるたびに変る。この百科事典の編纂に当るのは、政府委員であって、人民大衆の声は反映されない。いな、人民大衆なんていうものは、革命と共になくなってしまったらしいのである。

およそ一つの職業を選ぶには、最小限の覚悟がいる。昔から歴史家は筆を曲げてはならぬことが要求されてきた。これはすべての判断は自分自身の決定に基づき、全責任を以て行い、他の誰からも影響されてはならぬということであろう。左を見、右をうかがいしてから後に自分の態度を決める位ならば、初めから歴史学などをやらぬ方がいいのである。

二　時代区分論

三分法の一

本論に入るに先立ちもう一つ、私がこれから述べようとする中国史の骨組み、それは時代区分に要約されるであろうが、これについての私の立場を説明するのが順序であろうと思う。

中国史の時代区分は、これも人によっていかようにも立てられるであろうが、近頃広く行われている時代区分法は、大体次の三種類によって代表されると言えよう。そのいずれもに共通した点は、古代、中世、近世という三分法を採用していることである。

その第一は、古代＝上古より戦国末まで、中世＝秦漢より明末まで、近世＝清初より現代まで、とする説である。これは守屋美都雄『亜細亜史概説中世篇』(一九四〇年)に見える時代区分法で、これは大体この頃の東京方面の新進、若手学者の意見を代表するものと思われる。この時代区分の意味は、主として中国の皇帝制度の成立、その発展維持に重きをおき、これを中世と名付け、それに達するまでの準備期を古代とし、今度は中国的な中国中世が、清朝時代に入って、ヨーロッパの異質的な文化の影響を受けると、次第に変質してくるので、これを近世と称したのである。

この時代区分法の特色は、中世が甚だ長いことである。秦の天下統一から明末まで、千九百年になんなんとするのであるから、そこへはヨーロッパの歴史の重要部分が、すっぽりと入るほどの長さである。

平凡社版『世界歴史大系』の東洋史の部(一九三九年完成)は右とほぼ同様で、ただ秦漢を古代に含めるので、それだけ中世が短くなっているがそれでも千四百年以上になる。そして東洋の部七冊のうち、古代に一冊、中世に四冊、近世に二冊を当てている。何れにしても中世が異常の長さであることに変りはない。そして秦漢を古代に含めたのは、後に述べる内藤史学からの影響であろうと察せられる。

三分法の二

第二は、古代(または上古)=太古より後漢まで、中世(または中古)=後漢より五代まで、近世=宋代以後とする。これは内藤湖南博士の唱道されたもので、いわゆる内藤史学の中心をなすものである。博士はこの説を早くから大学において講ぜられたのであるが、それが論著となって世に現われたのはかえって遅い。というのは博士の説をうけた稲葉君山博士が、『支那政治史綱領』という本を出しており、その中に内藤学説を採るところが多かったからである。

内藤博士自身の著述としては、逝去後に出版された講義筆記『支那上古史』(一九四四年)、『中国中古の文化』『中国近世史』(共に一九四七年)の三冊が概説書であり、いずれも後に『内藤湖南全集』に収められている。この時代区分の特長は次の三点にある。

第一に、秦漢を古代の中に含ませることである。従来は秦漢による天下統一を重く見、殊に中国史の特徴と思われる皇帝制度が、秦の始皇帝によって始められ、清朝の末まで持続した点をとらえ、戦国から秦に移る間を大きな時代区分の境界とした。然るに内藤学説では、秦漢まではその前の春秋戦国からの連続の面が強いとし、後漢の頃までを古代にしてしまうのである。考えてみれば西洋史の時代区分においても、ローマ帝国が大領土の統一を成し遂げたからと言って、すぐその時を以て区切ることをしない。ローマ帝国はその滅亡するまで全部を古代に含め、これを古代帝国と名付け、この古代帝国が滅亡した時を中世の始まりとする。たしかにローマ帝国は古代の頂点であって、それまで社会の基盤となっていた都市国家は、自治体となって帝国時代にもそのまま存続していたのである。同じことは中国についても言えるのであって、秦漢は中国の古代帝国であり、ここまでを古代として取扱うのは甚だ合理的な考えであった。

第二の特長は、三国から唐末五代までを中世とする理由として、この時代を貴族政治の時代とする点である。中国社会には後漢の頃から財産ばかりでなく、官位を世襲する貴族が発生し、三国六朝（りくちょう）を通じ、唐に至るまで勢力を振った。文化もまたこの貴族階級に独占され、文学、書道、建築の各方面に閉鎖的なサロン芸術が流行した。この貴族の地位は天子が与えるものでなく、貴族の家が歴史によって贏（か）ち取ったものであるから、天子もこれを左右することができなかった。事実、この時代は主権者にとって革命簒奪の時代であり、特に六朝は短命の王朝が相継いだので、いわば成り上り者の君主であり、累代の貴族に比べると遥かに身分の低い者として肩身狭く暮さねばならなかった。それが最もよく現われるのは結婚の際であり、王室の方から貴族に婚姻を求めても、身分の違いを理由として拒絶されることが起り、この風は唐王室の威光を以てしても遂に免れなかった。

第三の特色は、宋以後を近世とした点である。従来は唐と宋とを結びつけ、唐宋八家文というように、両王朝の親近性を強調する傾向が強かった。然るに内藤学説は、唐と宋との間に社会的、文化的の大きな断層があることを認め、ここを時代区分の境目としたのである。もっとも従来とても、唐と宋との間に断絶を認める説は存在したのであって、例えば桑原隲蔵(じつぞう)博士『中等東洋史』、那珂通世(なかみちよ)博士『那珂東洋小史』のような古典的名著は、何れもここを中古と近古との境界としているのである。ただしその理由は主として、東アジア全般の形勢として唐末から異民族の独立運動が活潑となり、ことに五代の初め北方に契丹(きったん)(遼)の太祖が独立し、以後、金、元と続いて北方民族勢力全盛の時代を迎える点に着目したのである。

ところが内藤学説はむしろ中国内部における変遷に重きをおき、社会的、政治的には中世の貴族が没落して庶民の勢力が擡頭(たいとう)し、文化もまた従来の貴族的文化が衰えて、新興庶民階級を背景とした新文化が発生した点を強調する。その詳細は一九二八年に発表された「近代支那の文化生活」の中に説かれている。そして宋代に発生したこの近代文化は頗る優秀なもので現代の西洋文化に比較してもひけをとらない。従って宋代から現今までが、一続きの近世なのである。だからこの説では近世が非常に長いのが特色であって、仮に清朝の終りまでを数えても約九百五十年に達する。

内藤説によれば中世的貴族が没落してしまった近世においては、政権を独占する皇帝が唯一つ旧勢力を代表して残存し、かえって何者にも拘束されることなく独裁権力を振うことができた。中世の皇帝は外では貴族の掣肘(せいちゅう)を受けて自由に政治を行うことができなかった上に、宮中においては宦官(かんがん)の跋扈(ばっこ)に苦しみ、廃立の権をその手中に握られることがあった。唐代末期において特にその弊が甚だしかった。しかるに近世に入って君主の独裁権力が確立すると、宦官の地位もそれに従って低下した。明代は唐に劣らず宦官跋扈の弊を見た時代であると言われるが、しかし宦官が権勢をほしいままにするのは、天子に信任されている間のことであって、一朝天子に気付かれて解任されれば、それまでどんなに横暴を極めた宦官でもたちまち地位も生命も失わねばならなかった。この天子独裁の政治様式はやはり宋代から清末まで、九百五十余年にわたって継続したことは確かに事実である。

内藤学説は国内においては勿論であるが、海外においても多くの賛成者を得ている。ただ皆が内藤説を採用したと自らことわっているとは限らないが、フランスにおいては故バラジ、ジェルネ、ドイツにてはグリム、ソ連においてはコンラッドの諸教授がそれであり、いずれも宋代をもって中国のルネサンスと見、近世の開始とする点において共通している。

三分法の三

第三の時代区分法は、古代＝上古より唐末まで、中世＝宋より明末まで、近世＝明末より現代までとする説である。これは明らかに内藤学説の焼き直しであって、日本では多く唯物史観論者によって信奉されている。

この説の成立は前田直典(なおのり)氏が一九四八年に「東アジアにおける古代の終末」なる論文を発表したのに始まり、若手の研究者の団体である歴史学研究会がこれを取上げて、会の方針として公認したのである。もっともその理由は唯物史観の立場から、古代の奴隷制度、中世の農奴制度、近世の自由労働制度がそのままこの中国の時代区分にあてはまるというのであった。そして唯物史観を名乗る時代区分は日本においてはこれが最初であると思われる。

この説によれば中国は古代より唐末まで、奴隷制度が行われ、古来の奴婢は言うまでもなく唐律に現われる部曲(ぶきょく)、客女(きゃくじょ)もまた奴隷に外ならぬという。次に宋以後の社会には大土地所有が流行し、富者の土地に働く佃戸(でんこ)なるものは土地に緊縛せられたる農奴であって、従ってこの時代は中世であるとされる。以上の部曲、佃戸の性質に関する実証的研究は、最も多くを仁井田陞(にいだのぼる)、周藤吉之(すどうよしゆき)両博士に負うている。前者には『中国法制史研究』全四巻(一九六四年完結)、後者には『中国土地制度史研究』(一九五四年)その他がある。

唯物史観による時代区分という大義名分だけでこの説は日本の若い研究者層を動かしたのであるが、私から見るとこれは早まった動きであったと思う。というのはやがて中国との往復が再開され、互いに学界の消息も交換されるようになってみると、中国共産党指導下における中国学界においては、同じ唯物史観によりながら、全く別の時代区分法が行われ、戦国時代の頃から既に中世の封建時代が始まったことにされていたのである。どの時代区分が正しいかの問題は唯物史観によるか否かとは全く別の問題であること、計算の正しいか否かはコンピューターによるか、算盤によるかに全く関係ないと同じである。にもかかわらず、日本では道具を重んじて、実質を軽んずる傾向が至る所に蔓延していることを物語る。

中国における時代区分論が、中世の開始を紀元前にもって行くのは明らかに早きに過ぐる。しかも困ったことには唯物史観における時代区分は同時に社会の発展段階を示すことになっている。西洋における中世の開始は普通に紀元四世紀の民族大移動からとされるから、もし中国のそれを戦国時代の始まる紀元前四百年頃とすると、その違いは約八百年となる。言いかえれば中国社会は西洋よりも八百年も進歩していたことにならなければならないが、果してそんなことがあり得たであろうか。どんな生産手段や社会組織の進歩によって、そのような先進性を獲得したのだろうか。これについては何も説明がない。どうもこれは中国にだけしか通用しない時代区分論であると思われる。

そんならもう一つの日本の唯物史観による時代区分法はどうであろうか。これはまた古代がすこぶる長い。もっとも古代は悠久なる太古から始まるから、その末期において百年単位の年数の長短は問題でないと言えるかも知れない。ところがそうはいかぬのは、古代の終焉は同時に中世の開始なのである。この説によると中国中世の開始は西洋よりも五百年ほど遅れることになる。中国の社会発達はそんなに後進性なのであろうか。これでは彼らがしばしば口にするヨーロッパ中心の世界史観と全く変らぬではないか。

もちろんそれが客観的事実であるならば致し方ない。しかしその基づくところの実証的な研究、例えば仁井田、周藤両博士の結論には重大な欠陥があることは、私が以前から何回となく指摘した通りである。せっかくの唯物史観ながら、日中両国ともに見当違いを犯しているようだ。

以上紹介した日本の時代区分法はそのいずれもが三分法、すなわち古代、中世、近世の三期に区分する方法を採っていることは注意さるべきである。唯物史観は始めからこの三分法を採用し、動きのとれぬものであることは分っているが、その他の二種の立場が何れも三分法に従っているのは何故か。それはやはり西洋に古くから行われている三分法をそのまま採用したがために外ならない。ところで唯物史観の三分法そのものが、実は古来西洋に行われてきた普通の三分法に従っただけのことである。言いかえれば日本に行われた三種の時代区分は、自覚するとせざるとにかかわらず、いずれもみな西洋方式を丸呑みにしたものに外ならぬのである。

四分法

ところがこれ以前の最も古くて、今では旧式として見棄てられたかのように思われる時代区分法があって、それらはほとんどすべてが四分法によっているのは見逃してはならぬ現象であろう。その代表的なのは桑原隲蔵博士の『中等東洋史』であり、その後の『那珂東洋小史』その他においていずれも四分法に従っている。もっともその名称は現今とはやや異なっており、上古＝太古より戦国末まで、中古＝秦漢より唐末まで、近古＝五代宋より明末まで、近世＝清朝以後、となっている。実はこの四分法こそは中国の長い歴史を通観すると、自然に落付く結論だったのではあるまいか。言いかえれば時代区分という方法自体は西洋的な原則に違いないが、それを実施する方法論においては、全く独自な適用の仕方を編み出したものと言うべきであろう。

そこで私自身の時代区分論であるが、従来幾多の先学が苦心経営した上のことであるから、重要な点は既にほとんど論じ尽されていると言った感じを受ける。ただそのいずれといずれを採用して新しい区分法を行うかだけが残された問題である。だから私独自の方法と言える程のものはないが、私がずっと以前から到達した一つの結論と言えるものがあるにはある。

私の四分法

私の方法は、総体的には四区分法を採る。その内容は、古代＝太古より漢代まで、中世＝三国より唐末五代まで、近世＝宋以後清朝の滅亡まで、最近世＝中華民国以後、ということになる。右のうち、古代に秦漢を含めるのも、中世を五代までとするのも、近世を宋以後とするのも、すべて内藤学説そのままである。ただし長い近世のうち、何と言っても西洋文化の侵入は歴史上の大事件であり、中国の伝統を打破したものであるから、その重大な影響を無視するわけに行かない。そこでその結果がはっきり現われた中華民国の成立によって時代を区切り、以後を最近世(近代)とするのである。あるいは西洋の影響の現われ始めた阿片戦争を以て境目としてもよいので、時に私はそういう区分を行ったかも知れない。およそ七十年ほどの差が出るが原則においては同じで、別に変る所はないのである。

最近の傾向として顕著なのは従来の三分法論者が次第に四分法に宗旨がえしつつある事実である。前述のように四分法は決して私の創案ではないが、しかしある時期においては私ひとり四分法の孤塁を守って外圧に対抗したことがあったような気がする。とすれば私は時代区分論においてある種の功績を既に果したと言ってもいいかと思う。特筆すべきは唯物史観を標榜する歴史学研究会が三分法から四分法に移った現実であり、それも西洋史部会がまず四分法に改め、最後に東洋史部会もまた四分法に追随せざるを得なくなったのであった。

三　古代とは何か

古代史的発展

上述のように私が採用する時代区分法は、古くあった四分法の復活であり、時代と時代の境目が、二個所までは内藤学説の継承であり、残りの一個所も既に前例のあるところで、必ずしも私の創意ではない。だから私の説を分解すれば、各要素はいずれも既に存在したものを持ち来って組立てたに過ぎない。しかしながらそれにもかかわらず、全体の構想、各時代に対する意味づけについては、私は私なりに独特の原理を持っているつもりである。それは実体を把握できないような抽象的な理念でなく、出来るだけ目に見えやすい、現象の面で時代を捉えることを原則とすることである。まず古代史について、私はこれを長い間分散して生活していた人類が、次第に求心的傾向を以て大きな統一に向う過程として理解する。ことわっておきたいのは、私は歴史を以て時間の論理と理解するので、静止した状態を取って時代の特徴とせず、それに時間を加えて、運動、ないしは傾向を捉えて、それによって時代を説明しようとするのである。

太古の人類は恐らく今日の猿のように、群を成して生活していたものと思われる。それが進歩すると一方には家族のような小さな単位が生ずると共に、他方にはそれが集合した氏族、部族のような団体が発生する。この部族が更に強固な組織に結合するために、歴史の古い地方にあっては、都市国家を形成するのが普通であった。これは最も古くは西アジアに始まり、それが西に伝わってギリシア、ローマの都市国家となり、恐らくそれの東へ伝わったものが、インド、中国の都市国家となったのであろう。

都市国家

私がここに言う都市国家は、英語の City State であり、更に古く遡ると古代ギリシアの Polis となる。都市国家の名によって、現今の商業都市、工業都市を連想されては困るのであって、古代のいわゆる都市国家の実体は農民の集中した城郭都市であることを原則とした。私が中国古代において見る所もこのような農業都市国家に外ならない。

中国における都市国家は邑(ゆう)、邦(ほう)、国(こく)などとよばれたが、周囲に城郭を廻らして人民がその中に住み、耕地は城郭外にあって、農民は毎日城郭を出て耕地へ出て働き、夕暮には城郭内の住家に帰る。この都市国家こそ、国家とよばるべき人類の最初の国家形態であるが、それ故に最初の間は従前の氏族制度をそのまま持ちこんで、これと共存せざるを得なかった。しかし長い都市国家の生活を経ると、氏族制度は有名無実となり、最後には消滅する。氏族制度を克服し、更に大きな団結を造り上げるために、都市国家こそは最も便利な形態であったと言うことができる。

都市国家は単独に発生することなく、多数が群を成して発祥する。そしてその初期においては各都市国家が独立の主権を有し、他の何者にも隷属せず、また他の何者をも隷属させないのが原則であった。しかし各国が自由独立であるということは、国と国との間に紛争が起った時、これを抑止する権力が存在せぬことを意味する。そこで最後には武力による衝突が不可避となり、その結果は勝者の支配、敗者の被支配という不平等関係が発生する。この支配関係に二つの場合があり、第一には敗戦国民が戦勝国に奴隷的労働者として連行され、そのために人口の厖大な都市国家が発生することがあった。このような国家の内部には古来の住人たる士と、新来の捕虜たる庶民との階級的対立を生ずるに至った。士は昔ながらの氏族制度を維持するが、庶民は氏族制度を解体せしめられ、単に家族を維持するに止まった。

敗戦による隷属の第二の型は、戦敗国が滅亡せしめられることなく、依然として国家であることを認められながら、戦勝国の覇権を承認し、平時には貢納(こうのう)を送り、戦時には援軍を派遣する。いわゆる春秋時代の歴史は、既にその前代において成立していた強大な都市国家の間における覇権争奪の連続であり、その形勢はギリシアにおけるアテネ、スパルタ、テーベ諸国間における覇権争いの経過と非常によく似た点がある。

覇権争奪

古代ギリシアにおける一方の覇者と他方の覇者との間の戦争には、それぞれに隷属する同盟国の軍隊が参加する。その際右翼が名誉ある地位であって本国の軍隊がこれに当り、左翼へ行くほど地位が低くて弱小同盟国の援軍がそこに位置せしめられる。相手国も同じように布陣するから、結局双方の右翼軍が相手の左翼を破ることになり、問題はどちらの右翼が早く敵の左翼を破り、勝に乗じて敵右翼を席捲することができるかに懸っている。中国春秋時代の戦争は全くこれと同じで、右翼(右拒、右軍)は常に名誉ある位置であった。ただ楚国はもと蛮夷の国でその風俗が中原と異なり、左翼に主力が置かれていたため、中原諸国が楚と戦う際にはその点を考慮に入れた上で策戦を立てねばならなかった。

ヨーロッパはローマ時代になると、騎兵の発達によって、重武装の精鋭歩兵部隊を中央に置き、左右両翼の騎兵を補助的に用いた。ハンニバルがカンネーの戦い(前二一六年)においてローマ軍と対戦した時、中央に遊軍をおいて歩々(ほほ)後退しながら敵主力軍を誘いこみ、その間に強力な主力軍を以て左右から敵を包囲して完勝を博したことは戦史上に有名である。これと全く同じ戦術を用いて、晋軍が鄢陵(えんりょう)の戦い(前五七五年)において、大いに楚軍を破っている。この時は楚の布陣が主力を中央に置き、頼みにならない援軍を左右翼に配していたのであった。

覇権国家が弱小国をその支配下に置く時、必然的にその軍隊を駐屯せしめて衛星国化すること、東も西も変らない。ギリシアではスパルタ覇権の時代、駐屯軍をテーベに置いて民主運動を抑圧したが、テーベから脱走してアテネに匿れていた志士ペロピダス等は、スパルタ駐屯兵が宴会で酔いつぶれた夜を見すまして故郷に帰り、駐屯軍を追放してテーベの独立を恢復した(前三七九年)。

これと全く同様なことが中国の春秋時代にも行われたのであって、覇者、斉(せい)の桓公(かんこう)が小国遂を滅ぼして、駐屯軍を置いて鎮戍せしめていたが、遂人はこれに服しないで、豪族の因氏等が計って斉の戍兵に酒を飲ませ、その酔いに乗じてことごとくこれを殺してしまった(前六七七年)。

以上の春秋時代の史実は春秋左氏伝に拠ったものであるが、左氏伝は孔子と同時の左丘明の作と称せられるが、実はこの来歴は頗る怪しい。あれだけ詳細な記事の文は、どう見ても戦国以後、ことによれば漢代の出来ではないかと思われる。従ってその中に書きこまれた史実も、後世からの竄入がかなり含まれているはずである。だから相応ずる物語の年代を比較すると、いつも中国の方がヨーロッパよりも早いのであるが、本当にそれでよいのであろうか。私の漠然とした考えでは、これらの一類の物語はどこか一個所に根源があり、それが西はローマ、東は漢の時代にそれぞれの世界で語り継がれ、新たに時とところを与えられて、いつの間にか確かな歴史事実になってしまったのではあるまいか。もしそうであればあるほど、東西の社会は相似たる情勢にあり、相似たる物語を自己のものとして受容することが出来たのである。もし左氏伝等に書かれた春秋時代の形勢を眼前に彷彿させることが出来なかったならば、ギリシアの歴史を座右に置いて読みあわせるのもまた一法かと思う。

領土国家

都市国家間の覇権争奪の戦争は、年ごとに烈しさを加えるが、その結果は新たなる局面を迎えることになった。それは強大なる都市国家を中心として、領土国家と言うべきものが発生したことである。これはギリシアにおいてはアテネの隆盛、デロス同盟の成立の頃に既に見られる現象であり、旧来の同盟の形を襲(つ)ぐものの、実際においてはアテネ帝国とも称すべきものになっていたことは、史家の等しく指摘するところである。

中国では春秋末期の準備期を経て、戦国時代に入ると、いわゆる七雄国〔戦国時代の斉(せい)、楚(そ)、燕(えん)、韓(かん)、趙(ちょう)、魏(ぎ)、秦(しん)〕は、その君主がいずれも王号を称したるにふさわしく、領土国家に成長していた。その中心となった国都は、もはや以前の都市国家でなく、強権を握る国王の治所であり、その国王は全領土を支配する主権者であった。領土内に包含された旧来の都市国家はその形態を存しながら、独立性を失い、国王の庇護の下に自治を許される地方団体に過ぎなくなった。

都市国家時代に行われた覇権争いは、領土国家時代に入って一層激烈となった。しかもその争覇戦が長く繰返されて容易に結着がつかなかったのは、各国がそれぞれ言語、文字等の差異によって、そこに自ら独自の国民性が生じ、愛国心による団結力が強かったからである。

戦国の領土国家は、西洋で言えばイタリア半島を統一したローマが、カルタゴ、シリア、エジプトなどと対峙した頃の状況と相似ている。西洋においても長く独立して活動してきた都市国家は、この頃になって領土国家の中に吸収され、領土国家を形成する一単位となって生存を許されるに過ぎなくなっていた。

古代帝国

領土国家の対立抗争は、やがてその中の一国が他国をすべて併呑することによって終熄する。西洋ではローマ帝国が最後の勝利者であったように、中国では秦の始皇帝による六国(りっこく)の併合があり、ここで古代史は再び新たなる局面を迎える。我々はこの大統一を古代帝国と呼んで前代の領土国家と区別する。

古代帝国の特色の一はその巨大な大きさにある。漢帝国はその盛時において、人口約六千万になんなんとし、これはローマ帝国のそれに匹敵するが、秦漢帝国なるものは、これだけの厖大な人間を相争わせしめず、平和に共存せしめる目的を以て生れ出たものであった。

従来の歴史学はどういうものか、質を考えるに急で、量の問題を思考の中に取入れることを全く怠っていたと言ってよい。恐らくこれは理論というものを偏重した所から由来するらしい。量の原理は理論では摑めないせいからかも知れない。しかしそんな理論ならば実はその理論に何か欠陥があるのではあるまいか。

考えてみると人間というものは、自分に有利な時には平和を好むくせに、自分に不利な時には闘争を好むものである。その闘争はしばしば行き過ぎて全体の平和を乱しがちである。この闘争を抑圧し、全体の平和を維持するために国家、政府が生れた。中国でも古代人は気が荒く、道路を歩いても互いに中央を肩で風をきって歩き、触れあったり、面をきったと言ったりしては喧嘩した。城郭外の耕地でも、互いに境界をせり出して、領有を争って闘争した。この調停のために地域共同体の顔役が選ばれて民事の案件を処理するが、それが殺傷にまで発展すると、都市国家の政府が裁判し断罪する。しかし今度は都市国家と都市国家との間の闘争には歯止めがなかったので、そこに覇者が現われて調停し、覇者はやがて領土国家、七雄国に成長する。その七雄国間の闘争は前にも増して激烈となり、戦争も大規模となって、人民のこうむる災禍がいっそう劇甚(げきじん)を極めた。それが最後に統一され、古代帝国王朝の出現により、広大な国土人民の上に初めて平和がもたらされることになったのである。

しかしながらこの大統一は別に人民の総意による投票によって出現したものでなく、かえって専制君主が掌握する軍事力という、極めて野蛮な実力の行使によって達成されたものであった。とは言うものの、この軍事力は決して突然出現したわけでなく、その背後には社会全体の進歩と発達とがあった。またこうして出現した大帝国を維持するためには、それに見合うだけの文化と知性とがなければならず、これもまた一朝一夕に養成できるものではなかった。言いかえれば古代帝国の成立と維持の中に、それまでの人類の長い進化の歴史が集約されていたのである。

そんならこの古代帝国出現に至るまでの長い歴史の動きは、何によって最もよく象徴されるであろうか。私はそれは経済の発展であると答えたい。そんなら何がその経済の発展を具体的に示す指標となり得るか。これに対しては、現今のように統計をもたない古代のこととて、明白な証拠を挙げて断言することは出来ないが、私の推測するところでは、それは貨幣数量の増加であるに違いないと考える。言いかえれば古代は好景気が連続した時代であり、更に言いかえれば、古代なりに高度成長の行われた時代であると見たいのである。

景気という現象は近代資本主義の社会に限って現われるとは、経済学者がいつも言う託宣であるが、しかし言葉というものは、何も専門学者が規定した通りにばかり用いなければならぬというものではない。また専門学者がどんなに厳密に規定したところで、現実の社会事象は学者の許可を得て存在するものではないから、別にそれと相談することもなく、独自に変化し進展して行くものなのである。

古代の中国において、一方には着実な技術の進歩があり、他方には資源の開発、商業の拡大が行われた。地下の銅礦が探索されて、銅銭が鋳造され、その存在高は徐々に増加して行く。これと同時に商人は黄金を求めて、周囲の異民族の間に進出して中国製品、絹や工芸品を売り拡める。造れば造るそばから売れるという、好ましい経済状況が現われてきた。これが更に技術の進歩、資源の開発を促すことになるのである。

戦争の役割

戦争はこのような経済の発達に対して、時には大なる妨害となった。しかし時にはそれが景気を刺戟して生産を奨励するという好結果をも招いた。古伝によれば中国は初め万国に分れ、従ってその領土も人口も狭小であり、最大なる国もせいぜい三千家に止まったと言えば、一家に二人の壮丁があったとしても合せて六千人に過ぎぬ。されば全壮丁を動員しても、それだけの数の軍隊しか造れない。しかるに戦国時代に入ると、斉の都の臨淄（りんし）〔山東省〕は戸数七万で、一家から三人の壮丁を徴発して、二十一万人の軍隊を動員することができたと言う。これは国都だけで即時に動員し得る数であるから、全領土から徴集すれば、厖大な軍隊を組織することができる。韓は比較的小国であるが、それでもなお三十万人、これより大きな魏になると卒七十余万、騎馬五千匹を動員することができた。戦国もいよいよ終りに近付いた頃、秦が楚を滅ぼすために送った兵力は六十万人と称せられた。長い戦争のあとで、ただ一方面の戦にもこれだけの軍を動かして遠征することができた。その裏面に余程の経済力がなければならぬ。実は中国は国土が広く人口が多いので、人的資源は初めからあまり問題ではない。これを動かす組織力と経済力とが何よりも大事な問題であったのである。中国の古代社会が、氏族から都市国家へ、更に領土国家から古代帝国へと進化してきた経過がそのまま、経済の高度成長を物語るものなのである。

商業資本

ところで、経済の発達は、万民が平等にその恩恵をこうむるものではない。そんなら政治上の権力者がその地位に応じて、経済の掌握者であったかと言えば必ずしもそうでもない。政治と経済とは異なる原理だからである。春秋戦国を通じて大きな都市には、特に市と名付けられる商業区域が設けられ、ここで商品の現物取引が行われた。富を得る近道は市において商品を買い占め、値上りを待って売っては利益を重ねることであった。もしこれだけならば、どんなに富を蓄積しても、それは商業資本に過ぎないと言われるかも知れないが、一方銅山を経営し、奴隷と思われる労働者数百人を集めて精錬鋳造に従事した金持がある。これは既に手工業の域を越えて、資本主義に近い。西洋の古代にもしばしば同様な現象が起っており、学者の間にいわゆる古代資本主義の研究が始まっているそうだが、もしもこれに対して、古代と資本主義とは相容れない概念だなどと言って、事実の論理を無視するならば、歴史学の正しい発展は望まれぬであろう。

資本の蓄積は原来は直接政治とは無関係なものであるが、しかし政治は経済に大きな影響を及ぼすものであるから、もし政治上の事件を予見し、あるいは政治に働きかけて自己に有利な経済情勢を造り出すことができれば、投機的に巨利を博する一層有利な機会を掴むことができる。例えば戦争が起れば軍需品や食糧が騰貴するから、先を見こして買い占めていた者が暴利をむさぼることも可能である。他人の不幸に乗じて私利を計る商人も古代から存在した。

政治と経済とが密接な関係をもつことから、経済力を利用して政治界に進出し、自ら権力を握ろうとする者が出てくるのも免れがたい傾向であった。ローマでは富豪クラッサス〔クラッスス〕が金力によって、ケーザル〔カエサル〕などと結んで三頭政治を企てたことは有名であるが、中国におけるクラッサス〔クラッスス〕とも言うべきは、秦における政商呂不韋(りょふい)であり、始皇帝の初期に大臣となって国政を左右した。しかし両者何れもその終りを良くせず、非業の死を遂げたのは、政治と経済とは結局本質を異にするが故だったためであろう。

古代の頂点を形成する秦漢帝国は、繁栄した経済を地盤として、富強を誇った。その実力を象徴するものとして、当時の君主が莫大な黄金を支配し得た事実がある。さすがに清代の歴史家趙翼は、この現象を的確に把握し、その著『廿二史箚記(にじゅうにしさっき)』の中において、漢に黄金多かりき、と指摘している。秦は敵国の有力者を買収するに黄金三十万斤を散じ、漢高祖は楚の項羽の臣下を離間するために黄金四万斤を用い、前漢末に帝位を簒(うば)った王莽(おうもう)が滅びる前になお政府に六十万斤の黄金があったと記録されている。当時の一斤の重さは正確には分らないが、現今と大差ないものとすれば、一万斤は約六トンの重さになる。このような大金を権力者が自由に動かし得たことは、当時の経済界の底力を示したもので、趙翼の言う所の、漢に黄金多かりき、の一語が古代史発展のすべてを言い尽しているのである。

四　中世とは何か

中世史的発展

古代から中世への転移は、堕落であるか、あるいは進歩であるかは、古来議論の分れる所である。中世とは華やかな古代が没落した後に生じた暗黒時代であるとは、昔から行われてきた歴史観であったが、近時になって人類の文化は中世の間も着実に進歩が行われていたことが分り、中世を見直して、古代よりも一段と高い段階に達した社会だと言う考えが勢いを得てきた。これは特に唯物史観の側で力説するところで、古代の奴隷制度に代って中世には農奴制度が登場したと主張する。

確かにいずれの世界においても、中世は中世なりに人智の進歩発達が見られた。その点においては中世は古代に優越する。しかし、さればと言って中世暗黒時代説を全くの迷妄として捨て去ることができるであろうか。何となれば中世に入ってから、古代に育まれた幾多の進化現象が停頓し、退化逆行する場合が現われるのを、歴史事実として否定することができぬからである。例えば古代に盛んになりかけた貨幣経済の衰頽、自然物経済の再興の如きがこれである。更にこれに呼応するかの如く、古代において比較的自由になりかけた人間関係が、中世に入ると貴賤の階級が固定して、身分制社会が出現したような好ましからざる現象が生じたことが指摘され得る。中世という時代は、決して手放しで礼讃できるような進歩的な時代ではなかったのである。

このように中世は明暗をないまぜた、複雑な性格をもった時代であるが、そんなら一体どうしてこんな世界が出現したのであろうか。これは階級闘争理論などで解ける問題ではない。

不景気の時代

私は先に漢代の社会に黄金が多かったことを述べたが、言いかえればこれはインフレによる好景気の時代であったことを意味する。ところが漢一代の間にこの黄金が次第に姿を消すようになったのである。その原因は武帝の時に西域との交通貿易が開け、この方面に向って内地の黄金が交易によって流出しはじめた。一般に言って、文明の先進国と後進国が接触する際、先進国の工芸製品が後進国に輸入され、これと引替えに後進国の貨幣が先進国に向って流出する。中国と西域とを比較した際、何と言っても西域は古い文明をもった先進国である。もちろん中国にも絹のような特産品があるが、これはむしろ一次産品に近い。これに対し西域からは玻璃、瑠璃のような高度の技術によるガラス製品が輸入される。もちろん黄金の流出と言っても交通不便の時代であるから、一年の数量をとって見れば微々たるものであるかも知れない。しかし同時にその頃は経済もまた底が浅いので、何十年、何百年と同じ傾向が続けば、そのもたらす効果は無視できない。中国の古代社会は一転して、今日の輸入超過国のような不景気風が吹き荒れることになったのである。およそ経済現象の中で、直接一般民衆の生活に影響するのは景気の好悪に如くものはない。そのうち好景気の方はそれと感付かれずに済むかも知れないが、一転して不景気となるとこの方は骨身にしむのである。特にそれは上層よりも下層に、富者よりも貧民にとって深刻に感じられる。生産が停滞し、働き口がなくなり、潜在失業者の数が増え、日常生活が圧迫され、生活水準は低下を余儀なくされる。もしこれが富者の場合ならば、経済を緊縮し、生産規模を縮小し、雇傭を抑え、消費を節約すれば破産に陥らずに済む。しかし日常生活をこれ以上節約する余地のない貧民は、もし家計に赤字が生じて累積すれば、まず僅かな財産を食い込み、次には妻子を売り、最後には故郷を棄てて異郷に流浪し、自分自身の自由を失うようになる。このような状態が一般化する中世は、古代に比して明るい社会とは決して言えないのである。言いかえれば人智や文化の進歩と、経済条件の良否とは必ずしも一致するものでない。中世には中世なりの進歩が行われたとしても、経済的には退化し、悪化した時代であって、そこに中世の特色があったのである。

土地への投資

不景気の時代に入ると、富者がその資本を投下するには、利益の大なるを求めるよりも、安全で危険のない企業を選ぶようになる。そして最も安全な投資の対象には土地を選ぶに如くはない。ところで漢代の司馬遷はその『史記』の「貨殖伝」において、古来からの富豪の列伝を記載しているのであるが、ここでは農業はあまり問題にされていないのは不思議である。思うに世上が好景気な時代には、資本の回転の遅い農業は、魅力の少ない企業としてあまり顧みられなかったのであろう。だから司馬遷はこれを拙業だと言って軽蔑している。しかし一方において彼は、農業が最も安全な投資であることを信じ、商工業で財産を儲け、農業でこれを守るがよい、と付け加えることを忘れない。そして拙業とは言うものの、経営の仕方によっては、州郡で第一と称せられる富豪となった秦陽なる人の名を例に挙げている。

しかるに司馬遷の言ったように、彼の頃から土地を開発して富を成すものが輩出した。

その代表者は寧成であって、そのやり方を見ると地方政府から土地を借り、灌漑工事を行って肥沃にし、そこへ貧民を招き、地主として地代を収めるにあって、この場合、土地開発の前提としてまず官憲に渡りをつけ、借地権を獲得せねばならなかった点に特徴がある。そこに招かれた労働者は本籍地を離れた流浪の民であるが故に客と称せられ、最初は別に良民と異なる存在ではなかったが、後になると政府の支配を離れて、地主たる豪族に隷属する賤民に変身した。これが唐代の部曲（ぶきょく）の起源をなすものである。

荘園の発達

漢代の初期においては、都市国家時代の遺風がなお濃厚に残り、人民は城郭の中に集中して住居し、地域共同体を組織したが、その大小によって郷、亭、城などと称せられた。人民は多く農民で城郭外に耕地をもち、毎日そこへ働きに出かける。政府にとって人民が城郭内に集中して居住していることは、労役に駆り出すにも、軍事に徴発するにも極めて便利であった。ところが貧民が城郭生活を見限って、遠隔の富豪の所有地に吸収されてしまうと、もうそれは政府の掌握から離れたことを意味する。それだけ政府は租税収入の経済面でも、徭役徴用の労働力の面でも大打撃を受けて弱体化して行く。それに反比例して大土地所有の富豪の個人的な実力が増大し、彼らはその富力を背景として、逆に地方政府の政治方針に干渉するようになったのである。ここに中国中世の大土地所有、言いかえれば荘園制の流行、また荘園という世襲財産を背景とした豪族勢力の伸張が起り、やがてこの豪族の官僚化、貴族化が普遍的になって、階級制差別社会が成立発展して行くことになる。

分裂傾向

中国古代は他の世界と同様、求心力が強く働いて統一の進行する時代であったが、中世に入ると一転して、遠心力が重く働いて、分裂割拠に逆戻りする傾向が顕著に現われてくる。これは地方に豪族が盤踞(ばんきょ)して何よりも自己の利益追求に忙しく、中央政府はその拠って立つ所の財力、武力を豪族に侵蝕されても、これを抑える術(すべ)を失った所からくる必然の結果である。実際に三国から南北朝を経て、唐末五代に至る中国は分裂割拠の時代であった。

この中に例外として唐王朝の華やかな統一の時代がある。そこで史家の間には、分裂を以て中世を特色づけることが出来ぬとし、更に進んでは唐を以て漢を受けるものとし、漢唐を連ねて古代帝国にしてしまおうという意見もある。しかしながら我々が時代の特色をつかむにはその静止したる姿を捉えることではなく、その状態を貫いて流れる牽引力の方向を見抜かなければならない。唐王朝は三百年近く継続したが、それが統一を保っていたのは国初から玄宗の末までの約百三十年に過ぎない。到底これをもって前後漢、それぞれ約二百年間続けて統一を保ったのと比較することができない。しかも後漢末から唐初まで、中間約四百年の分裂時代が介在しているので、これを無視して両者を繋ぐのは無理である。それは古代ローマと神聖ローマ帝国を繋ぎあわせて古代と称するようなものだ。

中世的唐王朝

その上に唐王朝の出現は、中国歴史の独自の発展の必然的な帰結としてではない。唐王室の起源をたどって行くと、それは異民族王朝北魏が設置した国境の辺防軍、いわゆる武川鎮(ぶせんちん)軍閥に由来する。もし西洋史の上で類例を求めるならば、それはゲルマン族出身のフランク王カルロ〔カール〕大帝に比較すべきであろう。時代も隔たり、出自を異にするので、漢と唐とは到底結びつけて一つにすることはできない。

我々は中国中世の政治形態を貴族制度として理解する。これは内藤湖南博士の唱説された所で、当時実際に社会を指導した勢力は皇帝ではなくて、貴族であったとする。皇帝は多く軍閥から出た成り上り者であったので教養に欠け、かつ頻繁に革命が繰返されたために短命王朝が多く、その家柄は遥かに累代の貴族に及ばぬものとして、一般からも尊敬されなかった。しかるに貴族の家は遠く漢代に淵源するものもあり、乱世の中にあってその族的結合力によって中国の伝統文化を維持してきた生れつきのエリートである。彼らはそれぞれその家の古い歴史と高貴なる格式を誇りとし、結婚の際には互いに家柄を比較して対等と認めた時に成立する。こういう貴族的価値観から見れば帝王の家は遥かに身分の低い家柄でしかなかった。

もちろん帝王は最高の権力者であるから、敵対する貴族があればその身を殺し、その家を滅ぼすことができる。しかし個々の貴族は取潰すことはできても、貴族群全体に号令して意のままに動かすことも、あるいは貴族群全体の利益を侵害するような立法、施策を行うこともできなかった。もし貴族群の信頼を失えば、天子もその地位を保つことを得なかったのである。

異民族と中世

中世はまた異民族侵入の時代である。これは中央政府の弱体化、政府の動員可能な人口の減少、貴族の私利追求と政治に対する無関心などから生ずる必然の結果と言える。三国の後をうけた西晋の政治の混乱に乗じて、先に漢王朝に帰服して内地に移住せしめられた匈奴族が蜂起、独立したのに始まり、華北にはいわゆる五胡出身の割拠政権がにわかに起ると見えてたちまちに倒れ、いわゆる十六国の興亡の活劇が演じられた。それが北魏によって統一されたが、江南の漢族政権と相対峙して下らず、南北朝時代に入る。北朝の北魏はやがて衰退して、武川鎮の軍閥が興起し、その中から北周王朝が生れ、北周の後を隋がうけ、一たび南朝を併せて天下を統一したが間もなく滅び、唐が興って再統一を果した。隋唐は漢人王朝とは称するものの、武川鎮軍閥の系統に属しており、甚だ異民族化したる中国人であった。唐の中頃から更に新たなる異民族の侵入が起り、安禄山の乱がそれであるが、平定後もそれが残存して軍閥勢力を形成した。その中からいわゆる五代の短命王朝が現われては消えたが、五代のうち三王朝は異民族系統であることをはっきり指摘できる。

このような中国中世の形勢は、西洋の中世と酷似する。西洋中世もまた異民族勢力伸張の時代であり、最初にゲルマン系民族がラインの守りを越えてローマ世界に侵入し、至る所に割拠政権を樹立した。この異民族侵入は更に何度か繰返されるが、この招かれざる客がやがてヨーロッパを舞台とする西洋史の主役となるに至る。同時に彼らはローマの文化、法律を採用して文明化するのである。

しかしながら西洋史においては、中世を以て封建時代と規定することが普通なようである。それならばこれは中国の貴族制とどのような関係にあるのであろうか。西洋の封建は君主が臣下に領土を与える代価として忠誠を誓わせ、主従の身分関係が成立するのだということになっているが、そういう絵に描いたような原則が、果してどこまで事実として行われたのであろうか。どうも日本人は西洋のこととして言えば、本に書いてある通りに現実がそうであったと信じやすい。封建の場合ばかりではない、近代的な自由労働の成立などの場合でも、何か一つ雛型があればすぐそれを一般化して西洋全体にそれが実行されたように考えるが、それが誤解の元になるのではないか。どうも西洋の封建というものは、無政府状態の下で強者が暴力で縄張りを定めあい、利害関係によって保護と奉仕の関係が人為的に出来上ったのではないかと思われる。もし平和があればそれは権力と権力との均衡がとれた場合であり、均衡が破れれば直ちに闘争が起る。そしてこれを威圧して闘争を回避させる抑止力がどこにもない。中央政府は名のみで皇帝は無力だからである。皇帝と言っても実力でその地位をかち取ったのでなく、諸侯に選挙されたのだから、始めから無力であっても不思議でない。

これに反し中国中世の貴族は一応は皇帝権力によって統制されている。皇帝が帝位に即く時には貴族の代表者たる大臣の翼賛を受けるが、ただし帝位そのものは自力により、または相続により、当然の権利として自ら獲得したものである。そこで遠心力が働いているため分裂傾向は強いが、しかし無政府には陥らない。皇帝は貴族と妥協し、その既得権を尊重することによって忠誠を誓わせ、貴族を操縦しつつ政策を実施する。貴族も皇帝と妥協し、その主権を認めることによって地位を確保し、更に一層の利益を追求する足掛りを得るのであった。

そこで問題となるのは西洋史において、中世を封建時代と名付けるにしても、果して封建は中世独特のものかという疑問である。何となれば封建制なるものは、もともとゲルマン系北方異民族の風習であり、ギリシア、ローマ文化を受容する以前、北欧、東欧の遊牧的民族の間には、東洋のモンゴル民族と似たような一種の封建制が行われており、中世の封建制はそれがローマ文化の影響を受けて一層高度に開花したものではないかと考えられるからである。

中国においては封建制は古代の周王朝によって代表されるが、周は原来西北僻地の後進民族であり、殷文化によって開明の進んだ中原に進出した際に封建制の開花を見たとされている。この古代的封建制の素因はモンゴル族の間に温存され、チンギス汗の征服の過程中にも封建制の傾向が見られる。

もし日本の場合を参照するならば、日本の封建制は鎌倉時代に始まり、江戸時代に完成された。江戸時代は国史の上では近世とされるのが普通である。そして日本の場合においても、封建制は大和朝廷からの正統を受けたものでなく、いわゆる東夷の後進地域から発生した点においては、西洋や中国と共通である。

このように考えると、封建制なるものは原来は最も未開な民族の間にその素因が蔵せられており、彼らが文化民族の住地に侵入して文明化した際に成立しやすいもので、その点から言えばむしろ古代の延長、ないしは変形と言ってよい。従ってそれは古代においても起り得るし、よしんば近世にさえも成立し得る。西洋においては偶然にそれが古代の末期に際会したので、中世の特色になり得たのではないか。言いかえれば、封建制を中世の特色とするのは西洋に限って言えることであって、他の世界に推し及ぼして普遍的な原理とはなし難いと考えられる。この点を察せず、郭沫若が中国の封建の名に拘泥して、中世の開始を周代に置いたのは、見当違いと言わなければならない。事実を抽象して抽象名詞を造ると、それが実体を離れて独り歩きする危険の生ずる一つの例と言ってよいであろう。

そんならば次に中国中世の特徴である貴族制度はどこまで普遍性をもつものであろうか。中国の貴族に類似する例をもし西洋に求めるならば、それは例えばフランス絶対王制下の貴族がそれに該当するであろう。その中心をなすルイ十四世時代は十七世紀後半から十八世紀初頭にかかるから、これは普通には近世と解せられる。日本の例では藤原氏の摂関時代がこれに該当するであろうが、これは疑いもなく古代に含まれる。すると中世貴族制は中国にのみ通用する原則で、他の地域に推及するのは無理だと言うことになる。これは同じような貴族でも、それが君主との相対関係においてそれぞれ異なる役目を果すからである。日本の古代貴族は天皇の統一政治を輔佐する役割を演じ、西洋の近世貴族はやはり独裁君主を輔弼(ほひつ)して国威を発揚するのを勤めとした。これに反し中国の貴族は自分自身が分裂の中核となることはなかったが、しばしば割拠政権を守り立てて分裂傾向を助長することがあった。三国の分裂はその地の貴族が割拠政権を擁立したし、南北朝には南北それぞれの貴族がそれぞれの王朝に協力した。ことに北朝治下の貴族はその主権者が異民族出身である点をも意に介しなかった。結局中国中世の貴族は君主制の下にありながら極めて自主性の強かった点に特色がある。もしこの点を強調すれば、西洋中世の封建諸侯の性格と一脈相通ずるものがあるとも言えるであろう。結局、封建制も貴族制もそれ自身には時代性がない。求心力の強い時代にあえば統一を助ける力になり、遠心力の強い時代にあえば、分裂を助ける力になる。西洋中世の封建制、中国中世の貴族制は、その時代が分裂割拠的な時代であったので、時勢に応じた形態を採らざるを得なかった。言いかえれば中世的な特色は、その封建制、または貴族制それ自体の中に求むべきでなく、それが原来遠心的であり、分裂割拠な傾向を有する時代であった点に求むべきであったのである。

中世的社会

近時の傾向は中世封建制の命題をそのままに使用しながら、その封建制の意味を社会の最下層部における労働形態によって説明しようとする。すなわち唯物史観においては、古代を奴隷制、中世を農奴制、近世を自由労働制と規定するが、これによれば中世は土地制度において荘園流行の時代であり、その荘園の労働者は半ば奴隷的な性質を有する農奴であったと考えるのである。

しからば中国史上において、西洋の農奴に類似するものがあったかの問いに対して、従来有力であった説は宋代以後流行した佃戸(でんこ)がそれに該当するものだとした。確かに宋代以後の大土地所有制において、地主の土地が荘とよばれ、そこに佃戸なる労働提供者があったことは事実である。しかし私の考えでは、その荘が直ちに西洋の Villa, Manor と性質を同じくし、佃戸が Serf に該当するとは考えにくい。まず荘なる土地から言えば、これは断片的な零細農地の寄せ集めに、所有者が強いて命名した場合が多く、到底西洋において囲い込みのできるような一円大土地の所有とは比較することができない。もし一円大土地所有の例を求めるならばそれはむしろ六朝隋唐に盛んであって、その土地はやはり荘、荘園とよばれ、この言葉の原義にも適するものであった。荘はもともと別荘と言うべきで、城中から離れた田舎にある別宅の周囲に山野田園が付属して、自給自足の生活のできる領地のようなものを指したからである。

次に西洋における農奴類似のものを中国に求めて、宋代以後の佃戸に比定するのは大へんな見当違いである。佃戸は契約によって地主の土地を借り、地代を払う小作人であり、多くは貧民であることは事実だが、しかし自ら独立の生計を立てており、一個の経営者でもある。だから地主から借りた土地を更に第三者に転貸して地代を収め、地主に納める小作料との間の差額を儲けとすることさえある。もっとも土地が狭く貧民が多い地方では、佃戸は借地を得難いため、勢い卑屈にならざるを得ず、これに乗じて地主が非道を行うことを免れない。政府もまた地主を保護する立場から、佃戸が地主に対して暴行を加えれば常人よりも重く罰し、その反対の際には地主の罪を軽くするようなこともあった。併し佃戸は一般人民に対しては全く平等であって決して賤民ではない。また借地を地主に返還することは全く自由であり、返還した上は地主と法律上平等の地位を恢復する。だから佃戸はたとえ完全に近代的な資本主義下における小作労働者ではないとしても、さりとて封建制下の自由を奪われた半奴隷的農奴では決してない。どちらかと言えばまだ資本主義が十分に発達しないで歪められた形の下における小作人だと見るがよいであろう。

佃戸は農奴でない

宋代以後は地主の方でも、その土地所有は単に地代をあげるための経済行為としか考えていない。小作人の身分を支配することは脳中になく、同時に小作人の生計に対して責任を感ずることもない。だから小作人が自分以外の人の土地を同時に借りてその方の小作人にもなることを禁じない。小作人が契約を破棄しに来れば、これを拒む理由をもたない。ただし地主が小作人の土地を理由なく取上げようとする時は、政府が干渉して小作人を保護することがある。政府としては、土地利用は純然たる経済問題として自由に放任しておくが、ただし租税が減収となると困るから、土地が荒廃するようなおそれがある時には干渉せざるを得ないのであった。このように見てくると、宋以後の佃戸は決して西洋中世の農奴と同一視すべきでなく、また宋以後の大土地所有も、決して西洋中世の荘園と性質を同じくするものではないことが分る。言いかえれば佃戸の存在によって宋以後を中世と見る説は全然成立の可能性がないのである。

部曲と農奴

そんならば中国には、西洋の農奴のようなものは全然存在しなかったかと言えば、私は存在したと答える。それは唐律などに規定されている部曲(ぶきょく)である。従来の史家はともすれば独特の偏見から、部曲をもって強いて奴隷(どれい)だと見る説に傾きがちであったが、部曲は決して奴隷ではない。まず大局的に見て、唐律には賤民を大別して二種類とし、奴婢と部曲とを挙げている。奴婢は大体の性質が奴隷(スレーブ)に外ならないから、奴隷の外にもう一種類の奴隷のありようはずはない。何となれば奴隷は言わば人格零である。零は絶対であるから、零の上に零なく、零の下にも零がないはずである。そういう点から考えても、奴婢を奴隷と見た以上、奴婢よりもましな地位におかれた部曲は奴隷であり得ず、従って農奴的存在であることは、当然常識的に予想さるべき事柄でなかったか。常識を失った歴史学ほど恐るべきものはない。

事実唐律を少し詳しく読めば、部曲なるものの性質が如実に描かれているのである。奴婢は主人の意志によっては結婚することを許されるが、ただし家族をもたない。奴の妻は婢であり、その子は男ならば奴、女ならば婢である。これに反し部曲は家族生活を認められ、良人の女と婚姻することもできる。このことからしても奴婢は主として家内労働に従い、部曲は集団して荘園で労働する隷農であることが予想される。言いかえれば部曲は西洋中世の荘園における農奴に甚だ近いものであったのである。

均田制と荘園

日本ではどうかすると、隋唐など均田制が行われた時代には、天下の土地はすべて均田農民に分配されて、個人による大土地所有の存在する余地がないかの如く考えられてきた。ところがこれも唐令をよく読めば分ることであるが、朝廷の官位を有する特権階級には特別の恩典があって、莫大な土地を永世にわたって私有することができるのである。例えば一品官は六十頃(けい)、すなわち大約(たいやく)四百ヘクタールの地を永業田、すなわち私有財産として所有することができる。もしその子に官位があれば、それぞれの官位に応じて永業田をもつ資格が与えられ、それをそのまま子孫に相続さすことができるので、一家の私有面積だけでも相当なものである。もちろん官人の永業田は政府が給与するものではなく、各人が自力で購入したり開墾したりしなければならぬが、全国で何千家族あるか知れぬ官人は、金もあり権力もあるので、努めて最大限まで耕地を入手したであろう。するとその土地は誰が耕したかと言えば、最も自然なのは部曲を使役することである。本来の意味の荘園制度と部曲とは、全く同一制度の二面であること、西洋の荘園と異なるところがない。

社会の上層部には庶民から隔絶した高貴の家柄を誇る貴族があり、一方下層部には庶民から落伍して賤民扱いを受ける奴婢、部曲があり、特に部曲は三国の頃から現われて唐代に定着するものなので、中国中世は身分制の徹底した時代と称してもよいと思う。もちろん身分制そのものは他の世界、他の時代においても見られることであるのは言うまでもない。

五　近世とは何か

中国のルネサンス

中世身分制社会は言いかえれば固定し、低迷した社会である。それが宋代に入ると俄然社会は沈滞を破って、潑剌とした活動を開始する。言わば中国のルネサンスが始まったのである。ルネサンスは言うまでもなく、西洋における近世誕生に対して与えられた名であるが、似たような現象は他の世界において、またいろいろな時期においても起っている。例えば西洋史の上においても、カルロ〔カール〕大帝の時代に小さなルネサンスが起っている。私はイスラム世界においてもそれがあり、アッバス朝のハルナラシッド〔ハールーン・ラシード〕教主の下のバグダッド文化は正に西アジアのルネサンスと言いうるものだと考えている。中国においてもたびたび類似の現象が起っているが、その大きさから言っても、その性質から言っても宋代の新文化こそ、中国のルネサンスと言うに相応わしいと信ずる。この文化という言葉の中には、哲学や文学などの精神文化ばかりでなく、その背後にある社会組織の進展をも含めていることもちろんである。

内藤博士は唐宋間の変遷を、中世的な貴族の没落に伴い、庶民階級の興隆という命題で捉えられた。ここに言う庶民は、貴族に対して言ったので、それは確かに庶民に違いない。しかしそれが興隆して、文化、経済を発達させた曙においては、庶民は再び上層と下層とに分裂せざるを得なかった。下層の庶民は依然として庶民であるが、上層の庶民は今や新しい貴族となった。私はこれを士大夫(したいふ)と名付けたいと思う。あるいは読書人、あるいは新官僚、あるいは地主と言ってもよい。多少はそのニュアンスと外延を異にするとはいえ、その指さす実体はほとんど変らない。

中国に近世をもたらすことを可能にした原因は中世的貴族の没落であった。すなわち唐末から五代へかけての混乱期は、武力万能の時代であり、貴族文化によって政治を装飾する必要がないままに、貴族は政権の保護を失い、戦乱に捲きこまれると次々に没落して行った。もっとも従来とても、貴族の没落は動乱のたびごとに、時々起るのを免れなかった。ただしそれまでは旧貴族が没落するとすぐ同じ性質の新貴族が起ってこれに代った。隋唐の間にも大量の貴族の入れ替えが実際に行われた。しかし大局から見れば貴族制という大伽藍は、その柱や梁を取替えただけで、旧来の面目をほとんど変えず、そのままに留め得たのであった。しかるに唐末五代の間に旧貴族が滅びると、彼らが組立てていた大伽藍が土台から倒潰してもはや補修がきかなくなり、また補修しようという勢力もなく、そのまま地上から消えてしまった。そのあとへ今度は初めから設計を異にする新しい建物が出現した。それが近世の士大夫階級である。

唐代までの中国は武力国家の色彩が濃厚であった。王朝が興るのは、精鋭な軍隊を握っていたからであり、この武力によって財力をも手に入れることができた。しかるに宋代に入ると、唐末からの傾向を受継いで、財政国家の色彩がいよいよ強くなってきた。財力を以て兵を養い、兵を以て国を守るという政策が前面に打ち出されたのである。そして官僚は武官よりも文官が重用され、文官とは言うものの、その実質は財務官僚であった。だから宋代の官僚はどんな詩人であれ、文人であれ、財政を語り得ない官僚というものはない。

科挙官僚

さりながら官僚は天子の名代であり、人民の儀表たるべきものであるから、財政手腕を第一条件として官僚を募集するわけに行かない。政府はやはり隋唐以来、次第に盛んとなり、民間にも信用を得てきた科挙によって、文学経学の才ある人士を選抜して官に登用するのである。ただし科挙の難関を突破して進士の称号をかち得た新人は、そのまま学問を継続したり、詩文の制作にふける機会を与えられることはほとんど望めない。彼等の多くは先ず地方官に任命される。さて地方官の成績は何よりも租税徴収の実績によって評価される。ここで新前官僚は否応なく、まず経済、財政の実態にぶつかるのである。その成績は中央に報告され、成績の可否によって昇進の遅速が定まってしまう。

官僚の総元締である天子もまた安閑としてはいられない。朝廷の大臣と共に官僚人事の進退や、国庫財政の盈虧(えいき)〔満ち欠け〕に心を砕かなければならない。何よりも大切なのは官僚軍隊に対する俸給の支払いに事欠かせぬことである。もしも軍隊の給与が不渡りになるような事態に立至れば、天子はその位を保つことができない。事実そのような状況が起り得たのであって、明の滅亡の場合がそのよい例である。

中世以前の武力国家

天子にとって兵力と財力とを掌握することが必要なのは、何も宋代に始まったわけではなく、古代中世においても同じであった。しかしながら中世以前には、天子が直面するのは中央政府直属の兵力、財力だけの問題であった。中世の分裂割拠の形勢の強い時代の中央政府は、国都の付近一帯を直轄するだけで、地方の政治はこれを地方政府に委ねておくため、天子の支配権を地方の隅々まで徹底させることができなかった。その代りに中央政府がたとえ少々乱れても、地方政府は自力で地方を治め、場合によっては中央の失政を匡正（きょうせい）する場合もあった。だから天子が掌握する兵力も財力も甚だ限られたものであった。

しかもその兵力は原則として、人民の力役から徴発するものであったので、常備の兵力は甚だ少ない。財力は人民から租税として徴収し、農民からはその穀物布帛（ふはく）を、商人からは金品を上納させた。地方政府から中央政府へ財政的に援助することもまた甚だ少ないのは、地方が中央に対して自立しようとする傾向が強い上に、交通も不便だったからである。

ところが唐の末頃からこの形勢が変化しはじめた。それは唐王朝が財政国家とも称すべきものに変質してきたことであり、それが宋に至ってほぼ完成されたのである。そしてこれを可能ならしめるための社会的条件もまた成熟していたのであった。

中世の中国経済は、荘園によって代表されるように、出来るだけ自給自足を計る、自然物経済を指向した経済であった。農業生産は都市を離れて、郊外の田園村落に移ったため、あとに残った都市は政治都市となり、官吏や軍隊の居住地となった。彼らの需要に応ずるために市と称する商業区域が設けられているが、流通経済が縮小してきているので、市況は活潑でなく、政府が商人に課税しても、それほどの収入が挙げられなかった。

この情勢が唐末から変化を見せはじめ、宋に至ってすっかり面目を一新した。それは中国内部において資源の開発が進み、各地に特殊の産物が発達して、地域的な分業が起り、このことは不可避的に流通経済を促進する。あたかもよし、隋代に開鑿(かいさく)された大運河が、初めは政府用の交通路であったものが、施設が整備されると共に、民間の企業もこれを利用するようになって、南北の大幹線が一般人民用に開放されることになった。政治的な役目を主な目的として存在した都市は再びその経済的使命を見直され、商業都市として発展しだした。旧来の狭い市だけでは商人の経済活動を盛りこむことができなくなり、次第に商業区域が拡大され、都市の形態が一変した。商業には交通の利便が生命なので、商店が大通りの両側を占拠し、都市の街路がほとんど市場となり、住宅地は裏町へ引きこまざるを得なくなった。政府は商人に課税するに、従来のように市という地区で捕捉することができなくなり、商人に対しそれぞれの業種ごとに行(こう)と称する組合を造らせ、この行に独占営業権を認める代りに、各行が責任をもって自主的に納税することを命じた。更に商業のうち最も利益の大なるものは、その商品を政府の専売品とし、これを扱う商人は特許商人として政府が特別の保護を加えると共に、高額の専売益金を上納させた。その代表的なものは食塩であり、早く唐の粛宗(しゅくそう)の時に天下の塩を収めて専売品とし、その益金を以て軍事費にあてた。以後中国人民は原価に数十倍する食塩を買わされるのが常となり、これが下層民の生計を圧迫する外に、種々の有害な副産物を生じ、政治経済を混濁ならしめた。一方有利な財源を入手した天子は、単に都下の禁(きん)衛軍(えいぐん)ばかりでなく、全国の戦闘部隊を天子に直属せしめ、この武力を背景として独裁君主としての地位を固めることができた。

このような商業の拡大は、言いかえれば経済界に空前の好景気が到来したことを意味し、これは同時に生産技術の革新と平行して起ったものであった。技術上の革新は、まず燃料革命によって惹き起された。それは唐末頃から石炭が燃料として利用されたことから始まった。原来石炭は煙が多く、臭気が強いので、決して好ましい燃料ではなかった。しかし中国では人口が増加し、土地の開発が進むと、森林が伐り倒されて木材が払底し、やむをえず代用燃料として石炭を用い出したのであった。そのうちに石炭をコークスとして、炭団(たどん)の形にして用いれば、その臭気を去り、かえって火力を強めることを発見した。宋代に入ると大都市の厨房煖炉にはほとんどが石炭を用いるようになったが、何よりも重要なのは、それが製鉄にも利用され出したことである。鉄礦(てっこう)は中国各地で得られるが、燃料補給の点に隘路(あいろ)があったところ、今や無限に近い石炭によって、しかも容易に高熱を得られるので、鉄の産額が急増した。いずれの世界においても、鉄の使用量が文化の程度を示すと称せられる程であるが、手軽に鉄を使用し得られることが、宋代の文化を向上させる槓杆(こうかん)となったのである。

鉄は農具としても、工具としても、また武器としても不可欠である。そして鉄を惜しみなく使うことができれば、各種各様の道具器械を揃えることが可能となり、これが生産の能率を増す結果を生む。更に中国において特殊な用途があるのは、銅の生産に対して鉄が消費されることである。というのは宋代南方の銅山において浸銅法という精錬法が用いられ、これによるとまず黄銅鉱を溶解して硫酸銅を得、これに鉄屑を投入すると硫酸鉄となって銅が遊離する。この際銅一キログラムを獲るために鉄二キログラム余を費さなければならなかった。しかし政府はこの銅をもって銅銭を鋳造し、銅銭は当時の正貨であったので、貨幣の潤沢なことは経済界を刺戟して、好景気をもたらすに役立った。

安価に獲られる鉄は政府の禁令にもかかわらず、国境を越えて外国に輸出され、いわゆるシナ鉄の名声は西アジアにまで拡まった。その外、宋代においてすでに完成の域に達した陶磁器もまた遠く西アジアへ輸出された。中国古来の特産たる絹織物が諸外国に珍重されたのは言うまでもない。このような中国の産物が外国へ輸出されると、その代金として流入したのは銀塊であった。中国政府は銀を貨幣として公認したわけではないが、既に高度の流通経済に入った当時の中国社会において、銅銭は重きに過ぎて取扱いに不便なことから、自然に高額貨幣として銀が民間に使用され、しかもその需要が日増しに高まってきた。中国内地には銀の産額はあまり多くないのであるが、幸いに外国銀が輸入されて需要を満たし、この銀が社会に蓄積され、中国は民国初年まで、事実上の銀本位国であり続けた。

新文化の発達

以上のような経済的な好条件、好景気と高度成長を背景として、文化の各方面に革命的な飛躍が見られた。世界の三大発明と称せられる火薬、羅針盤、活字印刷の使用は宋代において普遍化した。文学、経学の上では古代の復興が叫ばれ、絵画、特に風景画は世界の最高水準にまで到達した。恐らく宋代の文化は、当時の世界において、いずれの地域に比しても先進性を誇り得る優秀なものであったと言えるであろう。

ところでこの優れた文化は、全く中国が独自に開発したものか、あるいはどこか他の地域からの影響を受けて発達したものか、という疑問が生ずる。これについては、確かな積極的な証拠が見当らず、またそれを全く否定してしまうほどの研究も行われていない。しかし私個人の推察する所では、中国に先んじてルネサンスを経験した西アジアから何等かの影響を受けたに相違ないと思われる。ことに唐代、西アジアにイスラム勢力が勃興して、中世ササン王朝ペルシアを滅ぼした。ササン朝の貴族、商人は逃れて中国に移住し、保護を受けたが、彼らは中国人から波斯（はじ）と称せられた。この波斯は長くその国俗、言語を棄てず、いずれも豪富をもって聞えた。中国における動産資本の勃興には彼らが刺戟を与えることが多かったと思われる。この波斯の足跡をたどって、次にアラビア人が渡来し、彼らは大食(タージ)と称せられた。このアラビア人のサラセン帝国は、初めウマイヤード〔ウマイヤ〕王朝の時には都がダマスクス〔ダマスカス〕にあり、言わば西の方、地中海方面との関係が深かったのであるが、アッバス朝がこれに代ると都をバグダッドに移し、今度はその興味が東方へ向けられるようになった。しかも九世紀の半ば頃にルネサンス現象が起り、古代ギリシアの文化を復興して、他のいずれの世界にもさきがけて近世社会を造り上げた。この時期から宋初まで約一世紀あるが、この間に中国に渡来したいわゆる大食が、そのアラビア新文化をもって、中国を刺戟したであろうことは疑いない。

宋文化と西アジア

しかしながら中国がおよそ北宋一代の間にその独自のルネサンスを展開した後には、その文化は西アジアを凌駕するに至った。今度は東から西へ向う文化の潮流が見られる。その中でも特にはっきりと跡づけられるのは、中国絵画の影響である。と言うのは西アジアにおいてイスラム教が普及すると、これにつれて絵画、彫刻などすべて動物の形を表わしたものが根こそぎ破壊され尽した。これはイスラム教が偶像崇拝を禁止する建前から、これを誘発するおそれのある、あらゆる生物の形像を排斥したためである。この形勢に少しく変化が見られたのは、アラブ世界に対するトルコ人の侵入である。アッバス朝が十世紀に入って、教主の権威が失墜したのに乗じ、傭兵として使役されていたトルコ軍人が朝政を左右する一方、地方にもトルコ人の軍閥が割拠政権を樹立し、アラブ人に代ってトルコ人が覇を制する世の中となった。もちろんトルコ人はアラブ世界に入ると共に、イスラム教に改宗し、その戒律に従うことになっていたのではあるが、しかしながらもともと原始的なアニミズムを奉じ、また多少中国からの影響を受けていたトルコ人は、イスラム教の信奉において、アラブ人のように厳格ではあり得なかった。彼らが支配者となり、文明化して生活に余裕が生ずると、彼らはその装飾に、控え目ながら動物の姿をモチーフとして用い出したのである。そしてその絵画的手法に中国画の影響が看取される。この傾向を更に推進したのは、モンゴル族の西アジア征服である。十三世紀に元の太祖、チンギス汗の下にモンゴル族の勢力大いに興り、太宗オゴタイ汗の時には遠征軍を出してポーランド、ドイツに侵入し、やがて西南アジアにイルハン国、その北にキプチャクハン国の成立を見るに至った。このうちイルハン国は西アジア文化の栄えた中心の地域を領有したので、やがて国王始め征服者の一団は、土着人のために同化され、イスラム教に改宗するに至ったが、彼らは以前より中国文化の影響を受けることトルコ人よりも深く、特に中国画を愛好し理解することもトルコ人より勝れていた。そこでこの王朝の下に製作されたペルシア語、アラビア語の書籍の挿絵には極彩色の密画を用いるものが多く、その中には中国画と見分けのつきにくいものがまじっていることが少なくない。

中国とヨーロッパ

次にヨーロッパ世界は古代以後、絶えず西アジア文化の影響の下にその文化を発達させてきた。特にヨーロッパの近世は、十一世紀末に始まった十字軍以後の数百年間に、イスラム世界と接触した結果起り得たことは周知の通りである。とすればここに当然考えられることは、ヨーロッパ近世に対して、中国の近世が若干の貢献をなし得たであろうとの推察である。何となれば中国文化は既に西アジアに影響を与えているのであるから、今度はヨーロッパ世界が西アジア文化を受容する際、その中に中国的要素が含まれていることが、当然予想されねばならぬからである。

この場合においても、最も安全に結論の出せるのは、中国画の影響である。というのは西洋のルネサンス芸術のうち、彫刻の部においては確かに復興すべき目標として、ギリシア、ローマの古代遺物があった。しかし絵画の場合、ギリシア、ローマはルネサンス人に対して何ら、指導すべき材料を持たなかった。ルネサンス人は中世の僧堂などに見られた貧弱な壁画を、若々しい生命をもった彫刻にふさわしいように、その品格を高めなければならなかったが、この際に利用できたのは、西アジアのイスラム文化であった。西洋のルネサンス画家は、聖書の内容を絵画化しながら、当世の西アジア人の風俗を描写した。そこには高貴なダマスク〔ダマスカスで発達した織物〕の衣裳、トルコ風の武器、甲冑が描かれ、背景には中国風の皴法（しゅんぽう）〔山や岩石のひだを表す技法〕から来たかと思われる岩山が現われている。これが中国画の西洋に及ぼした影響の第一期であり、それは西アジアを通しての間接的なものに過ぎなかったが、十七、八世紀となると、中国の山水画が直接ヨーロッパに紹介されて、その影響の下に、西洋風景画が成立し、人物画と対等の位置を占めるようになる。絵画以外の部門においても恐らく同様な現象が行われていたに違いないと思われるが、現今の研究の水準はそれと明言できるまでに達していない。

中国文化の停滞

中国の近世は宋代においてほとんど完成に近い域に達しながら、それ以後はやや停滞の傾向を示すようになった。その根本的な原因は、経済上の好景気がそのままに永続しなかったためと見られる。経済現象は政治情勢とほぼ平行するものであるが、北宋の末年において、中国社会は景気の頂点に達するかの観を呈すると共に、極めて危険な徴候を現わし始めた。それは富の偏在による上層階級の奢侈生活、これに伴う政治の腐敗、地方人民の反抗機運の醸成などである。このような社会不安に乗じて東北から女真民族の建てた金王朝の侵入を受け、宋は華北の土地を金に委ねて江南に退き、揚子江以南を辛うじて維持するだけであった。これ以後、中国全体を通じて、景気は一転して下降に向うのである。政府は努めて民間の景気を維持しようとして人為政策で挽回を試みるが、このことはかえって経済の実質を阻害する結果となる。この弥縫(びほう)策が最後に破綻を来した時に、南宋政権は金とほとんど時を同じくして倒潰し、中国は新たに北方より興ったモンゴル族の元王朝を征服者として迎え入れるのである。

元王朝の初期は、宏大なモンゴル帝国領を通じて東西の交通が活潑となり、経済界は一時好況を呈した。しかしやがて内乱、西アジア諸汗国の分離が起り、好景気は永続しないで、沈滞低迷の時期が続く。元王朝はこの不景気風を支えることが出来ずして滅亡に陥ったのである。

景気変動

元に代った明王朝の下で、景気は徐々に上向いて行った。孝宗弘治帝の頃が恐らくその絶頂であろう。こうして人民はやや安堵を得たのであるが、その後の景気は跛行(はこう)景気と沈滞の繰返しで、全体として下降である点には変りがなかった。明末、万暦、天啓の頃は空前の好景気のように見えながら、それは消費景気に止まり、実質は反って悪化して、生産は行き詰っていた。そこへ北方から満洲族の清朝の侵入を受け、ひとたまりもなく滅亡に陥らざるを得なかった。

明に代った清朝の下で、中国社会は徐々に経済態勢を建て直し、康熙帝を経て、雍正帝から乾隆帝の初期にかけて、経済もまた全盛期を迎える。しかし乾隆帝の長い治世の後半になると、早くも景気は傾きを見せ始める。その根本的な原因は、銀塊の国外への流出であった。これにはイギリス人による阿片貿易が強く作用しており、中国社会は毒物阿片の購入のために、歴代苦心して輸出に心がけ、漸くにして蓄積した銀塊を、止処もなくイギリスに向けて放出することが続いたのである。そこに現われたのは典型的な不景気現象であった。ちょうど、後漢末以後に現われたと同じような貨幣の流出減少による不景気が再現したのである。しかも先の中世の場合は七百数十年の長きにわたり、その間に王朝がしばしば更迭し、政治の良否による影響によって、経済現象もまた不規則に変動したのに対し、清朝の場合は同一政権の下において、約一世紀半の間に集約されて、模範的に純経済的な現象としての不景気が進行したのである。それは見方によれば、研究者にとって実験する意図を持たないで、しかも歴史が実験してみせたような結果が獲られたわけである。

不景気はまず企業を圧迫して、生産活動が停滞し、人口の増加に反比例して、就業の機会が減少し、顕在的、潜在的失業者が増加し、これらの失業者は闇商売を目的とする秘密結社に加入し、治安の紊乱(びんらん)を来して、世上が物騒となり、このことはますます生産活動を阻害するのであった。

景気の周期

通観すると、宋以後近世に入って、景気変動の周期は前代に比べて、はるかに短くなった。それまでは古代は上昇期、中世が停滞下降期で、両者を併せて一つの周期を終えたのであったが、宋以後はおよそ一王朝の長さが景気の一周期を形成する。これはそれだけ社会の動きが速くなったことを示すものであるが、この周期の長さはその後いよいよ短くなり、最近に至っては数年で一周期とされるまでになったことは周知の事実である。

ここで注意すべき点は、政治の良否が経済の景気の波と一致する傾向があることである。これを宋代で言えば、北宋の初期はいずれの時代にも増して政治が良好に運営されたと称せられるが、その裏には前代に見られない好景気の波があった。そこで考えなければならぬのは、好景気の時代には政治が効果を挙げやすく、少々の失敗もさして痕跡を残さないことである。そのような時代には、たとい暗愚な君主が在位しても、その欠点が取沙汰されることが少なくてすむ。これに反し不景気に際会すれば、政治上にどんなに努力しても、これを挽回することがむつかしく、たいていは失敗に失敗を重ねる結果となる。すると世論はその責任を君主、または大臣に負わせて、その失徳、その無策を攻撃するようになる。そこで名君によって治世が生れ、暗君によって乱世が始まるのが歴史の法則のように考えられてきたが、実は治世とは好景気のこと、乱世とは不景気の別名なることが多い。そして景気不景気は、その時々の君主個人の政策によって左右することがむつかしいから、古来の君主に対する伝統的な評価はあまり当てにならないと知るべきである。例えば清朝の康熙帝の如きは、時に不世出の名君と賞讃されることがあるが、実質は必ずしもそうでなく、ごく普通の人間に過ぎなかったようである。ただその在位が甚だ長く、しかも明末大乱の後の復興期に当り、国際貿易が出超を続け、経済界も未曽有の好景気であった恩恵を受けるという、好運に廻りあわせた結果だったようである。むしろ清朝の紀綱は彼の下で早くもみだれかけてきたのであるが、幸いに次代に雍正帝が現われて官紀を振粛(しんしゅく)し、清朝独特の政治機構の根柢を据えた。この事実を察せず、世人はややもすると清朝の盛時を康熙乾隆と連称して、中間の最も大切な雍正時代を忘れてしまうことが多い。

近世的統一

ここで観点を変えて、統一か分裂かという問題について、近世はいかように説明され得るであろうかを考えてみたい。近世は中世を否定し、はるかに古代を受け継ぐという任務を負うものなので、必然的にそれは統一傾向の顕著に現われる時代である。ところが実際には中国では宋の統一はその大きさにおいて漢唐に及ばず、ヨーロッパにおいても近世には、ローマ帝国の大は言うに及ばず、カロリンガ王朝ほどの統一さえなかったのは、どのように解釈さるべきであろうか。

これに答えて私は、統一とは形体の大きさという量的な意味の外に、統一の実質的な内容という質的な面があることを指摘したい。まず宋の統一は、その領土の面積から言えば、前代の大統一に比して甚だ見劣りするのを免れないが、ただその統一は甚だ鞏固（きょうこ）な性質を有したことを忘れてはならない。これはこの時代になって、中国人が初めて強い民族的自覚を持ち、単なる政治的統一という型式以上に、内面的な団結によって統一が支えられたからである。唐は三百年ほど続いたとは言うものの、中間に武周革命（三二八頁参照）があって中断されており、天子は何度か国都を棄てて地方に蒙塵（もうじん）するを余儀なくされ、また領内に独立、半独立の軍閥勢力が割拠するのをいかんともすることができなかった。しかるに宋は北宋約百七十年の後を受けた南宋がまた約百五十年の命脈を保ち、南宋が滅びた後も王室の子孫を奉じて、その復興を計る運動が数年も継続した。これは従来の歴史に見られない所であった。

近世民族主義

このような民族主義は、宋王朝下の中国ばかりでなく、周囲の異民族の間にも同様な現象が見られた。むしろ周囲の異民族の側において民族主義が一層強く現われる傾向があった。そのために宋はしばしばこれらの外敵のために、中国人の住居する領地を割譲せしめられている。遼に対する北辺の十六州、ついで西夏に対しても陝西縁辺の数州、更に金に対して華北全体を奪われた如きがこれである。

同じような傾向はヨーロッパにおいても見られた。近代列強の直接的な起原は、多く、ルネサンス以後の近世の間に求められる。その諸国民の国民文学の淵源もまたこの時期から発している。一見すれば近世のヨーロッパは分裂割拠の甚だしい時代のように見られるが、これは求心力が地形に応じて局部毎に作用したためであり、中世の無政府的な分裂割拠とははるかにその性質を異にするものと言わなければならない。

六　最近世とは何か

最近世的発展

西アジア、中国の文化の影響を受けて、最も遅れてルネサンスを経験したヨーロッパは、遅れたがためにかえって最も完成したルネサンス文化を創造した。そして一度この段階を通り抜けるとその後の進歩が目覚しかった。そこには他の世界では見られなかったアメリカ新大陸や、旧大陸への航路の発見という成果が挙げられた。奴隷を使って採掘精錬された新世界の銀塊がヨーロッパに持ちこまれ、ヨーロッパは空前の好景気によって潤された。一方ではインド洋航路の発見により、これまで渇望していた旧大陸の香料など珍奇な物産が自由に購(あがな)えるようになった。このような絶好の条件に恵まれて、ヨーロッパ世界は、これまでの旧い文化をほとんど無価値としかねない産業革命文化を創造するに至ったのである。これは十八世紀の後半から始まったが、ここにおいてヨーロッパの歴史は俄然新段階に入るので、私はこれを最近世(近代)として、その前の近世と区別する。最近世という名は、私が京都大学に入学した頃、大正末年から昭和の初めまで存在した文学部の講座名で、私はこの名が好きである。それは最近世が決して近世に対するアンチテーゼではなく、近世的傾向を一層強く推し進めたという意味であることが、一目で分るからである。層序を現わすに最という字を用いることは、地質学などでも pliocene のことを以前には最新世と訳していた。近時は何故か鮮新世と訳しかえたようだが、鮮新では意味が分らない。同じように最近世の意味を近頃は近代と呼ぶことが流行しているが、近世と近代とはいったいどう違うのだろうか。

自然科学の時代

近世の間はルネサンスが一段落すると、その後はあまり急激な進歩が見られず、同じ水準で彷徨することが続いたが、最近世に入っては、産業革命以後も矢継ぎ早やに、あらゆる方面で飛躍的な発見、発明が相継いだ。日進月歩、まことに目覚しいものがあり、ことに自然科学、技術の面では急カーブの上昇を遂げ、もしこれを古代から現今まで、図上に表わそうとしたならば、一枚の紙には収まりきらないであろう。

さてヨーロッパにまず起った新鋭の産業革命文化は必然的に他の世界にその影響を及ぼさないではおられないのであるが、不思議なことに、距離の近い西アジアの反応は意外にも鈍く、反って距離の遠い東アジアに対する影響が深刻であった。そして新文化が目ざす侵略の的は言うまでもなく中国であった。

もっとも中国が直接ヨーロッパ文化の尖兵と遭遇したのは、十六世紀から始まり、明の嘉靖年間には澳門(マカオ)にポルトガル人の植民地が出現している。以後ヨーロッパ人の渡来する者が日に多く、ことに旧教宣教師は中国内地に布教し、明の朝廷にも取り入って、当時の知識階級の間にヨーロッパの学術を紹介した。これは確かに従来の中国の歴史になかった新局面であり、それがその後の中国の西洋化の伏線ともなっているので、中国史の時代区分において、この時期を以て一つの境界にしようという説がある。

しかし私の考えはこれに反対である。と言うのは明代に西洋宣教師のもたらした文化は、当時の世界において最も勝れた自然科学を基礎としており、中国にも多大の感化を与えたことは事実であるが、しかしその威力はそれほど強大なものではなかった。それは中国が既に経過したルネサンス文化と、大体は同じ平面にあるもので、ややその地盤が隆起していたに止まる。だから当時においてはいかなるヨーロッパ人も、もし中国と通商しようとすれば、名目的にもせよ、その朝貢国となって、ひたすら恭順の態度を表わさねばならなかった。キリスト教を布教するにも、朝廷の鼻息をうかがい、卑屈とも見える歎願によって、許可ないしは黙認を取りつけるのがせいぜいの所であって、武力を以て脅迫するなどは夢想だに出来なかった。この形勢は清朝の初期まで続くのであって、康熙帝の時にロシアが黒龍江畔に侵出して南下しようとしても、直ちに反撃にあい、もし戦争すれば負けるのはロシア側であった。

産業革命文化

ところが康熙帝の孫の乾隆帝の治世に当る十八世紀の半ば頃から、ヨーロッパでは産業革命が始まり、十九世紀の初めには既に一応の成果を収めたものである。この頃になると制海権はイギリスの手に移り、イギリスが西洋諸国を代表して中国と対決した。この時のイギリスはもはや旧時のポルトガルの比ではない。理不尽なイギリスの阿片貿易に、初めは消極的な態度で抵抗し、単に自国民を取締ることによって禁絶しようとした清朝は、最後には阿片を中国に持ち込んだイギリス人を取締らねば成功せぬと決心し、ここに両国の間に戦端が開かれた。中国の海港が戦場となると、イギリスは蒸気船を持ち込んで、小廻りのきく運動をしてみせた。その砲火もすこぶる強烈で中国の戎克船(ジャンク)は敵対できなかった。そこで南京条約締結という屈辱を忍んで和睦に応ぜざるを得なかった。この後ヨーロッパの産業革命文化は堂々と中国の内地をまかり通ることになったのである。

そこでもし中国史の近世と最近世との境をこの阿片戦争、もしくはその二年後の南京条約の時点に置くというならば私は別に異議を唱えない。それはこの時から中国の最近世化が始まったからである。ただしこれは始まったばかりであって、伝統的な文化に慣れた中国人は、上下ともに新来の異種文化に対して反感をもち、抵抗を続けた。この西洋文化に対して、日本人の反応は少し異なっていた。もちろん日本にも強い攘夷思想があったが、一方には開国思想があってこれを緩和した。だから明治維新を機に、従来の徳川幕府が心ならずも実施した開国政策をそのまま踏襲し、知識を世界に求めることを国是とするに至った。これは今日から見て甚だ賢明な態度であって、中国のように大なる犠牲を払うことなく、世界の大勢に順応することが出来たのである。

日本の開国

日本は文明開化の進取政策によって大いに成績を挙げ、富国強兵の点において、清朝を凌駕するに至った。そこで日露戦争の頃から、さすがに頑迷で聞えた清国朝廷までが、にわかに開国主義に改宗せざるを得なくなった。しかしながら清朝は原来異民族の征服王朝であった関係もあり、清朝が欲する開国の目標と、民間の欲する開国の理想との間には大きな隔りがあった。ついに民間の理想が、清朝の希望を打ち砕き、辛亥革命によって中華民国の誕生を見るに至った。これは言うまでもなく中国歴史上空前の大事件であり、二千有余年間継続してきた皇帝制度が崩壊したのである。これは如何に西洋の最近世文化が強烈であるかを物語るものであり、これを以て中国史上の近世から最近世へ移る境目とするに、最も名分に叶ったものと言えよう。

共和制中国

中国は最近世に入って、従来と異なった点は初めて近代的国家の形態を取るに至ったことである。それまでの皇帝制度は、いわゆる国家なるものを超越した世界国家であり、対立する外国の存在を認めず、外国は理念として中国の属国たるべきものであった。対立する外国がないから従って、外国と対立する中国という国家もないはずである。そこに清朝までの中国は、外国との間に国境がなかったという説も唱えられる理由があった。しかるに清朝が倒れて中華民国となると、必然的にそれは諸外国と同じ性質の近代国家とならざるを得なかった。しかも清末以来、諸外国からの圧迫によって不利益な不平等条約を課せられていたので、民国はまずその撤廃を求めて困難な闘争を開始したのである。

第一篇　古代史

一　三代

古代史研究法

日本の古代とは著しく異なった中国の古代史を学ぶに当っては、まず何よりもそれだけの心構えが必要であることを申したい。これは別に中国史に限ったことではないが、古代は悠久な遠い過去なので、適当な史料に乏しく、あっても理解することが困難であり、理解したつもりでもその価値が疑わしいことが多い。だからその研究法は、史料の整ってきた中世、多すぎて選択に困る近世に対する研究法とは、当然異なったものでなければならない。

まず第一に問題になるのは、古代に関して書かれたものは、どこまで信用してよいかということである。と言うのは古代人にとって記録とは、史実を後世に伝えようというふうな関心ではなく、もっとその当時における今日的な目的のためになされた痕跡にすぎないので、決して後世の歴史家が学問的に考えて書き残した著述のようなものではない。だから儒教の経典の中に書かれている神聖な物語も、今日から見れば、史実として考えられない疑わしいものが多い。

旧式の中国の歴史では、古代史は黄帝(こうてい)、尭舜(ぎょうしゅん)、夏の禹王(かうおう)という順で始まっており、そのうち黄帝、尭舜は架空の人物であろうとは、早くから批判された所であるが、夏以後の歴史は恐らく実在したものであろうと普通に信ぜられてきた。ところで夏の禹王の事蹟は、儒教の経典である書経の中の禹貢篇に詳しく記されているが、私の考えではこの篇の内容は、実は秦から漢初にかけての創作に相違ないと思われるので、今から四十年ほど前にその考えをまとめて発表した。これは今でも自信をもって主張することができる。

夏殷の時代

そんなら夏の時代なるものは、抹殺しても差支えないかと言えば、そう簡単には言えない。と言うのは夏王朝なるものが都した安邑(あんゆう)は山西省の西南端にあり、ここには有名な塩池があり、食塩を生産しておって、恐らく太古から経済の一中心をなしていたと考えられるからである。次に殷王朝が興って栄える前、この辺に富裕な都市国家があって夏とよばれ、その記憶が殷を経て周に伝わったことは十分考えられてよい。

ところで近頃中国の学界の傾向は、中国の歴史を非常に古くから始まるものと考え、従って夏王朝の実在を認めようとし、その伝説を考古学上の遺物の上に当てはめて解釈しようとするものの如くである。もしそれが国粋主義の立場からするものならば、これは用心して聞かなければならない。

夏の後を継いだと称せられる殷代からは、確かに実在の王朝であり、歴史学の対象になると今日一般に認められている。ところでしからば殷代の歴史の内容として、どこまで本当に分っているか、という問題になると、そこには色々な疑問が沸く。

まず殷の末期の都、商邑(しょうゆう)の位置についてであるが、一般には殷代の王墓と見られるものの発見された小屯付近一帯の高地がそれであると信ぜられている。しかし私の考えによれば、小屯(しょうとん)付近は殷代の墓地ではあるが、都市の遺蹟とは認め難い。都市は墓地よりも離れた、黄河に近い平野の中央、現今の安陽市〔河南省〕のあたりにあったに違いないと思われるのである。更にこの都、商邑が滅びたあとのいわゆる殷墟(いんきょ)には、間もなく衛(えい)国が都を建てた。故に本当に考古学的発掘を行えば、衛の都の下に殷の都が重なって出て来る筈である。更に小屯付近一帯の墓地には、殷王の墓と共に衛侯の墓も発見さるべきである。以上が私の衆人と異なった独自の意見である。

殷代の史料としては、いわゆる甲骨文字、あるいは卜辞と称せられるものの存在することはまた世人周知の事柄である。ところでこれがどこまで殷代の史実を伝えるものか、疑えばいくらも疑える理由がある。まず第一に文字を刻した亀甲獣骨は果して本当に本番の占卜に用いた遺物ばかりであるかという点である。と言うのは文字の書写、占卜の実施には必ず長年にわたる学習を不可欠としたに違いないので、その学習に用いた残骸がまじっているのではないかという心配がある。

西アジアでは筆写に粘土の板を用い、書き終るとこれを乾かし固めた。ところで書写の学習にも同じ粘土板を用いたが、学習の際にはすぐあとで粘土を捏ね直し何度でも繰返しては用いたので、それが後に残ることは滅多にない。それにもかかわらず、学習したに違いない粘土板が発見されたと言う。そんなら中国ではどうかと言えば、書写の学習の材料にはやはり甲骨を用いるより外はなかったであろう。そして学習には長い年季をいれる必要があったから、書き潰しの反故は蓋し莫大な数量に上ったはずである。しからばその反故屑はいかに処理されたか。後世の例から逆推すれば、いやしくも神聖な文字をのせた甲骨は、なおざりに遺棄することは許されない。一所に集めてどこか他人の邪魔にならないような場所に埋めたであろうことは十分に推察される。もしこのようなものが発掘された時、それを本番の占卜に用いた甲骨といかに区別されるであろうか。

甲骨文字

更に起る問題は、甲骨文字は果して凡てが殷代に帰せられてよいか否かの疑問である。占卜は一家の秘伝として伝えられたに違いないから、その文字の形式はそのまま伝承して、あまり変化は起らなかったであろう。ところが占卜に亀甲を用いることは周代を通じて更に漢初まで連綿として続いてきている。その後代のものが出土した時にこれを殷代のものといかように区別できるであろうか。私の考えによると甲骨文字の中にはそれほど原始的でない変形が含まれていると思われ、また文句の内容も殷代にふさわしくなく、ずっと後代の思想と思われるものがまじっているように感じられる。このようなことを言うのは、全く見当もつかなかった異体の古代文字を苦心して解読を進められてきた多くの先学に対して、甚だ言いにくいことであるが、私は決して意地悪を言うのではない。これからこの道に志そうとする新進に対して、是非言っておかねばならない義務を感ずるからである。

考　古　学

そんなら次に考古学は中国古代史に対してどんな貢献をなし得るかという問題がある。

地質時代に属する北京原人のことはしばらくおき、一九二三年にスエーデンの学者アンデルソンによって河南、陝西で発見された彩陶(彩色土器)は、新石器時代に西アジアの文化が遠く中国に流入したことを物語るものとして、学界の注目を集めた。ことに彼が河南省澠池(べんち)県で発掘した仰韶(ヤンシャオ)遺蹟は彩陶期文化の代表的なものとして認められ、仰韶文化なる名称が成立している。彩陶文化は次に黒陶(こくとう)文化に移行するが、この期の代表的なものは、山東省歴城県城子崖の龍山(ロンシャン)遺蹟であり、これによって代表される龍山文化は広く朝鮮、台湾までも拡がっている。この文化は殷の文化に接続するものと考えられるが、それ以上の詳細な点は不明である。

殷代は金属器時代に属するが、金属として最初に現われる青銅製の武器、容器の起原についても確かなことは分らない。しかしながら一般文化の発達状況から見て、殷代の青銅は自己の発明でなく他よりの影響によること、その根源は他の文化と同じように西アジアであったであろうことが、相当の確度を以て推察される。

殷周革命

普通に中国の歴史事実の確実なところは、殷周革命まで遡り得るとされているようである。古伝によれば殷はその祖先湯王(とうおう)から数えて二十八代目に紂王(ちゅうおう)が現われ、妲己(だっき)を寵愛して政治がみだれた。折しも西方に周が起るが、その先祖は山間から南下し、渭水(いすい)の平野に住居を定めて都市国家を建て、文王の時に強大となり、その子武王は近隣の異民族を狩り集めて殷を攻め、その都河南省の商邑を陥れて紂王を殺した。武王はしかし本拠の陝西省に帰り鎬京(こうけい)の都を守り、十二代の幽王が滅びるまで続き、これを西周と称した。武王の子成王の時、叔父の周公は洛邑(らくゆう)を築いて別都とし、東方の諸侯を監視する探題としたが、幽王の滅亡に際し、その子の平王が逃れてここに都し、以後を東周と呼ぶ。

さてこの紂王であるが、これに類似する説話がその前にも、その後にも存在する。前のものは夏の桀王の物語で、これによると桀王は末喜(まつき)を溺愛したために国が乱れて殷の湯王に滅ぼされたと伝えられ、後のものは周の幽王の物語で、これは幽王が褒姒(ほうじ)を寵愛し、その言に従ったため人心を失い、異民族の侵入を蒙って滅亡したと言う。この三者は同一の根源から生じたに違いなく、そんならいずれが本歌であるかと言うに、このような場合は最も近い時代のものが本であり、それが次々に古い時代に反映させられて、いくつもの替歌が出来たものと思われる。するとこの場合、幽王説話が最初のものであり、紂王説話は第二次の反映伝説、桀王説話は第三次の反映伝説であろうと推測される。これは単に小説的な部分だけに止まらず、史実として語られている英雄の伝記の部分にわたっても反映があるに違いないのである。

紂王説話と幽王説話を比較すると、幽王説話の方がずっと現実味がある。第一に幽王以後の歴史はすぐ後に春秋時代が続き、後世の歴史と連帯性がある。ところが紂王説話はそれから後、周の幽王の頃までの間に大きな断絶があるにも拘わらず、この部分だけが例外的にはっきりとした影像となって、それが遠い過去の星雲の中に浮び上っているのは、何としても不自然である。もっとも幽王のすぐ前に宣王の物語があるが、これもよく観察すると、実は孤立した説話で、前にも後にもうまく接続しない。

そこでこの二つの説話から事実を引出そうとすれば、おおよそ次のようになるのではないか。殷の末期に西方に起った未開な周民族は更に未開な異民族から圧迫を受け、次第次第に東方の平野へ押し出された。その間に先進国の殷を滅ぼすという武勲もあった。それが武王という英雄の伝説に結晶した。しかるに同時に周はその本拠を異民族のために奪われた。これが幽王という暗君の伝説として、不本意ながら周民族の記憶に残らざるを得なかった。このような場合、明るい戦勝説話が多く誇張して語りつがれ、暗い敗戦説話は小さな声として残る。やがて両者が分離し、明るい話は暗い話の前の遠い過去に座を占めるようになったのではないか。

周の封建

いわゆる周の武王による封建の説話もそのままには受取りかねる節がある。古伝によれば武王は殷を滅ぼした後に、その弟周公を魯に、召公を燕に封じて東と北の国境を守らせた。別にその弟康叔を衛に封じて、殷の滅びた跡に都させ、次に成王の時に弟の唐叔を唐に封じたが、子の代から晋侯と称したと言う。別に鄭侯があり、その祖先は幽王の叔父であったと称する。

私が疑うのはこの系図が果して真実を伝えたものか、どうかということである。と言うのは私は、この系図は後から造られたもので、およそ東周の初め頃から、周本国と諸国との間の同盟関係を親戚関係で表わしたものに外ならぬと考えるからである。このように国際関係を親族関係で置きかえるという考え方は中国に独特のものらしく、宋代に入っても遼との盟約を兄と弟との関係とし、次に南宋は金との間を叔姪の関係と定めた。東周の初め最も親密であったのは距離的に最も近い鄭国であったから、この同盟において鄭の祖先を幽王の叔父と定めたのが最も古いであろう。次に衛との同盟が出来、これを武王の弟に擬した。続いて魯は武王の弟周公の子伯禽の建てた国とし、次に晋が強大になってくると、その保護を受けるために成王の弟の建てた国とした。もし相手が異姓の国である場合、例えば斉の桓公が覇者となると、その祖先太公望は文王、武王の師であるという系図でない系図を作成したと思われる。

都市神の系譜

実はこれに似たことはギリシアの都市国家においても行われたのであって、ただここでは都市の守護神を以て都市を代表させ、神と神との間に系図を作成した。神々の系譜がそのままギリシア都市国家の同盟関係の推移を物語っている。

古代ギリシアの都市国家はそれぞれその守護神を有する。その中で有力な覇権国家の守護神の間に系譜が成立した。最初の覇者はオリンピアで、その神のゼウスが諸神の中の最高位を占める。これに対し海上の都市ポロスの神ポセイドンはゼウスの弟とされる。次に同盟の覇者となったのはデルヒで、その神のアポロはゼウスの子となる。次に有力となったスパルタの神アルテミスはその妹、次に盛んとなったコリントの神アフロディトは更にその妹、最後に覇を唱えたアテネの神は最年少の妹となる。

中国古代の都市国家にもそれぞれ守護神があって、例えば宋の神は大辰なので、宋を大辰の虚（きょ）と呼ぶ。同じように陳は太皞（たいこう）の虚、鄭は祝融の虚、衛は顓頊（せんぎょく）の虚、魯は少皞（しょうこう）の虚などと呼ばれる。これらの神々の関係を示す系譜は今日明らかでないが、そのある者はいわゆる正統の主権者として実在したように語られている。それは恐らく周民族侵入の以前において行われた伝説であって、それが完成しないうちに周の侵入にあって攪乱され、遂には忘却されたのであろう。そしてそのあとに成立したのが、周の系図に仮託した一連の親戚関係であって、もし親戚にしようにもやり方の見つからない斉や楚に対する場合には師弟関係などまで創り出した。実はこの師弟関係というものが重んぜられるようになったのは、ずっと後世のことで、恐らく春秋末の孔子の頃から後に始まったと思われる。

周の東方進出

結局私は周の武王が殷を滅ぼして西周王朝を建てたというのも、幽王が西に滅びてその子の平王が東に移って洛邑を都として東周王朝の祖となったというのも、実は一種の伝説に過ぎない、ただその核心には一つの史実、周民族が陝西方面で異民族の圧迫を受け、東方へ押し出されて先住の殷系統の都市国家を征服したという、長い年代にわたる民族移動があったことを信じたい。そしてその年代は、いわゆる周室の東遷、前七七〇年を中心とした前後のことと推測する。

更に私はまた周の武王が東方を平定して、その親戚縁者を各地に封建したという事実を疑う。私の考えでは、これは周民族の建てた都市国家の中に有力な都市が発生し、その間に同盟関係が成立してから後に創作された系譜であって、ギリシアの神々の系譜と同工異曲のものにすぎないと思うのである。

古代史を研究する態度には大別して二派あり、一は信古派であり、他を疑古派と言う。信古は文字に書いてあることは、なるべくそれを信じて疑わず、もし互いに矛盾する場合にはやむをえず、両者を比較して長短を云々するが、決して憶測をまじえない。中国の伝統的な学風はおおむねこの派に属し、論語の中に、信じて古を好む、と言ってある教訓を遵守する。

疑古派史学

疑古派はこれに反して、どんなに古くから伝わったことでも、どんなに多くの人が信じていても、理窟に合わないことは疑ってかかる。もっともこれにはさまざまの程度があり、できるだけ伝統を尊重しようという折中派から、疑わしきは罰すという極左派まで各種各様ある中で、私などは恐らく左派の方に属するかも知れない。しかしそうは言っても何から何までを抹殺しようというのではなく、疑って、疑いぬいた最後に残ったものだけを信じようとする潔癖性なのである。

だいたい古代史の年代は、研究すればするほど新しくなる傾向にある。従来の日本の正統的古代史観はその紀元について、およそ六百数十年ほど実際よりも古くに置かれていたことは、現在ではほとんど定説として認められるようになったが、ここへ到達するまでは五十年以上かかっている。

西アジアの歴史もまた研究が進むに従って若返ってくる傾向にある。例えば私の知る限りにおいても、古代史上の大立者であったバビロニアのハンムラビ大王の年代は、一八八〇年頃までは前二三〇〇年、一九一六年頃にはそれが前二一〇〇年代に引下げられ、一九三四年頃には更に前一九五〇ないし一九〇〇年となり、一九六〇年頃になると又もや修正されて前一七〇〇年代まで引下げられることになった。ざっと数えて、一年研究するごとに十年ほど新しくなるわけで、日本紀年の場合もほぼ同じような割合になっているのも面白い。他の世界に負けをとらぬ尚古癖の中国古代編年において、少しも水増しがないと考えるなら、そう考える方がおかしいのではあるまいか。

二　都市国家の時代

都市国家の起原

中国の古伝によると、中国には古代、万国があったという。ここに言う国とは、後世の言葉で言えば邑（ゆう）に当るが、それを国と言ったのは、それが互いに独立して、何者にも隷属せず、何者をも隷属させせない主権国であったという意味を含ませるためである。そういう国の数が万国と称せられるほど多ければ、その形は従って小さくなければならぬ。そこで続けて、その城郭は三百丈に過ぐるものはなく、人口は多くとも三千家に過ぐるものはなかったという。仮に一丈を三メートルとすれば、三百丈は九百メートルで、もしその城壁が正方形ならば、一辺の長さは二百二十余メートルである。人口は一家五人とすれば一万五千人にすぎない。ところでそんな太古の時の記憶が本当にこの記録が出来た時まで伝わったのだろうか、と言えばそれは怪しい。恐らく後世都市国家間に弱肉強食が甚だしくなり、独立国の数が次第に減少して来た時代になって、その情勢を過去に投影し、周の初めには千八百、殷の初めには三千、そしてその前には万国という風に計算したのであろうと思われる。

それにしても、太古の中国においては小さな独立国が無数に存在し、そのいずれもが城郭を有していたとされることは注意すべきである。漢の時代になっても、太古のいわゆる万国の後裔とも言うべき小さな自治体が無数に存在して亭と称せられたが、それはいずれも城郭に囲まれており、外国について言う場合も、その人民が城内に住むか否かをもって文明国と野蛮国の相違と考えた。

都市国家の城郭は最初は一重であったに違いなく、農耕に便利な平野の中で、なるべく小高い丘陵を選んで建てられた。春秋時代の都市国家の中で、某丘と称せられるものがしばしば記録に現われる。衛を帝丘、斉を営丘と言うが如きはこれである。

都市の城郭

最初は極めて小さな都市国家であったものが、時代と共に合併の機運が盛んになり、その数が減少するに反比例して、その形が大きくなる。合併には、外敵に対抗する必要から自発的に行われる場合もあり、また戦争の結果、併呑される場合もあって、一概には言えないであろう。

古代の聚落は洪水、あるいは敵襲にそなえて、その周囲に牆壁(しょうへき)をめぐらして自衛したが、これを城と称した。城という字はその形のように土を盛ったものであり、その目的は専ら防衛にあったので、守るという意味があり、同じ目的をもった干(たて)と合せて、干城という熟語もできた。後に人口が増加すると人民は城を下ってその麓に住み、城内は神殿とか、あるいは君主などの特別な階層の人の住む区域となった。しかし一朝事ある時には、すべての人民が城に籠って防戦に努めた。城下の一般居住地は人民の生活が向上すると、再びその周囲に牆壁を設けて守り、これを郭(かく)と称した。郭には取巻く、という意味があるが、防禦という意味が含まれない。郭は多く方形に造られ、その方位によって東郭、北郭などと称せられ、この語は同時にその郭が包んでいる居住地域をも指す名となった。ここに言わば内城外郭式とも称すべき都市が発生したのである。

戦争の際、強敵の侵攻にあえば、郭は容易に攻略されて、市民は城内に逃げ込まねばならなかった。春秋時代の記録にこの事を記して、郭に入った、と言った例が多く見える。しかし敵襲によって郭内を劫掠されるのは、市民の富力が進展すると共に、その経済的打撃が深刻に感ぜられるようになる。そこで各国は争って外郭の補強に努め、中には、二、三十メートルにも達する堅固な牆壁も築かれた。ここにおいて郭は防衛の第一線となり、やがて郭をも城と呼ぶようになった。同時に内城の防衛施設が閑却され、あっても無きが如き状態となって、最後には消滅してしまう。ここに至って城とは実は郭のことであり、ここを占領されてしまえば、都市全体が陥落したことになるのである。

城郭内の民居は、通路が縦横に走り、大きなものを街、そこから分れる枝道を衢と称した。街衢によって囲まれた一地区を里と称し、その周囲には土塀を廻らして、これを牆と呼んだ。里の入口に閭と称する門があり、里民が出入するには必ずこの閭によらなければならなかった。閭を入って居民の門前に至る道路を巷と称し、それが狭い露地である時には、陋巷という。各民家はまたそれぞれ周囲を土塀で囲み、これをも牆と呼んだ。

人民は昼は城郭外の耕地で労働し、日暮には里巷の我が家に帰って休む。城郭の門も、里の閭門も、朝早く開いて夜になると閉じる。どんな理由があっても、城郭の門を通らないで城壁を越えることは厳禁され、これを犯す者は重く罰せられた。閭門のまわりには空地があって塾と称し、里巷の小児はここに集まって遊んだ。大人のひま人は街衢（がいく）の交叉する四辻に集まって、ひまつぶしをした。大きな都市には、市と称する特別の商業区域が設けられており、ここも同時に市民のための社交場であった。

氏族制度

都市国家の成立の初めにそこへは、古い氏族制度がそのままに持ちこまれていた。中国ではこれを姓氏制度と称した方がより適当である。中国の古代自由市民は、人名が三つの部分から成り立っていた。姓と氏と名とである。姓は最も大きな分類であり、周の王族の姓は姫であり、斉の君主の一族は姜であった。姓は婚姻の際に必要な標幟（ひょうし）であって、それは同姓間の婚姻が禁止されていたからである。姓から分れて出た集団の名を氏と称する。氏には居住地によって名付けられたものが最も多く、周をはじめ、魯、晋、衛、斉などの都市国家の名はそのままその国の君主の氏となっている。更にそのような公室から分家した家では、孟孫、叔孫など始祖と公室との縁故関係を以て氏とするものがある。また司馬、史、卜などは世襲の職業を以て氏としたものである。最後に個人名、すなわち父から命ぜられたものが名であってこれは千差万別である。ただ中国には実名を呼ぶことを避ける風習があり、実名の外に字（あざな）と称する呼び名がある。字は多く実名と関連のあるものを選び、直ちにそれと連想できるように心掛ける。孔子は生れる時にその母が尼山に禱（いの）って孕（みごも）ったというので、名を丘としたがその字を仲尼（ちゅうじ）と称した。

姓という字が女と生とから成り、また姫（き）とか姜（きょう）とか姒（じ）とかいう姓がみな女偏がついているので、これは中国に母系時代があった痕跡が残っているのであろう、との説が一時もっぱら行われた。しかしこれは誤解であって、果して中国古代に母系家族制があったかどうかの実証はなく、もしあってもそんな古い時代のことを、現今の漢字が伝承しているはずはない。何となれば姓という字、また実際の姓を表わす姫、姜などの文字はいずれも偏（へん）と旁（つくり）から成る複合字体であって、言いかえれば比較的新しく出来た字であるからである。そんなら何故にこれらの文字が女偏であるかと言えば、姓とは最も女子に密接な呼称であったからである。それは中国古代に、女は姓を称し、男は氏を称す、という習慣があったためである。女子は未婚の時に普通に姓を以て呼ばれるのみならず、結婚後にも実家の姓をそのままに名乗る。だから周王室の一族の女子は幼少時も姫、他家へ嫁いでも姫であった。もし区別する必要があれば、順序によって孟姫とか仲姫とか呼ぶ。だから姫は、原来は固有名詞であったのだが、春秋時代以来、姫姓の女子が上流階級に最も多かったため、やがて普通名詞化し、姫姓でもないのに貴人の女子を姫と呼ぶようになって今日に及んだ。

中国の姓氏制度は不思議なほど古代ローマの氏族制度によく似ている。ローマでも完全な市民権を持つ者は三つの名を持っていた。それがそれぞれ、中国の三つの名に相当するのであるが、ただし並べる順序が違っている。例えばCaius(名) Julius(姓) Caesar(氏)のように、三つあるうち、最初のはPersonaと言い個人名であり、またPraenomenとも言い、今日のFirst nameにあたる。次に来るのは血族の名Gensであって中国の姓に相当する。普通に男子は姓を省略して称しないのが習慣であることも中国と同じい。これに反し女子は常にGensを称し、名詞を女性化してJuliaのように呼ぶ。幼少の折も、他家に嫁しても常にJuliaである。後にローマのGensの名が普遍的に個人名として用いられるようになって、Juliusは男、Juliaは女の名にしばしば現われることになった。最後に来るCaesarはFamilia、すなわち家族名であって、中国の氏に相当する。Caesar家は代々皇帝の位に即いたので、後にこの名が皇帝を意味するようになり、ドイツに入るとKaiserとなって今世紀の初めまで続いた。

士と庶民

中国古代の都市国家において、それが成長して大きくなると、その内部には、階級の別が生じた。それは姓を有して、同時に完全なる市民権を有する士と、姓を有せず、また完全な市民権を有しない庶民との間の階級的対立である。前者、すなわち士の階級は、男子は戦時に武装して従軍する権利と義務とを有し、国政に参与し、官吏の地位に就くことができる。また士は姓を有する女子との間にのみ婚姻が認められるが、婚姻権を持たぬ庶民の女子は士と結ばれても妾たる地位しか与えられない。士と庶の区別は戦争による征服者と被征服者との関係から生じたものであるが、また他国から新たに移住して来た者も、もし何らかの縁故によって士の社会に受入れられる機会を持たなければ、永久に庶民の社会に没入してしまう外はなかった。

中国における士と庶の対立は、そのまま古代ローマにおけるPatrician〔貴族〕とPle-beian〔庶民〕との対立に比較されてよい。ローマの庶民もまた姓を有せず、氏と名を称するのみで、当初においては完全な市民権を認められず、戦士たるの権利も義務も持たなかった。

古代ローマにおける階級闘争は歴史上において模範的に展開されるが、その問題の中心は戦争従軍の義務が次第に庶民の上にも課せられるようになったにもかかわらず、その国政への参加の権利が少しも認められなかった点にあった。しかし当時のローマは外方に向って勢力を伸張しつつあり、庶民の助力を受けることは国政の上に必要不可欠の条件であったので、士族は次第に平民の要求の前に譲歩し、ついには従前の差別そのものが撤廃されるに至った。

中国の都市国家においても同様なことが起ったと思われる。士の階級は武器、戈矛を手にして戦争に従事する権利があるが、庶民は戦時に役夫として狩り出されるだけで、武器を帯する権利が認められなかった。当時の戦争は多く車戦であり、戦車一乗に四頭の馬を駕するのが普通であった。詩経にしばしば、四牡とあるのがそれで、その壮んなさまを、四牡翼々とか、四牡業々とか歌っている。ところが西アジアからローマにかけての地方の古代の浮彫りを見ると、戦車を四頭の馬で牽かせている絵が多くあり、我々はこれによって、中国古代の詩が表わそうとした光景をも如実に想像できるのである。

武器を持つ権利

戦争の際の車馬武具は最初は各人の自弁であるのを原則としたが、春秋時代に入って戦争が大規模となり、かつ頻繁になってくると、個人が戦費を自弁することはその負担に堪えなくなってきた。そこで兵制の改革が行われるのであるが、その一は常備軍の設立である。従来は従軍義務者を必要に応じて駆り集めたのであったが、それでは的確な戦争計画が立ちにくい。そこで即時に動員可能な部隊を編制し、職業軍人としないまでも、必要の際、直ちに充員召集ができるよう、人員を予定しておく。そしてこうなれば、従来は従軍の義務のなかった庶民の中からも戦士を徴発するようになることは免れない趨勢にある。次には武装戦費を各人の自己負担とすることをやめ、政府が代って準備する。ただしこれには財源が必要であるから、その分を税として徴収しなければならない。この新税を賦、また軍賦と称した。ところでこの賦は、従来軍費を自弁した士の階級からだけでは、いかに増徴しようとしても、ついには賄いきれなくなる時代がやってきたに相違ない。そこで勢い庶民からも軍賦を徴収せざるを得なくなる。ここにおいて租税制度の改革が不可避となった。軍賦の負担は人頭税として徴収するのが従来の原則からすれば本筋であるが、しかし公平の原則からすれば、財産、主として所有土地面積に従って徴収する方が適当でもあり、また容易であったであろう。この両面の改革は春秋の先進国においては前六百年を中心とする百年ほどの間に相前後して実施された模様である。

完全なる市民権、それは古代ローマにおいては任官権、参政権、結婚権、財産権の四つで代表されるが、これを士族だけの独占とするのが困難となり、次々に庶民の間に分配して行く過程が、その階級闘争史であった。ところでこの市民権を分配する以前に、法律の明文化という段階があった。例の十銅表法というのがそれで、士族が独占する習慣法によって裁判が行われては、それを知らされない庶民にとっては甚だ不安なので、成文法の発布を求められて出来たのがこれであった。もっともそれは甚だ評判が悪く、更に二銅表を付け足し、十二銅表として用いられたのは周知のことである。中国においても春秋時代に初めて成文法が制定されたことが記録に見え、晋国ではこれを鼎(かなえ)の銘として鋳込(い)み(前五一三年)、鄭国では竹簡にこれを書写したとある(前五〇一年頃)。

以上のように軍備を整頓し、また成文法によって裁判を施行することになると、必然的にそれは政府機構を拡大整備しなければならなくなる。ここにおいて起ったのが官僚群の発生であり、これを掌握する君主権の増大である。

都市と君主制

私は春秋以前の諸侯の国の歴史について、『史記』などの記述をそのまま信用する気になれない。そこにはただ開国の際の周との関係と、その後に続く単なる君主の系譜だけがあって、その事蹟は全く空白である。あたかも我国で言えば神武天皇から後、十代ほどの間の空白に彷彿たるものがある。それが春秋時代、すなわち魯の隠公の元年(前七二二年)以後になると、魯の歴史を中心として、付近の諸侯の国の動静をある程度まで辿ることが可能になる。

周代には王室はもちろん、魯や晋や斉などの諸国はいずれも君主制を採用している。この点が西洋古代の都市国家と全く異なった点だと認めるなら、これも正しくない。ギリシア諸国はその初期においては君主制であり、スパルタにおいては最も遅くまで継続した。ローマもその初めは王制であった。中国ではそれが倒れずに長く続いたに過ぎないので、根本的に相違しているわけではない。ただそれが永続した点に考うべき問題がある。恐らくこれは力量の平均した多数の国が並立しており、互いに戦争もするが、また互いに助けあって君主制の維持を計ったためと思われる。滅国を興す、ということが尊ぶべき義挙と称せられていたのである。

君主制と言ってもそれは後世の君主制とははるかに異なり、儒教で教えるような尊厳な君主とは程遠いものであった。孔子が編纂したと称せられる『春秋』の中に、君を弑(しい)したという記事が三十六箇所あると言う。これによって春秋という時代、約二百五十年は君臣関係のみだれた時だと指摘するのが儒教の解釈であるが、それはその以前に君主権の安定した、いわゆる三代の治世を想定するからこそ言えることである。春秋以前のことは本当の歴史は分らないので、実際は前より良くなったとも悪くなったとも断言する根拠がない。確かに言えることは、この時代まではまだ君主権が確立せず、その親戚、官僚との間に身分上大差がなく、その地位が甚だ不安定であったことである。しかもその君主権が次第に成長を遂げつつあったので、周囲との間に摩擦を生じやすく、このことがかえって悲劇を惹起す原因となったと思われる。

奴隷制

都市国家時代の社会には、士族と庶民との階級対立があった外に、奴隷も存在した。男を臣(しん)と称し、女を妾(しょう)と称した。これは戦争の際の捕虜、掠奪、あるいは人身売買によって生じたもので、その所有者は君主、その貴戚、富豪などである。特に君主は多くの臣妾を所有し、君主権の伸張に伴って、その数がますます増大した。ところで君主を助けて政治に参与する官僚群は、初め君主に奉仕する奴隷に擬して発達した点が注意さるべきであろう。

後世官僚群の統率者を宰相と呼ぶが、宰とは料理番であり、相とは主人の起居を助ける介添えで、いずれも奴隷の任である。また史実の示すところでも、斉の桓公を助けた管仲は一たび桓公に敵対して捕虜となった者であるから、死刑囚の赦された奴隷である。また秦の穆公を助けた百里奚は自身を五匹の羊の代価で売ったとあれば、これも奴隷である。更にずっと古代の説話に出てくる傅説は、殷の天子が奴隷労働をしている所から見出して登用したとあるが、その姓の傅は子守の役でこれも奴隷の仕事であった。これで見ると、まず君主に側近の奴隷群があり、その中の有能な者が政治上の顧問となって君主を助け、君主の愛顧を受けて地位が高まり、権力が強大となると、身は奴隷でありながら世上からも尊敬の念を以て遇せられるようになる。すると自ら進んで彼らの群に身を投ずる者も現われてそれが官僚群を形成するに至ったのであろう。そこでこの官僚たちは、君主に対して自ら臣と称した。君臣の関係がここに成立したのであって、それはもともと君主と人民との間の関係とは異なるものであった。春秋の末に出た孔子が魯の哀公に仕えたのも、臣という形をとったのであれば、たといその地位が大司寇（周代に裁判を司った官の長官）と言っても、これは後世の高官とは異なり、哀公の家臣群の中の一つの地位に過ぎなかったのである。

官僚制と孔子

政治機構の整備が各国において政治上の急務となると、ここに改めて人材が要求される。特に官僚陣の充実が必要になってきた。この社会的要求に応じて、人材の教育に当ったのが孔子である。孔子はいわば私塾の先生であり、弟子に対し、君主が要求する教養、文字、言語、朝儀、礼法、音楽、弓術などを教え、需要があるごとに弟子を選んで推薦した。すなわち教育を行う学校であるばかりでなく、職業紹介所をも兼ねたのであった。

孔子が弟子を教育する上で最も重んじたのは礼であった。礼はその示偏(しめすへん)が表わすように原来は神を祭る際の儀式であるが、次第にその範囲が拡大されて、交際上の作法などを含み、広く有職故実の実践学を意味するようになった。中国人がその社会生活において、旧来の型式を不文法として重んずる習慣は古くこの時代に由来し、祭祀は言うに及ばず、政治にも、外交にも、日常生活にも、必ず一定の規範があり、これを守って違わないことが、教養ある紳士にとって必須の条件とされた。そしてこのような故事来歴の集積を掌(つかさど)るのが、政府においては君主の側近なる史の職務であるが、民間においては巫(ふ)、祝(しゅく)などが専業として伝えた。巫、祝はいずれも祭祀、葬儀などの際に行事を補助する職業であり、孔子自身が実はこの種の家系からの出身であった。

孔子は礼と共に詩と書を重要な科目とした。詩には当時の社会に行われた民謡の外に、古い起原を有する神楽歌の如きものを含み、いずれも祭祀や宴会の折に音楽に合せて唱う歌詞である。これを編纂したのが現今の『詩経』であるが、ただしそれは孔子が編纂したと称せられるにかかわらず、『論語』の中で孔子が実際に口にして教えたと記されている詩が含まれていないことが多い。恐らく『詩経』はずっと後世、流行歌もすっかり変ってしまった頃になって、孔子学派の人たちによって蒐集されたものなのであろう。

次に書は原来文字書写の学である。当時文字の知識を必要としたのは政府を中心とする少数の特別職に限られ、政治上の大事を記録し、または銅器に銘文を刻するなどを主な目的とした。そのような文字の書写を練習するには、手本が必要であった。これにはやはり前代の記録が適当である。孔子がそのために編纂したのが、現今の『書経』であると信ぜられているが、ただしこれには幾多の疑問があり、例えば周の武王や、その弟の周公の訓戒の語とされているものなど、果してどこまで信じてよいか、恐らくこれからの研究の好題目であろう。

孔子と儒教

孔子はこのように当代の社会に必要とされる、実用の学問を弟子たちに教えて、就職の斡旋をしたのであるが、ただそれだけならば、他にも同じような塾師がいくらもいたことであろう。その中にあって、ひとり孔子の事業が後世にまで残って大きな影響を与えたのは、彼が実用の学を教えると共に、人生の理想を説いたからである。彼は実用、実利の裏には必ず理想が伴わねばならないと考えた。礼を教えるにしても、それは動作の型式だけでなく、その裏に君主に対する尊敬、朋友に対する信義、死者に対する追慕の真情が籠められていることを忘れてはならぬと諭した。古代の記録を文字の手本として習うにも、そこから政治の理想、勝利者の聖徳、敗者の愚行を学び取って実際に応用せねばならぬと教えた。詩や音楽も単なる享楽でなく、社会生活、家族関係における平和と情操に役立てねばならぬことを強調した。彼の教育は社会を渡り歩くための職業の学問であると同時に、内に省みて人間とは何であるべきかを問いかける倫理の学問であった。中国的な人間学が孔子をもってその祖とするのは、極めて当然な帰結と言わなければならない。

然るに孔子は後世になって、儒教の開祖としてあまりにも極度の尊崇を受けたために、かえってそこから種々の誤解を生ずる結果を招いた。孔子の言行録たる『論語』はある程度まで真実に彼の面目を伝えているが、その『論語』も、多分に孔子の真意を歪めて読まれてきた。例えばこの書は、忠孝を柱として道徳を説いたように考えられているが、実際は孔子の忠はそんな意味ではなかった。忠とは君に対してのみならず、特定の知人に対して誠実なることの謂(いい)であった。しかも忠の『論語』に現われる頻度は甚だ少ない。

これに反して孔子が最も力説したのは信であった。信は一般的人間生活、特に都市国家における市民間の信頼感であって、まさに社会道徳の根幹たるべきものであった。もちろん信は個人的に知りあった友人の間に行われる道であるが、また漠然たる不特定の人と人との間、君主と一般人民との間に必要不可欠な紐帯たるべき徳で、これがなければ人類社会は平和を保つことができぬ。都市国家の維持もまた、市民間に信の存在するのを前提として初めて可能なのであった。ところが『論語』をこのように読む読み方はいつの間にか歪曲され、忘却されてしまったのである。

孔子に対する評価

こうして時代と共に孔子の教えに対する解釈が変遷するが、それは為政者の便宜のために孔子を利用しようとしたからである。そしてその結果、孔子がいつも権力者の側に立って、人民を抑圧する結果になるのも、また免れない傾向であった。そこで清朝が倒れた後、民国初年に北京大学を中心として思想革命運動が起り、陳独秀、胡適(こせき)らを先頭として、儒教打倒が叫ばれた。しかも世上が安定すると、孔子は依然として人民崇拝の対象であることに変りがなかった。しかるに中華人民共和国の世になって林彪(りんぴょう)に対する批林と並んで、再び孔子を排斥する批孔運動が起った。思想革命の際に儒教が攻撃されたのは主として、人道主義の立場から、儒教が弱者を犠牲として顧みない点に非難が集中したのであったが、批林批孔の場合には、主として孔子の教えが旧体制を維持する反社会的教理だという点に批判が向けられた所が違ってきている。公平に見れば孔子が生れたのは今から二千五百年ほども前のことであるから、その教えが現今に適しなくなってきたことは言うまでもない。むしろそれほど長い期間にわたって孔子を利用し続けた勢力のほうに問題があるわけなのだが、しかし現実に孔子が生きているように感ぜられている中国においては、思想革命や批孔が真面目に唱導されるのは、やむをえぬ事情があるのであろう。これに反し孔子の教えは、日本人に対する指導原理としては、それほど悪用されたり、人民に迷惑をかけたりしたことはほとんど無かったと言ってよい。だから我々にとっては、中国におけるような批孔運動が、まずは無用であると言えるのは、我々にとっての仕合せであり、これによって孔子にも中国において弁解の道が開かれぬとも限らない。

孔子と歴史学

孔子は後世から学問の始祖であると共に、また歴史学の開祖であるともされている。それは中国で最も古い記録とされている『書経』と『春秋』とがいずれも彼が手ずから編纂したものと称せられるからである。実はこれはその真実性が疑わしいのであるが、ただし現存する『書経』と類似の古記録を孔子が参考として使用したことは、『論語』の中にも見えるから、確かな事実であるに違いない。ところで現今の『書経』には、中国古代の聖王と称せられる尭・舜から始まり、夏の禹王を経て、周の文王・武王・成王・周公の事蹟を中心とし、穆王の時に至るまでの記録と称するものを編集している。『書経』には、古文と今文とを含み、そのうち古文から来たと言われる部分は後世の偽作であり、今文の系統のものだけが本物であることは清朝の考証学者によって証明された所であるが、そんなら今文系統の部分は、果して歴史事実をそのまま伝えているかという段になると、それは実は大いに疑わしい。孔子自身は周の歴史について文王・武王・周公の事蹟あたりまでを確かな史実と考えたらしいが、今日から見て実はそのことさえ疑わしいのである。内藤湖南博士の分析によると現今の『書経』において、周公の前後の諸篇がまず成立し、従って最も古い部分であり、それ以前の部分については、まず殷の部分が付加され、次にその前の夏の部分、最後に尭・舜の部分が継ぎ足されたのであると言う。いわゆる加上の学説である。

こうして孔子の時代には文・武・周公の伝説が歴史の始まりと考えられていたのが、その後相当長い期間を経て、歴史が古代へ向って成長し、単なる伝説に過ぎなかったものが史実と考えられて、歴史上に地位が与えられた。そこで最初に聖天子尭が現われ、晩年舜に位を譲り、舜は禹に位を譲り、いわゆる禅譲方式で王位を相続したのであるが、禹の時にその子に位を伝えてから世襲制となって夏王朝が始まり、最後に桀王に至って悪虐のために殷(商)の湯王に滅ぼされ、殷は紂王の時に、暴政を行って周の武王に滅ぼされたという、現在信ぜられている中国古代史が完成したのである。

『書経』以上に怪しいのが孔子と『春秋』との関係である。伝える所によれば孔子はその生国の魯の国の古記録に基づき、君主隠公の元年(前七二二年)から、哀公十四年(前四八一年)に至るまでの歴史を編纂し、これを『春秋』と名付けた。編纂の目的はそれぞれの歴史事実に対して孔子がこれを賞讃するか、非難するかによって表現法を異にし、これによって特に不忠なる臣、不孝なる子を畏怖せしめるにあったと言う。果して孔子がこのような歴史観を持ったかどうかは明らかでなく、またこのような史書を手ずから編纂したかは、いよいよ事実としては疑わしい。恐らく『春秋』という記録は、戦国時代に入って孟子らの手によって儒教主義宣伝に利用するための参考書として採用されたものであろうと考えられる。

しかしながら『春秋』という記録が残り、その注釈書の中でも特に「左氏伝」があるために、この時代の歴史の大勢が把握できることは、喜ぶべきことと言わなければならない。「左氏伝」は『春秋』の経文のあまりにも簡単な記述の意味を知るために不可欠の注釈であるが、これは恐らく初めから記録として伝わったものでなく、口から耳へと語りつがれた伝承であって、それが恐らく漢代になって文字で書き取られたであろうが、それまでにいろいろに変形し、いろいろな新要素も加わって現今の形に成長したものと思われる。しかしこれを措いては他に当時の史実を伝えるものがないから、我々は用心しながらこれを利用して歴史の動きをたどるより外はない。

今『春秋』に記されている所を見ると、いわゆる春秋時代の初めには、河南省を中心とした黄河の平野一帯、いわゆる中原の地に、数十の有力な都市国家が並立していた。一時代前に中原の諸国に対し指導的地位に立っていた洛邑の周は、既に実力を失って歴史的存在と化していた。それは恐らく古代ギリシアの強国争覇時代におけるデルフィの如きものであったであろう。魯国は山東省のうち、河南省に近い所に位置し、一時は勢威強大であったらしいが、新たにその北方に斉が興り、斉は桓公の世に極盛となり、中原諸国に号令するに至った。これをいわゆる春秋五覇の第一とし、続いて晋の文公、楚の荘王、呉王夫差、越王勾践が代る代る覇を称した。

五覇とは何か

春秋時代の歴史事実は古記録の道徳史観を離れて、今日の歴史学的な立場から考察すると、それは中国文化の拡大普及と、これに対する反動として異民族が民族的に自覚し、強力な国家を建設した点に意義がある。いわゆる春秋の五覇はいずれも周の民族とは異なった別種の民族と思われる。斉は伝説的に周の文王の師の太公望から出た姜姓の国とされるが、実は魯国の文化によって刺戟されて興った新興国であり、海岸に近くて、食塩を製造販売することによって強大となり、魯国を抑えて覇を唱えた。晋は山西省に興り、北方の遊牧民族から牧畜を中原諸国に転販する利益により、文公の時に覇者となった。その祖先は伝説上、周の武王の子で、成王の弟だと称するが、そのような関係が周との間にあったか、真実は甚だ疑わしい。楚、呉、越の三国は春秋の当時から蛮夷の国と称せられていた。楚は特に蛮とよばれたがこの蛮は、インドシナ半島の北部に住んでいたモン民族と関係がありそうである。また呉と越は同系統の民族であり、越とは浙江省の海岸からずっと南の方、今日の越南に至るまで拡がっていた海岸民族であり、越南の越も春秋の越に外ならない。この越民族から以北の海岸に住んでいたのが夷とよばれる民族であったが、夷と越とはもと同じ発音であったかも知れない。斉の国は恐らく夷民族から出たものであろう。

領土国家への移行

五覇が異民族出身であったからには、彼らは周の系統の民族とは異質の点が多かったに違いない。それは特に政治組織の上において、中原(ちゅうげん)の都市国家の文化の影響を受けながらも、その発達の方向は都市国家的でなく、むしろ領土国家に志向する傾向が強かった。たとえば斉国のごときは、臨淄(りんし)〔山東省〕という強力な大都市を中心とし、付近の小都市をその属国として隷属させ、各都市の独立性を認めないで、みな一様に領土として支配を及ぼそうとしたのである。更にこの領土を背景とした財力と武力とをもって中原諸国に臨み、魯以下の諸国を同盟という名の下において、支配の下に置いた。これを完全な領土としてしまわなかったのは、各国が都市国家としての歴史をもち、極めて独立心が旺盛であったので、これを領土化するには非常な困難があったためである。

そこで言えることとは、中国古代における都市国家はその歴史をあまり古代まで遡ることができぬだけ、その成立は比較的新しく、更にそれが周囲の異民族から圧迫を受けたために、長く独自の繁栄を保つことができなかった。従って古代ギリシアのような、独特の都市国家文化を発展させて、これを後世への遺産として残すことができなかった。それのみならず都市国家そのものの存在すらも、後世の史家に忘れられ、無視されるに至ったのであった。

それにもかかわらず、かつて存在した都市国家文化は、次の領土国家時代に入っても、なお生命を保って発展を続け、それが中国古代文化の精華として後世に対し、異彩を放っているのである。

三　戦国時代

春秋から戦国へ

孔子が著わしたと称せられる『春秋』の年代記に含まれた部分を春秋時代と称するならば、それは前四八一年で終る。しかし普通にはそれをずっと引延ばして同じ世紀の終り頃までを春秋時代に組み入れる。それは後に宋代になって司馬光が『資治通鑑(しじつがん)』を著わし、前四〇三年、当時の強国の晋が韓・魏・趙三国に分裂した時から筆を起しているので、爾来この年以後を戦国時代と称する習わしになったからである。本来ならば司馬光は『春秋』が終ったすぐ後に続けて、その書を書き出せばよかったと思われるのだが、司馬光の考えでは、そうすると自分を聖人孔子の後継者に擬（なぞら）えるようで憚（はばか）り多いと考えて遠慮したためだと言う。

春秋五覇の一に数えられる晋は文公の死後も強国としての地位を維持し、特に河南省を中心とした周系統の諸国を配下におき、次第にその統制を強めて、これを領土化して行った。従ってその文化は他国に比してはるかに優れ、長期にわたって指導的な役目を果していた。晋の強盛な原因は、その領土内に後世までも有名な、解州（かいしゅう）の塩池と称せられる食塩産地を含んでいたからであった。更に北方には牧畜に適する原野があり、南方では伏牛山脈（ふくぎゅう）の下に武器製造所を持っていた。

将軍の出現

晋はその地の利によって、強大な常備軍を組織して国威を長期にわたって維持し得たのであったが、この軍隊指揮権が次第に王室の許を離れて世襲の将軍たちの手に帰するようになった。春秋五覇の盛時には、覇者はすなわち連合国の指導者に過ぎず、その動員する軍隊も同盟国から馳せ参じた烏合の連合軍に外ならなかった。そしてこれを指揮するのは覇者の国の司馬と称する貴族であった。しかるに常備軍が設置され、戦争が大規模となり、更にそれが永続する傾向が強まると、軍事に精通する専門職が要求され、常に軍隊を支配して訓練に当り、将軍と称せられた。この司馬から将軍への兵権の移行は、類似の現象が古代ギリシア、ローマにおいても起っており、ギリシアの場合は Archon 執政官から Strategus 戦術家へ、ローマの場合には Consul 執政官から Imperator 将軍への移行となって現われている。そして最後の場合、Imperator が遂に皇帝になってしまうのである。

晋は三軍を有し、六人の将軍が代る代る一軍の正副指揮官を勤め、晋国の政権は六家の手に移った。しかるにこの六家は互いに権力を争って攻撃しあい、最後に勝ち残った、韓・魏・趙の三氏が晋国の領土を分割して、独立の政権を樹立し、姓がそのまま国名となった。この分裂の完成を、司馬光は前四〇三年と考えたのである。

三晋と斉

新興三国のうち、趙は北方に位して現今の山西省から河北省西南にわたる一帯を領有し、軍馬の生産に便宜を有した。魏は河南省内で黄河の両岸を占領し、その内に解州の塩池を含むため財政的に有利な立場にあり、その領土は陝西省にも及んだ。韓は河南省南部を占め、領土が最も狭かったが有名な武器の産地、棠谿(とうけい)をその手に収めた。

これと平行的な現象は他の地方においても起っており、斉においては桓公の子孫が、その位を大臣の田氏に奪われ、この革命に伴って斉も軍事国家に変身していた。南方の楚は呉越の二国を併合して、揚子江沿岸一帯の地を占領し、南は現今の広東辺りにまで達していた。現今ならば中国本部の大半に当るのであるが、しかし当時はまだ土地が開発されておらず、人口が稀薄なため生産も挙がらず、文化も遅れている上に、中原とは異質の原始文明を保存していたので、北方諸国からは依然として、蛮夷の扱いを受けていた。

秦の興起

ここに新たに脚光を浴びて、戦国の舞台に登場したのは西方の秦である。陝西省南部の黄河の支流、渭水の盆地は古来、民族の融合が行われやすい土地であり、かつては周系統の民族がここを足溜りとして、東方に進出して中原を征服した。その後、秦国が此処に興り、春秋時代にもしばしば晋に侵入してこれを苦しめたが、土地が偏在するため、列強の形勢が動揺するほどの比重は持たなかった。しかるに戦国に入ってにわかにその存在が重きを加えるようになったのは、領土を四方に拡大し、豊富な資源を活用することが出来るようになったからである。

陝西省は現今では生産力の最も振わない貧省の一に数えられる。これは土地が乾きすぎためであるが、古代においてはむしろこのような乾燥地が最も農業に適していた。日本でも奈良県など今日では決して豊沃な農業県とは言えないが、古代には日本を動かす原動力となるほどの生産を挙げていた。それは土地が高くて水捌けがよかったからである。中国の陝西省も土地が高燥で、農業に最適の地であった。古代においては乾いた土地に灌漑するのは容易であったが、低湿の地で水害を防ぐのは甚だ困難であった。然るに人類は住みつくと土地を乾燥させる性質があり、歴史が進行するに従って、陝西省のような土地は、余りに乾燥し過ぎてしばしば旱魃に見舞われてこれを防ぎようがなく、そのたびに飢饉が起る。これに反し古代に卑湿で人間の住居にも適しなかった揚子江下流地域が、次第に乾きあがると、最も農業に適した肥沃な土壌と変化したのである。日本でも昨今は、愛知県や大阪、関東など、大河の下流域に生産が勃興し、人口もその方面に集中するようになった。

　秦が強盛に赴いた他の理由の一は、甘粛省方面に住居する義渠（ぎきょ）の戎（じゅう）と称せられる民族を征服したことである。戎とは言うもののこの民族は城郭都市を設けて住居し、高度の文明を保持していたらしい。しかもそれは中国とは全く異なり、火葬を風俗としていたことから考えてインド・イラン系の民族かと思われる。もしそうとすれば彼らはその西方の同族から全く孤立して植民したとは思えないから、西アジアの文明圏と接触を保っていたに違いない。恐らく秦はこの方面から西アジアと交通を開き、その進歩した文化を摂取する機会に恵まれ、また珍奇なる産物を輸入し、これを中原諸国に転売して利益を得ることも出来たのであろう。古代の東西交通路は後世よりも北に偏り、黄河の大湾曲のあたりから西方へ向ったのであって、渭水の流れをその源に近くまで遡って西に向う線は、ずっと遅くなってから開けたものであった。

燕と日本

以上の六国（りっこく）の外に新たに強国として登場したのは、河北省北部の燕であり、これは周の武王の弟召公が封ぜられた国という伝説を有するが、もちろんこれは仮託に違いなく、民族も周とは違った北方系であろう。この国は中原から遠く離れていたために、天下の大勢にはほとんど関係なかったが、その位置によって必然的に遼東方面に勢力を延ばし、朝鮮に対して中原の文化を伝播する役目を果した。従って古代日本の開発についても、間接的ながら寄与する所が少なくなかったわけである。

戦国の王権

春秋時代には強国の君主といっても、王と名乗るのは、中原諸侯と伝統を異にする揚子江流域の新興勢力、楚・呉・越の三国だけであったが、戦国時代に入ると、呉越をあわせた楚の外に、斉・燕・秦・韓・魏・趙の君主は相前後してみな王と称した。これは他国の覇権の下には立たないという、自主独立の決意の表明である。これらの王の中には春秋時代の君主の下の将軍から成り上った者がいたという事実が示すように、彼らの王位はその武力によってのみ維持されるものであった。もはや彼らはその主権の起源を説明するに、宗教的な神話を必要としない。それだけ現実的に強力な専制君主であった。国王は国都の付近に強大な常備軍を設置し自らこれを掌握していた。戦争の際には臨時に将軍を任命するが、将軍には明確な任務を授け、任務の外に逸脱して自由行動に出ることを禁じた。凱旋して来ても、国都に入る前に兵権を解き、個人となって入朝させた。いずれもクーデターによる革命を未然に防ぐ制度である。

　領土内にかつて存在した都市国家はいずれも独立を失い、その多くは新興の経済都市と共に県という行政区域の拠点とされた。県とは懸と同じく中央にディペンドする都市の謂(いい)である。県は中央に租税を送って経費を助ける外に、もし常備軍だけでは戦力が不足する時には、その地方の壮丁を徴発して補助軍として出動させなければならなかった。この県をいくつかまとめて郡と称し、中央の監督の便を計ることがあった。郡とは群の意味で、県をグループしたものに外ならない。いわゆる郡県制度は戦国時代に胚胎(はいたい)したのである。

領土国家

戦国の領土国家が春秋時代の都市国家と異なるのは、国境が明確になった点にある。都市国家時代においては、最も重要にして神聖犯すべからざるものと考えられたのは、住居の周囲にめぐらした城郭であり、城外には耕地が拡がっているが、隣国の耕地との境界はあまり明白でなかった。境界の付近には耕されない原野が残されていることがあり、それがいずれに属するか不明な場合が多かった。そこで遊牧的な異民族がそのような間隙を伝わって、中原の奥深く進入する場合もあった。戦国に入ると都市が独立を失って中央に依存すると共に、中央はその住民を保護するために、支配権を都市と都市との間の空地にまで及ぼし、広い平面を領地として所有するようになった。そこで自然に国境という観念が生じ、時には自国の領土を保護するために、境界線に長城を築いて防衛することが始まった。特にその必要を感じたのは、中原のほぼ中央に位し、四方を他国に囲まれた魏であった。魏は秦との国境に黄河に平行して長城を築いた。

ただ注意すべきことは、戦国の強国の領土は、もともと都市国家を集合して成立したものなので、その成立の事情によって、国境線が犬牙錯綜し、凹凸出入が甚だしいのを常としたことである。時には他国の領内に飛地が出来ることも珍しくない。そこで後世の考えで当時の歴史を読むと理解し難い現象に出あうのはこのためである。

都市の変貌

この領土内に包含された都市は、社会の発達に伴って、それぞれが特殊の任務を荷うことになり、生態が分化した。国都は多数の軍隊と官僚など、非生産階層を擁する一方、野菜などの生鮮食料を供給するため、依然としてそれに相応する農民が城中に住み、郊外の耕地で働かねばならなかった。しかし穀物のような備蓄に堪える食料は領土内の各地から運び、民間でも富豪は市の中に倉庫を設け、物資の買占めを行って投機的な利益を追求するようになった。

大都市においては、市民の交易のために特別の商業区域が定められ、これを市と称した。市において直接売買に従事する商人は、政府から許可を受けて、名簿に登録されたものに限られた。しかし商人は世人から賤業と見なされたので、大資本家は使用人の名で大量取引を行い、その中には一国を傾ける程の勢力を振う者さえ現われるに至った。これには貨幣経済の流行があって、それが資本の蓄積を可能ならしめたのである。

春秋時代までは、言わば自然経済の状態であり、穀物、絹帛が貨幣の用途に使用された。黄金及び青銅貨が盛んに用いられるようになるのは戦国時代に入ってからであり、燕・斉の地方では刀とよばれる小刀形の青銅貨が、趙・魏の地方では布とよばれる鍬先形の青銅貨が鋳造使用された。これらは少額の取引に用いられるもので、巨額の決済には黄金が用いられた。地球上に黄金は砂金の形で広く分布するものであり、どこでも未開の処女地には河水に流された砂金が自然に寄せ集められて発見されることが多い。中国の商人は黄金を求めて、隊商を造って未開民族の間に進入して行った。その結果として彼らの間に中国文化を普及し、その民族的自覚を促す効果があったと同時に、中国の社会においては黄金が豊富となり、これが経済界を刺戟して好景気時代を迎えた。しかし砂金は地表面における振いわけ採取が終ると、その後は産出を継続することが出来ぬものなので、資源が涸渇すると共に黄金増加に頼ってきた好景気は頭打ちになることを免れなかった。

市の繁栄

物資と黄金の集中する大都会の市は、戦国時代の好景気の下で空前の繁栄を誇った。市は単なる売買交易の場所でなく、酒や食物も売られて市民の交際、娯楽の場所ともなった。春秋時代から始まった庶民の地位の向上、士と庶の差別撤廃は、戦国時代に入るとほぼ完全に実現され、このことは本来の意味の姓の消滅、人名の呼称に氏と名を用いるだけで事足りる習慣の普及となった。そして最後には氏が姓とも称せられ、氏と姓が同義語となった。しかも古代から伝わった同姓不婚の習慣は、今や同氏不婚と変り、この風習はつい近頃まで中国における習慣法となって、長く人民を拘束してきた。中国の制度を輸入した朝鮮半島においても同様であり、ことにここでは氏の数が少なくて同氏の人が多いために、民間の婚姻に支障を来すことが多かった。ただ日本においてはこのような風習が成立しなかったが、それは旧中国の人の目には不倫の行為のように映るのを免れなかったようである。

身分の解放をかち取った庶民は、もし自由な時間をもてば、市に集まって娯楽に興ずることができた。ある者は琴を弾き歌を唱い、ある者は笛を吹いて舞いおどり、ある者は鶏を闘わせ、犬を競争させ、博奕(ばくち)をしたり、蹴鞠(けまり)をしたりして楽しんだ。その中には人を集めて講釈する者もある。その語るところは、尭(ぎょう)・舜(しゅん)三代の帝王の事蹟であったり、隊商たちが遠方から運んでくる当代のニュースであったりした。時にはこの市井の口碑伝説がそのまま歴史事実に昇華したりすることもあった。

中国古代の市はさながら古代ギリシアのAgora、ローマにおけるForumに比すべきものである。ただ西洋の市は単に取引の場、社交場たるばかりでなく、常に政談の場、時には政治運動の場であったのに比し、中国では政治的色彩が極めて稀薄であった点が異なる。ここに稀薄と言うのは、それが絶無ではなかったからである。かつて斉の湣王が燕に破られて殺された時、王孫賈なる者が市に入って市民を語らい、四百余人を得て、簒奪者を襲ってこれを殪し、斉復興の緒を攫んだ。しかしながらついに市が庶民の政治運動の中心となることが出来ずに終ったのは、中国では都市国家が独立を維持していた時代が極めて短く、その間は市の発達がまだ未成熟であった。市が発展したのは領土国家の専制君主の治下に入った後であり、しかもこの専制君主の朝廷を中心とした第二の社交場が出現し、この方の隆盛に反比例して市の社交場としての意義も薄れて行く。中国に民主主義が育たなかった理由には、このような都市構成の上からくる要因が潜んでいたのであった。

政治と学問

春秋時代の君主はその支配する領域も狭く、その政治も伝統に束縛され、また世襲的貴人階層から掣肘を受け、欲するままに新政策を実施することができない状況にあった。然るに戦国の君主は遽に強大な主権を握り、ある程度まで自由に行政を施行することができた。ところで伝統から解放されて、自己の意志によって政治を運用するにしても、やはり何らか依拠すべき原理が欲しくなってくる。そこで各国の王は争って政治理論に通達した学者を招聘して、治政の参考にしたいと考えた。この結果朝廷が一種の社交場となり、内外の学者が集まってきて、互いに議論を闘わせ、おのおのその道を世に拡めようと競いあった。諸子百家と呼ばれるのが、これらの学者たちの総称である。

学派の発生

孔子の歿後、その弟子たちのある者は、師の道を継いで塾を開いて後進を指導し、ある者は伝手（つて）を求めて戦国の王家の朝廷に仕えて官僚となったり、教育に従事したりした。孔子の学派、儒教が盛大になると、これに模して一派の学を開く者も現われ、その比較的古いのは墨子であり、孔子の歿後遠からずして生れたと思われる。

墨子は孔子が周の文武・周公を理想的な聖人として尊崇し、その道を拡めると唱えるのに対して、更に古く、従ってより有徳な夏の禹王の教えに従うべきだと説いた。これによれば禹王は勤倹力行して人民の模範となり、黄河の大洪水を治めて世を救った君主であるから、政治家たる者はこれに則って、節約を行い、葬式を簡単にし、音楽など無用の娯楽を廃し、他人のためには身を粉にしても奉仕すべきことを唱えた。墨子によれば儒教が主張する仁は差別愛に外ならず、自己の周囲に厚くして、疎遠になるに従って薄くするのは徳として不十分である。自他を区別せず同等に兼愛するのが最高の理想でなければならぬ。儒教が場合によって攻戦を認めるのは、兼愛でない結果であり、戦争はやむをえざる防戦の場合のみに許さるべきである。すべての人民が平和に生存することが、人間を支配する鬼神の願望する所であるから、この鬼神の志にかなう者には必ず鬼神が暗黙のうちに賞賜を与えることは歴史上の実例が証明する。そしてこの鬼神の志を現実に表明するのは、人民多数の声に外ならないと結論する。この墨家の学説は戦国の間に大いに行われ、儒教と勢力伯仲する程であったが、漢代以後衰えて学派を成さなくなってしまった。しかし今日その書を読むと、そこには戦術があり、論理学があり、実用を重んじた功利主義の学説で、かえって近代に適合する点が多い。ただ久しく絶学となっていたため、その書は甚だしく難解であり、また文字の誤謬が少なからず含まれていると見受けられる。

墨子の学説が中国におけるストア学派ならば、ほぼ同じ時にエピキュルス学派とも言うべき楊朱の唱える自愛説が一方に行われた。彼の著書は今日に伝わっていないので、その詳細は不明であるが、人間は原来利己的なものに生れているので、自己の利益のためにこそ生活すべきであり、同時に他人にもまた自ら愛する権利があるのでそれを尊重し、互いにその分を守っていれば社会は平和に治まるという主張のようである。この学説はそれ自体が世上を風靡するには至らなかったが、後に起る諸学説中に影響を与えた点がかえって多い。

孟　子

墨子と楊朱の学説が世に行われたのに対し、儒家の側から反撃を加えようとしたのが孟子である。墨子が既に文・武の前に夏の禹王を据えた後なので、孟子は更にその前に尭・舜を持出し、己（おのれ）の儒教は尭・舜の道だと唱えた。この尭・舜は天下を己に私せず、尭は舜に位を譲り、舜は禹に位を譲った。しかるに禹の時からその子に位を伝えて世襲制が始まった。この点でも禹は尭・舜の徳に及ばぬことになる。まさにそのように、墨家の学は孔子の儒教に及ばず、彼の兼愛と称する無差別愛も、かえって親に孝を尽すという自然の愛情を損う結果を招くものだとして反対した。

異なった学派を相手として戦うには色々な武器がいる。学問の武器は書物である。儒教の側で『春秋』を教科書として用いるようになったのも、実は孟子の頃、前四世紀の半ば前後のことであろうと思われる。『春秋』の本文は極めて簡単な年代記であり、これはだいたい史実を伝えているものと認められるが、これを根拠として春秋学を成り立たせるためには、単にその記事を歴史として解釈するだけに止まらず、ある政治理念をもって批判することが必要であった。『春秋』の解釈学として「左氏伝」は主として事実の関連を追求する立場をとるが、理論の上で特殊な解釈学を展開するのが「公羊伝」である。例えば春秋の経文、隠公元年の条に「祭伯来る」という三字の記事がある。これは周王室の大夫の祭伯が魯国へ亡命して来たので、こういう場合には普通に奔という字を使うべきであるのに、何故にこの場合は来と言う字を用いたか。「公羊伝」はこれに答えて、それは祭伯が王の臣であったからである。王は天下の主人であるから、魯国と言ってもそれは王の支配下の土地である。従って祭伯の行動は単に王の命令がないのに、住地を移動したものと解すべきで、出奔したという意味の奔という字を用いないのだ、とこのように「公羊伝」は解釈する。この解釈の底には、王なるものは天下の主人であって、これに対立する外国があってはならぬ、という政治理念が横たわっている。

老子

普通に孔子は若い時に老子について礼を習ったと信ぜられているが、現今残っている老子の書に盛られた内容は、孟子よりも後の思想に違いないと考えられている。いわゆる老子の学は個人主義の主張で、ずっと以前の楊朱の系列に属するが、ただし楊朱のような快楽主義でなく、快楽を超越すべきことを説く。同時に同じように儒教が尊重する礼制をも超越して、精神の自由を獲得するのを理想とした。全く同じ傾向の学者の書に荘子があり、前者と併せて老荘と称せられる。この学派はその開祖を黄帝に求めるので、また黄老の術とも称せられた。

有用の学

戦国の対立が激化すると共に、有用の学が求められ、これに従って学問が更に細分化し、専門化してきた。ここに兵家、農家、法家などが現われてそれぞれ兵法、農業、法律などの専門的知識を提供し、書物を著わした。もちろんこれらの学問は古くからあり、むしろ必要不可欠の常識として、それぞれの専門家の間に伝えられてきたものであるが、今やそれを系統立て、理論を与えて武装し、諸国の君主や有力政治家に対して働きかけるようになったのである。

兵家としては孫子、呉子が有名であり、併せて孫呉の兵法と称せられるが、いずれも実在の人物であった。ただしそれが今日の兵書、孫子、呉子とどこまで関係があったかは疑問である。最近山東省の銀雀山から孫子の竹簡が発見され、孫子に二種類あることが知られたが、ただしそれによってもなお、前の疑問が解消されたとは言えない。

農業の知識はもともと人生に不可欠であり、孟子の中にも農業専門とする神農の学をなす者のことが見えている。この神農氏が実在の皇帝のように考えられたのは、ずっと後世のことに属する。

荀　子

これら諸々の学派が競い合う中において、儒教は依然として最大の学派であった。ただしその中においても、それぞれ重点のおき方が違い、教科書の選択を異にするために、種々の学派に細分化した。これは当時儒教がまだ固定化せず、生長を続けていたことを物語るものである。戦国の終りに近付いた頃、荀子が現われ、孟子の楽観的な性善説に反対を唱え、性悪説を主張し、礼制をもって人間が悪行に陥るのを防ぐべきを説き、礼学を大成した。しからばこの礼とは何であるかと言えば、それは古の聖人が定めた生活の規範であり、永久に遵守して誤りない至上命令であるとする。そんな昔の聖人の定めた規範を、どうして後世の人民が守って行けるかと言えば、人間の本性はそんなに変るはずのないものであり、聖人はその平均値を求めて、万人に適用できる点で礼制を定めたから、それは永久にわたって通用するはずだと説く。荀子の学説はその後、儒学の本流と認められ、漢唐に至るまで大なる影響を及ぼした。

荀子の流れを汲む礼の学説を集めたものに『礼記（らいき）』があり、その中に「中庸（ちゅうよう）」の一篇がある。普通にこの篇は孔子の孫で孟子の師筋に当る子思の作と称せられるが、実際はそんなに古いものでなく、「中庸」の思想は既に荀子の中に述べられている通りである。しかし宋代に朱子が「中庸」を尊崇して四書の中に加えてから、孔子と孟子を継ぐ中間の思想と考えられるようになったがこれは正しくない。

法　家

荀子に至って礼は古来の良風美俗を制度化したものと考えられると、これは人間の生活を規制することになり、甚だ法律と似た性質を帯びてくる。ただ礼は強制力を持たないだけであるが、それならばむしろ権力によって礼に背いた者を処罰したほうが有効ではないかという考えが生ずる。そこで荀子の門から、李斯、韓非子のような法律専門家が現われて法家の学を唱えた。もっとも法律はいつの世にも必要なものであるから、古代から存在して来たことは言うまでもない。ただそれが他の学派との関連において理論付けされ、一家の学を成したもののうちでは、特にこの二人が挙げられるのである。

いわゆる法家に数えられるものの中には後世の仮託が甚だ多い。例えば『管子』は春秋の初め、斉の桓公の宰相、管仲の著と称せられるが、現今の『管子』はずっと後世のもので、あるいは漢代の人の手が入っているかと思われる。内容も甚だ雑多であり、水を以て万物の本とするような思想は、ギリシアのターレスなどと関係があるかとも思われる。

法家の中に『商君書』があり、これは秦の孝公に仕えた商鞅(しょうおう)の作と称せられるが、現存するその書はやはり後世の仮託らしい。

古代帝王の系譜

中国古代史学の発達という点から見て注意すべきは、戦国に入って諸子百家が次々に継起して、その淵源を古代帝王に求めたがために、ここに古代帝王の系譜が成立するに至ったという事実である。孔子は信ずべき帝王としては周の文王、武王を挙げたが、墨子はその前に禹王を置き、孟子は更にその前に尭・舜の存在を称え、老荘の道家は更に古く黄帝の道があることを説いた。漢代に司馬遷が現われて『史記』を著わす際には、実在の天子としては黄帝を最初に置き、下って尭・舜、次いで夏の禹王から、殷を経て周の文王、武王に至るまでの事蹟を尋ねて、その本紀の首を飾った。彼は黄帝の前に神農(しんのう)氏の存在することを知ったが、これは農家の信奉する始祖なので、それに自信が持てなかったためか、正統の君主の列には加えなかったのである。しかるにずっと後世になって神農氏も正統性を認められ、更にその前に伏羲(ふくぎ)氏を加え、伏羲、神農、黄帝、尭、舜と続けて、これを五帝と称するようになった。伏犠は易学の始祖とされ、易はすなわち占筮の術で、初め儒教とは内面的関係のない職業であったが、最も遅れて儒教に取り入れられ、その種本である『易経』は、古くからある『詩経』、『書経』、これに続く『春秋』、『礼記』と合せて五経として尊崇されるようになった。しかも五経を数えるには、最も来歴の怪しい『易経』の名を最初に称える習慣になっている。

七国争覇戦

太古に万国あったと称せられる独立の邑が、春秋時代に入って数十の都市国家の並立となり、それが戦国に入るといわゆる七雄に整理されてしまったが、これは戦争による弱肉強食の結果、強者が勝ち残った結果に外ならない。既に武力闘争が是認され、何人もこれを抑止することができぬとすれば、戦争は依然として継起し、それがますます大規模となり、互いに呑噬して、最後に一国が勝利を得て、天下が統一されるまでは収まらないこともまた自然の成行きと言わざるを得ない。ただしこの必然とも見える筋書をたどる運命と言っても、これを実演するには役者が必要であった。

戦国の初めに当って最も富強をもって知られたのは魏であった。諸国の中心に位置し、従って最も進んだ文明を有し、繁華な都市を抱えた魏は、その長所がそのまま短所となった。燕を除いたすべての列強と境界を接しているがために、国境の紛争に捲きこまれる危険が多く、一国を相手に戦えば、必ず背後を狙う敵国があった。そこで趙と戦い、韓と戦った隙に、斉から背後を衝かれ、大敗して国威を損し、以後二流国家に転落した。この魏の退勢に乗じて興起したのが西隣の秦である。秦は七国の中で最も後進国であるが、魏の文明を輸入し、国政を整えて次第に強盛となってきた。秦は黄河以西の魏の領土を奪うと、今度は必然的にその攻撃の目的は解州の塩池に向けられてくる。魏の都は初め、塩池に近い安邑にあったが、秦との国境に近いので、兵を避けて大梁、すなわち後の開封に移り都したが、なお全力を傾けて塩池を守ろうとした。

合従連衡

もしこの塩池が秦の手に落ちると、その勢力は増長して止まる所がなく、他の諸国の運命もまた危殆に陥るので、ここに六国が共同して魏を助けようという運動が起った。これがいわゆる蘇秦の合従策である。この合従を崩して、その同盟を破壊しようというのが、秦側の張儀による連衡策である。両者の虚々実々のマキアベリズムの応酬を中心に編集されたのが『戦国策』である。ところがこの書は原来、縦横家なる学派の教科書であったので、六国の形勢を舞台に借りてはいるものの、その中に書かれていることは、どこまでが史実であるか疑わしい。しかるに司馬遷は戦国時代の形勢推移を記すに際して、多くこの書を史料に用いたがために、その記述が混雑に陥ったうらみを免れない。フランスの学者マスペロはさすがにこの点に着目し、蘇秦などは架空の人物ではなかったかと疑問を投げかけているが、これも恐らく考え過ぎであって、蘇秦、張儀の名は『孟子』の中にもはっきり出てきているのである。

縦横家の学説はこれまで動(やや)もすれば、単なる弁論の術として受取られがちであったが、実のところ、それは近代の雄弁術のようなものではない。むしろ弁論の前に、数理的な立場からする現状の分析があった。その情勢に対する的確な把握の上に立ち、客観的な平衡感覚によって緻密で大胆な判断を下すから、その弁論に説得力があるわけである。しかしこれも優秀な政治家は昔から、別にそれと言挙げしないでも、実際にやってきたことであるが、縦横家の出現によって、その秘密を公の場面に引出し、一家の学問として練習することを可能ならしめたのである。現今の世界でも、特に外交上にはこのような平衡感覚が必要なわけであるが、どうも日本人にはその点が劣っているように見受けられるのは、縦横家のような学問がなかったからであろう。

戦国の形勢を急変せしめたのは、やはり戦争の間から生れた二つの発明、すなわち鉄器の使用と、騎馬戦術の採用とである。鉄は他の金属と同様に西アジアでまず発明されたもので、それが中国に伝わったのはいつの頃かはっきりしない。しかし戦国の間に徐々に、また確実にその用途を拡めて行ったことは事実である。ところで中国の鉄は、まず鋳鉄(ちゅうてつ)の技術が進歩し、鋳鉄の性質から必然的に、農器などのような鈍器に多く用いられ、武器のような刃をもつ鋭器に使われることが少なかった。しかしながら鉄の使用によって、従来は青銅を使用せねばならなかった部分に鉄を代用することができれば、それだけの青銅が浮くことになる。このことは青銅の生産を助けた結果となって、多数の軍人を武装し、大規模な戦闘を行うことを可能ならしめた。このことはまた戦争の勝敗の効果を決定的ならしめる。敗者にとっては再起がむつかしく、勝者はその利益を十分に享受して、いよいよ強盛に赴く足場を築くことになるからである。

次の騎馬戦術の採用もまた戦術を一変させたばかりでなく、諸国間の強弱の格差を一層拡大する効果があった。戦国初期までは、戦争に馬を使用するにしても、それは戦車を牽かせるだけで、戦車はその運動が著しく不自由なのを免れなかった。しかるに一人一馬の騎乗は相当な急坂でも、狭い小路でも、らくに踏破することが出来、敏捷に行動することが可能である。特にその機動力を有効に利用すれば、敵を包囲して殲滅的な打撃を与えることも不可能でない。これは近代戦における戦車の出現と同じような意義を有した。

騎馬戦術

長く馬を飼育したならば、その背に乗って走ることは誰しもすぐ考えつきそうに思えるのだが実際はそうでない。騎馬の発明はやはり西アジアで初めて行われ、それが四方に伝播したのであった。騎馬のためには調教が必要であり、調教には馬銜(ばかん)がぜひ必要である。この道具と技術の発明は実際にはなかなか容易でなかった。恐らく数千年もかかって発明された騎馬戦術は、まず中央アジアの遊牧民族の間に拡まり、遊牧民族の手を経て中国に到達した。中国で最初にこの戦術を、隣接する楼煩(ろうはん)民族から学んで、騎馬部隊を編制したのは、趙の武霊王(―前二九五年)であった。

中国の北方に居住する遊牧民族は馬群を放牧して生活していたのであるが、これも長い間騎馬することを知らないで過ごした。彼らが騎馬を知ったのは、それを趙に教えた時代よりも、そんなに古くはなかった筈である。しからば何故にこの時代になって、古く西アジアに発達した騎馬術が東アジアの遊牧民族の間に流行するようになったか。どうやらこれはアレキサンデル〔アレクサンドロス〕大王の東征の影響ではなかったかと思われる。大王が騎兵隊を含む二万五千人ほどの大軍を率いて、サマルカンドを占領し、進んでシル河岸に到達したのは、前三二九年であった。ここで彼は土着ペルシア軍の反抗にあったが、その中にスキタイ人の騎兵部隊もあった。恐らくこの際にギリシア軍の更に優秀な騎馬戦術が、付近の遊牧民族に学び取られる機会を与えることになったのであろう。武霊王が服装を改め、胡服して騎馬戦を軍人に習わせたのは、前三〇七年のことと言われるが、アレキサンデル〔アレクサンドロス〕大王東征の後、約二十年を経ているにすぎない。鋭利な文明ほどそれが伝播する速度が速いものである。

趙は騎馬戦術を採用してからその国勢が大いに張り、北方に領土を拡張して異民族を領内に収め、いよいよその騎馬部隊を充実して四方の国と戦った。ここにおいて、蘇秦、張儀の合従連衡に代って、趙国出身の名将の時代が到来する。趙奢(ちょうしゃ)、廉頗(れんぱ)、李牧などの事蹟は、司馬遷がその『史記』の中で特筆大書する所である。

秦の強盛

しかしながら騎馬戦術の効果を最終的に、最大限に取得したのは、趙に学び、趙よりやや遅れて騎馬戦術を採用した秦国であった。前四世紀の終りに昭襄王が位に即き、将軍白起を用いて、頻りに中原の諸国を攻め、ことに魏の旧都安邑とこれに隣する塩池を割譲せしめた(前二八六年)。秦はこの地を確保するために、その人民を魏に送り返し、そのあとへ自国から希望者を移し、罪人を強制的に送りこんで、防衛に当らせた。この莫大な資源を手に入れると、秦の国力はいよいよ昇天の勢いとなり、諸国の領土を蚕食してはこれを自国に同化する政策を強行した。

こうなると東方の諸国は秦の鼻息を窺って一時の苟安(こうあん)をむさぼるに汲々とし、昭襄王が五十六年という長い治世の後に死んだ時には、争って使を送って葬儀に参列させ、ことに秦に近い韓からは国王が自ら弔慰に馳せ参ずるという前代未聞の醜態を曝(さら)した(前二五一年)。

昭襄王に代って孝文王が立ったが、翌年死し、子荘襄王(そうじょうおう)が嗣(つ)いだが四年目に死に、その子の即位したのが後に始皇帝となる秦政である。即位の翌年を元年とし(前二四六年)、その三十七年に死ぬまでの間に六国を討平して、中国に初めての大統一をもたらし、皇帝政治を樹立したのであった。

四　秦

始皇帝即位

秦は戦国の前期に孝公が位にあり、魏の亡命者、商鞅（しょうおう）を用いて法家的な改革を行い、これによって覇業の基を開いたと称せられるが、これはどうも信用し難い。商鞅の政策は商業を抑え、農業を奨励し、農民から戦士を徴発して強兵策を計ったと言うが、実は秦は後進国であって商業が栄えず、農民が人口の大部分を占めるのは自然の情勢であった。その後の史実を辿ると、秦はむしろ商業をも大いに利用して富国を計ったと思われる。

始皇帝の父荘襄王は若い時に質子（ちし）として趙の国にあり、そこで大商人の呂不韋と知り合い、その金を借りて秦の朝廷の大臣らにばら撒いて買収し、国に帰って王位に即くことができた。しかし在位短くして死し、子の始皇帝が十三歳で後を嗣ぎ、呂不韋を宰相とした。商業資本家が金力で一国の運命を動かすことができたわけである。しかも君主が幼少であったから、呂不韋が思うままに政治を行うことができた。

しかるに始皇帝の十年に内乱があって、呂不韋がこれに連坐して罷面され、これに代って楚からの亡命者、李斯が勢力を得た。李斯は法家の学を奉ずるもので、秦の政治が法家的となるのは、李斯が重く用いられるようになってから以後のことと思われる。この李斯の政策も別に重農主義とは思えない。ただ始皇帝即位の初めに、韓の水工鄭国なる者が秦に入って、涇水を引いて、荒蕪の地に灌漑し、肥沃な耕地を得て富強を致したのは事実である。李斯はこの農産資源と、前代に獲得した塩池の利によって、その積極政策を遂行することができた。食糧が豊富なれば大軍を召集してもこれに補給することが出来、塩池の食塩を売って得た黄金があるので諸外国の将相を買収して内応させるなどの術策を用いることも可能である。なお北方で隣接する遊牧民族から軍馬を輸入する便宜にも恵まれていた。そしてこれだけの好条件を具備した国は他にどこにもなかったのである。

長く続いた七国の攻争の場面も、最後の幕切れの段になると誠にあっけないものであった。秦によってまず滅ぼされたのは荘襄王による周の王室の取りつぶしであった。周はその末年に東周と西周に分れていたが、この頃は洛邑の付近の小さな邑数十を支配するに過ぎず、天下の形勢について何ら軽重する所がなくなっていた。両国とも始皇帝の即位に先立って、地続きの秦によって取潰され、その土地、人民も秦に併合されていた。

韓趙の滅亡

始皇帝の代となり、列強六国のうちで最初に滅亡したのは、最も弱小なる韓であった。滅亡に瀕した韓は法家の学者で李斯と同門の韓非子を秦に送りこんで遊説し、万一の存命を計ったが、かえって韓非子は李斯のために殺されたと言う。それから三年の後、始皇帝の十七年に韓はことごとくその領土を秦に献じて国が滅びた(前二三〇年)。

その翌々年に趙が滅びた。趙は武勇を尚ぶ国で、騎馬戦に長じ、これまでもしばしば秦と戦って互いに勝敗あり、秦にとって最も危険な存在であった。しかしこの国も、既に始皇帝が生れる前年、名将趙奢の子の趙括(ちょうかつ)が四十五万の大軍を率いて秦と戦い、秦将白起の騎兵のために後方の連絡を断たれ、全軍が殲滅され大打撃を蒙っていた。この時も趙は秦の反間にかかり、良将廉頗(れんぱ)を退けて、虚名ある将軍趙括を起用して失敗したのだという。これ以来趙の国勢は大いに傾いたが、さすがに尚武の国であって、勇将に乏しからず、李牧が廉頗に代って北は匈奴を破り、西は秦と戦って容易に屈しなかった。秦は再び黄金を散じて趙王の近臣を買収し、李牧の謀叛を誣告してこれを殺させた。秦軍はこの隙に乗じて趙を襲い、趙王を捕えてその国を滅ぼしたのであった。

魏の滅亡

その後三年、始皇帝の二十二年に魏が滅びた。この魏国は七国の中での最先進国であったがために、先進国としての弱点をどこよりも先に暴露し、列国が内に蔵する悩みを最もよく体現した点に興味がもたれる。専制政体は原来腐敗しやすい体質をもつものであるが、戦国列強の中で、文化の進んだ国ほど、末期になると国王の統制力が緩み、支配権を失いつつあった。そこで一族の公子が旧体制の外に自ら新体制を創り出し、政府の外に新しい政府を造って国政を指導することが始まった。魏には信陵君が現われてこの方式を始めたのである。信陵君は諸国の遊俠を集め、三千人の食客を養ったことで有名であるが、ここに言う遊俠とは、日本の俠客と言うよりも、むしろ浪人と言ったほうが近い。列国が並立して戦争が長く続くと、その間に各国に愛国心が芽生え、国粋感情が起ると同時に、一方には従来の祖国の存在を無視し、国際的立場で職業を求めて天下を横行する遊士の階層が発生した。信陵君はこのような、いわゆる遊俠を幕下に招き、それぞれの特殊な才能を発見し、才能に従って職務を与えたのであった。信陵君は更にこの食客の力によって魏の国政に参加したが、同じようなことは趙においても行われ、平原君が勢力を得ていた。ところで信陵君と平原君とは、互いに自国の国王の政府を無視して同盟し、更に他国を語らって、秦に対抗する同盟、合従を画策したのである。これも現実的にはあまり効力を発生しなかったが、政府に頼らない私人の国際的な活動が始まったことは注意さるべき現象である。遊侠の活動と併せ考え、国家の領域を越えて個人が自覚をもち、国際人という新しいパターンが出来たことは、実は天下が統一されて、いわゆる古代帝国が成立することを可能ならしめる地盤であったと見ることができる。しかしながら信陵君の新政府は、当然の帰結として国王直轄下の旧政府との間に摩擦を生じ、秦に始皇帝が立った治世の初めに、信陵君が国王から排斥され、失意の間に世を去ると、魏国はますます衰えて、間もなく秦に併合されて滅亡した。春秋五覇のうちに数えられた大強国、晋の領土を分割して成立した韓、趙、魏、いわゆる三晋はこうしてことごとく秦の領土に加えられたのである。

楚燕斉滅ぶ

秦が次に鋒先を向けたのは南方の楚であった。春秋時代に中原の諸国を脅かした、最も恐るべき存在はこの楚であり、その民族の未開である点が同時にその長所にもなった。然るに楚はその指導層が中原化すると共に、文明の弊を受けて国勢が弱まった。王室を始めとし、貴族が奢侈生活に慣れ、金銭慾が強くなって、下層人民との間に断層が生じたのである。詩人屈原の悩みは正にこのような世情の反映であり、彼は王室の一族であるが、孤立した王室、貴族有力者の腐敗、当事者の国際関係に対する無知、平衡感覚の欠如、すべてが悲観的材料のみである中に立って、只ひとり中国化した知識人の悲哀を歌いあげた。彼が汨羅（べきら）に身を投げて死んだのは、前二七七年頃と考えられ、秦では昭襄王治世の中期に当るが、その頃から既に楚は末期的症状にあった。ただその領土が広大であり、気候風土も異なるために、秦はその領土を蚕食しながらも、徹底的に征服することを控えていた。

今や三晋を討平し終った秦は兵を楚に向け、将軍王翦（おうせん）が六十万の大軍を率いて殺到し、一挙に楚の大領土を征服してしまった。始皇帝二十四年のことである。

その翌年、秦王は遠征軍を燕に送ってその国を滅ぼし、更に翌年、遠征軍が燕より帰還の途中、斉を急襲してこれを滅ぼした。斉は六国のうち、秦と境を接しないため敵対関係を生ぜず、秦の方では好言をもってこれを欺いて安心させ、黄金を送って朝廷の有力者を買収して油断させていたのであった。ここに秦の天下統一の事業が完成されたのである(前二二一年)。

皇帝制度

既に天下平定の目算が立った頃から、秦の朝廷では一統後の政治方式について、論議が交されていたらしく、その中心人物は李斯であった。もっとも朝廷の大臣の官位は丞（じょう）

相、御史大夫、廷尉の順で、李斯は廷尉の位に過ぎなかったが、その学識が同僚を凌駕していたのである。

始皇帝の二十六年、斉を滅ぼして天下を統一すると間もなく、重要な詔が矢継ぎ早やに次々と発せられた。その趣旨は約して言えば皇帝制度樹立の一言で尽きる。従来は政治上の最高の地位は王であり、かつて秦と斉とが相並んで帝という称号を名乗ろうと約束したが、一年も続かないで中止した。帝は原来、最高神を呼ぶ名称で、実在の君主の号ではなかったのである。しかるに秦はこの時、中国君主の称号として皇帝の名を用い、以後それが継承されて二千百有余年、清朝の滅亡まで続いた。ただし始皇帝は、自ら死後の名を定めて始と名乗ったのであり、子孫が二世、三世と称して万世まで続けることを理想としたのであった。しかもこの番号制は秦政権の崩壊と共に二世で消え去ってしまった。

ところでこの皇帝なるものの出現は、単なる名称の変更でなく、実質的にも種々の新しい意味を含むものであった。その第一は古代の王者たるもののあるべき理想の復活である。しかもそれは法家が排斥する儒教の思想にも一致しているから、まさに中国思想の特色をなすものとも言えよう。孟子の言葉の中に、普天の下は王土に非ざるはなく、率土の浜も王臣に非ざるはなし、とあるが、新たに生れた皇帝はこの理想を体現するものでなければならなかった。すなわち皇帝は単に中国人民の君主であるばかりでなく、地球上に住むすべての人類に共通の主権者でなければならない。言いかえれば対立するものを認めない。言わば皇帝は宇宙間唯一の存在であるから、これはすなわち固有名詞である。従っていかなる制限的な形容詞も不要である。始皇帝の始は、後続する二世、三世に対する始であって、生存中の詔は常に皇帝だけである。この制度は秦以後に続き、中国の天子は自ら言うとき漢皇帝とか唐皇帝とか王朝名を称しない。これに反して外国の君主に対しては倭王とか、日本国王とか、地名を冠して呼び、それが限定された地域の君であることを示すのである。

更に進んで言えば、始皇帝の世には秦という国号は不必要になったわけである。ただ前代の周に対比して秦ということはあるが、後世のことを慮って区別する必要はない。何となれば皇帝の世は永久に万世まで続くはずだからである。ここにおいて中国は国名を失い、皇帝の国となったわけである。ただし実際には秦が滅びる一歩前、三世皇帝となるべきはずの子嬰（しえい）が位についた時、中原の領土をすべて失い、秦本国だけとなったために、皇帝の号を廃して、もとの通りに秦王と称した。天下の王ではなくして、秦という限定のついた王に逆戻りしたのである。

郡県制

六国を平定した直後、朝廷では、遠隔の地である燕、斉、楚の地方には周に倣って封建し、王を立てようという議が起った時、これに反対したのが李斯である。もし今近親を立てて王としても、数代の後には関係が疏遠となって、各自が自分の利益を追求するようになるから、遂には無窮の害を招くに至るだろう、というのが彼の反対する理由であった。そこで新領土をすべて天子の直轄の下におくこととし、天下を三十六郡に分ち、郡に守・尉・監を置き、郡の下には県があって、県に令・丞を置いた。みな中央政府から任命する官であり、従って一片の辞令によって、すぐその位を失わねばならぬものである。

郡の守、県の令は長官、郡の尉、県の丞は次官であるが、郡の監は支配下の県を監督するを職とした。そんならば郡守を監督するのは誰かと言えば、それは中央の大臣、特に御史大夫であるが、また皇帝自身いわゆる巡狩（じゅんしゅ）を行い、親しく地方政治を監督するかたわら、統一君主の威力を誇示するために各地に行幸した。その次第は『史記』の「秦始皇本紀」に見えており、到る所で石を立て、その功業を誇った文章を刻しているが、その碑刻の一部が現地に残存するものもある。この行幸のために始皇帝は天下に広く馳（ち）道（どう）と称する道路を建設したが、このことは『史記』には見えないで、『漢書』「賈山伝」

に記されている。これによると始皇帝の馳道は、東は燕・斉を窮(きわ)め、南は呉・楚を極める、とあるから、秦の都の咸陽(かんよう)から、河北省、山東省、浙江省、湖南省に通ずる大道が開通したわけで、道の幅は七十五メートルで、七・五メートルごとに杉の木を植えて並樹とした。この馳道は有事の際にはそのまま軍用道路となって大軍を派遣し、それに軍需品糧食を補給するに役立つことは言うまでもない。

対外政策

皇帝制は理想としては、対立するものを認めないと言っても、現実には皇帝の権力は無限でなく、敵対国が存在して国境で紛争が発生することを如何ともなし難い。戦国の末期、北方の遊牧民族の間にも大同団結の気運が生じ、匈奴族の中から頭曼単于(とうまんぜんう)なる者が現われ、漸く強大になってきた。そこで始皇帝は太子の扶蘇(ふそ)と将軍とをやって匈奴を撃ち、いわゆる万里の長城を築いて、その南下を防いだ。この長城は戦国の時代から、燕や趙が既に部分的に築造していたのであるが、秦はこれを連続して西は黄河上流から、東は遼東に至るまで、空前の大要塞を造り上げたのであった。長城はその後、何度か移動修復を行い、現今の位置に落付いたのは大体明の時代である。秦の長城はその西端においては現在のものよりも、ずっと内地に引きこんでおり、臨洮(りんとう)、すなわち洮水と黄河の合流点のあたりから始まって、黄河に沿うて北上し、今度は現存の長城の線を横切って北に出で、河套(オルドス)を包んで東に向い、山西省の北、陰山の線に沿って東のかた、遼水を渡って、現今の瀋陽一帯を包むものであった。

初め始皇帝が定めた三十六郡の領土の中には、現今の福建、広東、広西各省の地方が含まれていなかった。始皇帝は長城の役を起すと同時に大軍を出して五嶺を越え、当時陸梁(りくりょう)とよばれた越人の土地を征服し、そこに植民を送りこんで内地化し、南海、桂林、象郡(しょうぐん)の三郡を置いた。南海はだいたい現今の広東省、桂林は広西省に当るが、最後の象郡について、従来はこれを漢代の象林県と混同し、現今の越南(ヴェトナム)の順化(ユエ)の辺りに当るものと考えてきたが、実は秦の勢力はそこまでは延びておらず、やはり河内(ハノイ)の付近に止まっていたものと考える方が適当である。

現在の福建省の地方には当時閩越(びんえつ)とよばれる民族が居り、春秋の越王勾践(こうせん)の後と称する閩越王の下に各地に小君長が割拠していたが、始皇帝は閩越王を廃して、その地に閩中郡を置いた。これで秦の郡は四十郡となったわけで、だいたい後世中国の本部十八省と称せられる領域の外郭が形造られたわけである。ただし、細かく言えば、秦の版図は西北において甘粛省、西南において雲南省の地を含まず、その代りに東北において、遼水の流域、現今の遼寧省の地方を占有している。

統一強化政策

始皇帝はこの空前の大領土を支配するに、李斯の法家の学説を用い、あらゆる面に画一化の政策を強行した。中央で定めた法制は、現地の習慣を無視して、一様に妥協なく強制された。度量衡はすべて法定の制に統一し、馬車の幅をも一定にした。また戦国の間に各国で文字の書体が区々に変化発達したので、始皇帝は李斯らに命じて校訂せしめた蒼頡篇(そうきつへん)の書体に統一させた。これがいわゆる小篆(しょうてん)なるものであり、蒼頡とは黄帝の時の史官の名であると言う。恐らく古くから伝わった蒼頡体と称せられたものを、李斯らが改定したのであろう。秦篆は棒書きであって、線に膨らみがないが、漢代に入って筆が用いられるようになって隷書となり、更に毛筆の進歩によって現今のような楷書の形となった。

秦の法制は、後世に一般化した儒教の道徳とは甚だ異なった原理の上に立っていた。始皇帝が最後の巡幸で、会稽山(かいけいざん)に登って石を立て銘を刻した文の中に、夫が姦通をなした時はこれを殺しても罪にならない、母がその夫を棄てて他に逃嫁した時は、残された子は母との縁を切る、などと記されている。これは恐らく秦の本国における当時の習俗だったのであろう。そこでこの秦的な法律を天下通行の法律として一概に強制すると、至る所で摩擦が生ずることが避けられなかった。

秦は従前のいわゆる封建的な制度を廃止したが、されぱと言ってその跡に、近代的な平等の原則が出現したわけではなかった。封建に代る新しい爵の階級制度が人為的に構成されたのである。爵は低い方から数えて一級を公士と言い、これが古来のいわゆる士族の身分である。二級は上造、それから段々上って五級が大夫で、これから上が、古の周の制度と言われる大夫に相当する。更に上って十九級が関内侯、二十級が徹侯であり、周制の諸侯に相当するが、秦制では関内侯は単に名目的な位に過ぎず、徹侯に至って極めて狭小な封邑を与えられ、其の地の租税を食むことが許された。

階級制度

爵を有しない者、従来の庶民は黔首（けんしゅ）と名を改められた。黔首はどんなに金持であっても特別な社会上の優遇を受けられない。時にはかえって富豪であるがために災難を蒙ることもあった。天下統一の初めに天下の豪富十二万戸を都の咸陽に移したが、これは幹を強くし枝を弱くするの策であったと言う。同時にまたこれは農を尊び末業たる商を除く意味もあった。そんならば徹底的に資本家を抑制するかと言えば必ずしもそうでなく、巴蜀の寡婦清なる者は祖先以来の水銀鉱山を経営してその業を落さなかったので、始皇帝はこれを貞婦として表彰し、客礼を以て待遇したという。この巴蜀の地方は早くから秦の領土となり、その住民は特に朝廷から優待されていたらしい。

黔首の中で、普通よりも一段と身分の低い者、あるいは黔首よりも一等下って賤民として扱われる者があった。前者は新占領地に守備兵として長期にわたって派遣される際に先ず指定される人民で、その中には戸籍に疵（きず）のある者、すなわちかつて逃亡罪を犯した者、分家しないで女の家に入聟して本姓を改めた者、及び商人の籍に登録されている者などが数えられる。次に黔首の地位より更に下等なのは罪人が刑を免じて奴隷の待遇に落された者で、秦の刑罰は厳酷であったためにこの種の人が甚だ多かった。始皇帝が壮麗な宮殿、阿房宮（あぼうきゅう）を造営し、始皇帝が死んだ後、その山陵の工事に当てた罪人の数は七十万人にも及んだと言う。秦は封建的階級を廃した後に、皇帝制による新階級制度を立て、その間の尊卑貴賤の別を明らかにするのが立国の大方針であった。

法治主義

始皇帝の施政の中で最も虐政と称せられたのは焚書坑儒の挙である。もっともこの際に殺されたのはいわゆる方術の士であって、儒者ではなかったという解釈もある。始皇帝は長生の術を欲し、徐芾（じょふつ）らを遣わして東海の仙山に至って秘薬を求めさせようとしたことがあるが、これらの方士の中に始皇帝を詐いて多く費用を使わせ、しかも悪声を放って逃げ去ったので始皇帝が怒り、その罪を連坐せしめて四百六十人を殺したので、これを坑儒と言うのは適当でないと言うのである。

焚書のことはいわゆる坑儒とは別に、李斯の建議に従い、法家の学を天下に学ばせることとし、学ぶには官吏を以て師とし、民間人の私学を禁じたのである。歴史書は秦の史官が記したものに限って認め、政府の学官に蔵する書以外は、民間の詩、書、百家の語を記した書籍はことごとく政府に提出させてこれを焼却せしめた。ただ医薬、卜筮、農業に関する書は民間でも所有するを認めた。この禁書令が発せられたのは、実は諸生を殺した前年にあり、両者は内面的には連絡があるかも知れないが、表面に現われたのはそれぞれ独立した二つの史実であったのである。

始皇帝は偉大なる専制君主であった。私がこれを独裁と呼ばないのは、宋代以後の独裁君主制と区別するためである。私の考えによれば宋代以後は制度として、法的な独裁君主が出現した。もちろん開国の君主はその個人の才能によって、個性のある独裁を発揮したのであるが、そのやり方がそのまま制度となって子孫の代に踏襲された。この場合、独裁君主は制度上、最後的な決裁を与えるだけの機関になっており、すべての政策はそれぞれの下部機関によって膳立てされ、最後に宰相がこれを審査する。もし天子として二つ以上の決裁の方法があると宰相が考えれば、その案を併記して原案を作成し、君主に最終的な裁断を求めるのである。しかるに古代、及び中世にあってはまだそのような政治様式が制度として成立していない。君主は個人の力量によって専制を行うが、その死と共に全く新しい局面を生み出す。後嗣が暗弱なれば大臣がそれを助けるが、それは人的な信頼を頼みとするだけである。もしこの信頼が揺げば、とんでもない結果を招くことになる。

古代帝国の理想

始皇帝が創めた秦王朝は我々はこれを古代帝国として評価し、ペルシアのアーケメニード〔アケメネス〕王朝、西洋のローマ帝国、更にはインドのマウルヤ王朝と対比する。いずれもその地域において上古からの統一的傾向が結実して最高潮に達し、最大版図の出現を見た時だからである。そしてこれらを比較するとその間に、甚だ多くの共通点を見出すことができる。

古代帝国にまず共通する点は、その広大な領土を統治するに、封建領主を立てず、中央から官吏を派遣して地方長官に任命して支配せしめたことである。最初に古代帝国の範を立てたペルシアのダリオス〔ダレイオス〕大王が、サトラプ〔属州の長官〕を任命して地方長官としたのは有名な事実であるが、秦の郡守がこれに当り、他の世界でも類似の制を採用した。ペルシアのダリオス〔ダレイオス〕大王、マウルヤ朝のアソカ〔アショーカ〕大王はいずれもその領内を巡幸して、統一君主の威力を地方民に誇示する政策を取ったが、これは始皇帝の巡狩とよく似ている。巡幸には道路の整備が必要であるが、ダリオス〔ダレイオス〕大王も、ローマ皇帝も軍用道路の整頓に意を用いたこと、始皇帝の馳道の建設と軌を一にする。

君主が巡幸した地方に石を立て、銘を刻して、その功業を誇ったことは、ダリオス〔ダレイオス〕大王、アソカ〔アショーカ〕大王が既に先例を作ったことであり、始皇帝の刻石もあるいはこれを真似たことであるかと考えられなくもない。ただし刻石のことは始皇帝に始まるという説は正しくない。それは始皇帝が山東省の南海岸、琅邪台に巡幸して立てた刻石の文に、古の帝者がそれほど高徳でもないのになお金石にその行為を刻するので、それを見返すためにこの石を立てたのだと書いてあることによっても知られる。

始皇帝の死

大専制君主であった始皇帝が、急に死亡するとそれが政治上に深刻な衝撃を与えることは避けられない情勢であった。彼は専制者であっただけに一方では甚だ勤勉で、毎日決裁する竹簡の文書を十斤約六キログラムを単位とした秤で計量してノルマを定めたと言われたが、このようなことを代ってやれる人は外にない。しかも彼の死は折悪しく巡幸の途中で起り、丞相の李斯は宦官の趙高に掣せられ、共謀して始皇帝の遺書を改造し、太子扶蘇に死を賜わり、少子の胡亥を位に即けた。これが二世皇帝である(前二一〇年)。

最初から曲った方向で生れた二世皇帝の治世がそのまま正道に戻るはずがなかった。まず二世の即位に不満の意を示したその兄弟が次々に粛清され、最後に優柔不断な李斯が宦官趙高に陥れられて殺された。その政治が不評なのを知った二世は内乱が起るのを防ぐために外郡から新たに五万の軍隊を徴発して都に入れ、また旧太子の部下の叛乱を慮って、新軍を派遣して北辺の旧部隊と交替せしめた。

河南省南部の民、陳勝は徴発を受け、一部隊の新兵の長となって、長城の衛戍に向う途中、長雨に逢って行軍することが出来ず、到底期日までに到着することが出来ぬと悟った。そこで部下と計り、期に違うて死刑に処せられるよりは、謀叛を試みて死するに如かずと説き、長官を殺して叛乱を起した。秦の刑法は極めて厳酷であったが、それがかえって叛乱を誘発する原因となったのである。

戦国の間、社会には統一に向う機運が醸成される一方、また各国に同一文化、同一法制が長く行われたために、その間に自然に共通感情が生れ、愛国主義が発生した。秦に討平される時は、さして強く抵抗を行わなかった諸国であったが、さて秦の支配を受けてみると、地方長官には秦人が赴任し、言語が十分に通じないことも加わり、地方の伝統を考慮しない秦の法律によって行政、裁判が強行されることになり、地方官僚と人民との間に摩擦が生ずるのを免れなかった。ことに戦国時代においてかつて地方の指導者であり、特権階級であった有力者は、全く在来の既得権を認められず、中央から新しく赴任した秦の官吏が専横に振舞うことに、いたく反感をかき立てられていた。陳勝の挙兵はこれら地方の不平分子に対し、共に蹶起して兵を挙げさせる導火線となるに十分な役目を果した。

斉には田氏が起って斉王となり、魏にはもとの王族が擁立されて魏王となり、趙にも趙氏が立って王となった。これらは旧六国(りっこく)の復活を標榜するものであるが、別に劉邦が立って沛公(はいこう)と称したのは、陳勝と同じく、民間の新興勢力であった。

これらの諸勢力は互いに連絡して秦軍に当り、旧六国時代の情勢を復活して合従と称した。この合従の盟主となったのが、楚の項羽である。

項羽と劉邦

楚は春秋以来の強国で、その面積が広いので土地の開発が進むと共に、その潜勢力が増大してきた。項氏は戦国の楚に仕えて代々武将として顕われた家で、はじめ項梁が兵を挙げたが敗死し、その後を受けたのが、甥の項羽であった。

項羽は劉邦と道を分って秦に入ろうとし、項羽は北に出て同盟国の趙が秦に攻められているのを救い、鉅鹿(きょろく)において秦軍と邂逅(かいこう)した。項羽は必勝を期するため、全軍に令して三日の糧を携えさせ、黄河を渡り終ると船を沈めて決死の覚悟を示し、馳せて鉅鹿城外に至ると、他の同盟軍に援助を求めようともせず、孤軍奮闘し、九たび戦って大いに秦軍を破って鉅鹿城を救った。この奮戦の凄じさを見て怖れをなした同盟軍は出でて戦わんともせず、自己の陣地にこびりついて望見するのみであったが、戦勝の後、その将軍たちは、項羽の陣中に入って祝賀するに、みな膝行して進み、敢えて項羽を仰ぎ見る者がなかった。ここに項羽の覇権が自然に成立して合従の長となり、諸軍を率いて西に向った。

しかるにこの間に劉邦は南道を進み、行く行く秦の城邑を下し、武関より関中に入った。時に秦では宦官趙高が二世を弑し、代ってその甥の子嬰(しえい)を立て、皇帝の号を去って秦王と称せしめたが、秦王は趙高を召してこれを殺した。内訌によっていよいよ抵抗力を失った秦は沛公劉邦の軍が都に迫ると、戦わずして軍門に降った。王位に即いて四十六日目であった(前二〇六年)。しかるに項羽は遅れて咸陽に入り、秦王子嬰を殺し、壮麗なる阿房宮を焼き払い、東に返って彭城を都として西楚の覇王と称し、連合国の指導者たる資格で全国に号令した。

項羽は故国の楚王の後を立てて義帝とし、これを名目的の主権者としたが、実権は何も与えなかった。各地には六国の後裔と称する旧勢力と、秦の苛政に反抗すると称して起った新興の勢力とが入り乱れて割拠し、項羽はその間の利害を調整するに苦心したが、最も処置に窮した相手は沛公劉邦であった。それは項羽に先んじて秦の都咸陽に入って、秦王を降すという大功を立て、その部下に精兵が多かったからである。項羽はその能を嫉(ねた)んで、これを漢水の上流なる漢中の地を与えて漢王に封じたが、この国はまだ開発の進まぬ瘠地であったから、漢王が甚だ不満であったのは言うまでもない。たまたま項羽が義帝と不和となり、ほしいままに義帝を弑(しい)したので、漢王はこの機に乗じ、義帝のために項羽の罪を正すという名分を以て兵を起した。漢王はまず北に向って秦の故地を定め、秦が残した地の利と、人的物的の資源を利用して、項羽の楚軍と戦うこと連年に及んだ。これはあたかも戦国以来の秦楚の戦の再現であった。そして秦楚の争いにおいて秦が勝ったように、今度も漢王が最後に勝利を収めて項羽を破り、項羽の生地に近い揚子江畔の烏江に追いつめて敗死せしめた。

秦の始皇帝は古来暴虐なる君主を代表するかの如く言われて来たが、中華人民共和国の成立以来、孔子及び儒教を反社会的思想ときめつける一方、法家の学説を進歩的と評価し直し、始皇帝もまた開明君主として見直されるようになった。しかしながら記録の記すところがもし真実ならば、その政治は独善的、専制的であり、功を焦って過酷に流れた点のあることは否定すべくもない。その何よりの証拠は彼が七月に死んだ翌年の七月に早くも陳勝の旗揚げがあり、天下が混乱に陥った揚句、罪ない人民が続々と内戦の犠牲となって殪（たお）れたことである。将来を慮ることは困難には相違ないが、万能の専制君主が死後一年間の平和しか保証し得なかったのは、彼の政治が大きな失敗であったことの何よりの証明になる。ただし成功も失敗もすべてはその専制にあり、彼が六国平定の偉業を成し遂げた専制の中に、死後の大乱の原因が蔵せられていたのだと考えられなくもない。

五　前漢

秦から漢へ

秦の後を承けた漢となっても、すぐに完全な平和が戻ってきたわけではなかったが、しかしそれにしても社会は大体において安静を恢復した。前漢だけでも高祖劉邦から数えて、十四代目の孺子嬰が王莽に位を奪われるまで、二百余年の命脈を保ち、ともかくもその間に王朝を滅亡に捲きこむほどの大乱がなかったことだけは事実である。これは別の面から見ると、秦が天下を一統した時と、漢が天下を平定した時とでは、社会の状況に大きな変化があったことを予想せしめるものである。

従来の中国的な解釈は専ら儒教的な道徳論であって、その代表的なのは、漢の文帝の時の賈誼の過秦論である。彼の説によれば、秦は二世皇帝が即位した時は、始皇帝の積極政策による天下窮乏の後を受けているので、善政を施して人心を得るのに絶好の機会であった。凍える者は身を蔽えば満足し、飢える者は糟糠にも甘んずるから、その最小の欲望を満たしてやれぬはずはなかった。これがためには功臣の子孫を封じて国を立てさせ、法律を緩くして牢獄を空にし、厳酷な刑罰を猶予して、その郷里に送り返し、政府の倉庫を開いて貯蔵物資を放出して貧民に分与し、税役を少なくして人民を安堵させ、その上で教育を行って各自がその身を愛するようになれば、十分に天下太平を予期することが出来たはずである。しかるに二世の政治は事ごとにこれに背き、全然正反対の虐政を続けたから、ついに崩壊に至ったのも当然の帰結であった、というにある。

この論は確かに一理ある。始皇帝の政策はどこまでも強気の積極政策であったから、いつかはこれを改めて消極策に移らねばならぬ時が来るはずであったが、二世はその機を失したのである。しかしこのことは言いかえれば、秦の統一の初めには、まだ積極策を行えば行い得るほどの余裕が社会には残っていた。しかるに漢の初めには天下蕭条(しょうじょう)として疲弊しきっており、誰が天下を取ろうとも、もはや積極政策などは打出せない実情にあったのである。

春秋から戦国まで続いた戦争は、一方では社会人民に豊富な体験を与え、文化技術の面で発達を促した点もあったが、それ以上に民力を疲弊せしむる結果を招いた。先の賈誼は、戦国時代の秦と六国との戦争を形容して、伏屍百万、流血は櫓を漂わす、と言っているが、この秦の始皇帝の統一戦争が終ると間もなく、これに続いて漢楚の争覇戦が起ったから、更に一層この上に輪をかける惨状をもたらした。楚の項羽は鉅鹿の戦勝の後、秦の将軍章邯を降したがその部下の軍隊二十余万人の処置に困り、全部を鏖殺(おうさつ)した。この軍隊は秦の始皇帝の山陵を築くために使役していた刑徒、すなわち犯罪者を刑に処する代りに苦役に用いた七十万人の労役者を臨時に戦役に振りむけたものの中で、もともとその素質も悪かったのである。同じような惨劇は至る所で起ったのであろう。高祖の臣の婁(ろう)(劉)敬(けい)の言によれば、漢と楚とは、大戦七十、小戦四十、天下の民の肝脳地に塗(まみ)れ、父子が中野に骨を暴(さら)すもの、勝(あ)げて数うべからず、哭泣の声絶えず、傷夷する者起つあたわず、とある。されば辛うじて項羽を殪(たお)すことが出来たものの、民は産業を失い働く所がなく、その上に大饑饉が起り、米一石の価が五千銭に上り、人民が互いに食いあい、人口が半減するに至った。民間に貯蓄が無くなったのはもちろんであるが、天子さえもその車を牽かせるための四頭の馬に、白毛のものを揃えることができず、雑毛の馬で間にあわせた、大臣大将に至っては馬車どころでなく、牛に車を牽かせた、とは『漢書』「食貨志(しょっかし)」に記すところである。

一治一乱

しかしながら実のところを言えば、このような疲弊が戦後社会を立直らせる地盤となったのである。漢の政府が何よりも望むところは、時局の安定であり、民と共に休息することであった。そのためには法律を緩めて刑罰を省き、官庁の仕事は極力簡易化して官吏の数を減らし、人民の税役を軽減するより外なかった。だからもし秦の始皇帝のような積極政策を取ろうと思っても実際に出来なかったのである。そして国初にいったん消極政策が打出されると、中国のような伝統を重んずる国の常として、その後は何か余程特別の事情が発生しない限り、そのままの政策を持ち続けて動かさないのである。

戦争による人口の減少と、生産設備の破壊とは、経済上の大打撃であるには違いない。しかしこれも一度災禍が過ぎてしまえば、それから後の発展を容易にする。当時の人口はどれだけあったか分らないが、まだ開発の進んでいなかった時代においては、たとえ今日から見て問題にするに足りない少数の人口でも、それなりに飽和点に達してしまうと、余剰人口をどう処置するかという社会問題は不断に存在したのである。特に人民が城郭の中に住居し、耕地を城外に持つという社会形態では、城内の宅地はすぐ狭くなり、城外の耕地はあまり遠方まで開拓しては往復に時間がかかりすぎるから、耕地もまた狭隘を告げやすい。それに灌漑設備が整わぬ土地では、凶作がしばしば起る危険がある。

ところで大乱の後にもし人口が半減したとなると、城内の居住地にもゆとりが出る。耕地では最も水利に便で、肥沃な土地をまず耕すから、天候による減収の心配が少ない。過去の傷痍さえ忘れれば、働き甲斐のある、暮しよい世の中になったのである。言いかえれば戦乱が、戦乱を惹起した原因を消滅したことになる。

これは甚だ残酷なことである。だが事実は中国において、その後もずっとこのような悲劇が繰返されてきたのである。そしてこれは歴史の中から十分に学ぶべき教訓である。当時は統計的な見方がまだ起らず、人口と資源、生産との関係を数量的に考えることもなく、周期的に起る大乱を不可避とし、機械的な一治一乱という運命論で片付けていた。

過ぎ去ってしまったことは仕方ない。問題は今後、有限の資源、生産をどのように活用し、惨禍を伴わないで人口と衣食住との間の需給関係を調節し得るかにあるであろう。

漢の高祖の天下統治の理想は、何よりも社会を安定せしむるにあった。そこでまず行ったのは、封建と郡県とを併せ用いるという、甚だ姑息な政策であった。ここに言う封建とは、別に周代を復活するというような理想ではない。漢は楚と天下を争うに当って、部下の大将を扱うのに、臣下としてよりもむしろ同盟者としての待遇をもってした。戦争の最中に韓信を斉王と称せしめたのはその現われである。そこで天下統一の後に、諸将が現に有する実力をそのまま承認して、それに相応する領土を与えて王とするのが、最も現実的な解決政策であったのである。

その外にもまた現実に封建を必要とする事情があった。秦が郡県制を天下に施行して失敗したのは、遠隔の地の人民も郡県制の下では公平に平等な税役に服さねばならず、たとえば長城警備の役には遠方の人をも一様に出動させなければならなかった。ところでもしその地を封建君主の領土とすれば、人民はその封建領主に対して義務を尽せばそれでよく、中央政府の支配から離れることができた。当時はまだ統一帝国を統治する経験がなく、法律は画一的に実施することしか知らず、従って郡県でなければ封建、封建でなければ郡県と、二者択一式の考えしかできなかった。そこで遠隔地の人民に対しては、王を封建してやることが、休息を与える唯一の方法だったのである。

次に中央政府が大なる抵抗なしに、諸王の力を弱めようと思えば、それにはまず諸王の封地を移す手段があった。漢が最も警戒したのは斉王韓信であり、優れたる軍略家であって、自力を以て斉地を定め、半ば高祖を強迫して斉王に封ぜられたのであった。漢は韓信の故郷が楚であるのを理由として、項羽が滅びた後、これを楚王に移した。そしてまだ楚国の基礎の固まらぬうち、建国満一年でその国を取りつぶした。続いて梁王彭越、淮南王黥布(げいふ)などの大国、続いてその他の小国を片端から没収してしまった。しかも多くの場合は欺し打ちであった。

親族封建制

しかし漢の政策は封建制そのものを解消することではなかった。異姓の諸侯はおおむね民間から風雲に乗じて蹶起(けっき)した武略のある将軍であったので、それが将来禍根を残しはせぬかと恐れたためであった。そこで功臣の大名を取りつぶすとその跡へ、高祖の一族を封じて王とした。その最も大なるものは、弟の楚王、子の斉王、兄の子の呉王などであり、合せて九王あり、劉氏にあらざるものは王たらしめざれと遺言を残した程である。ただ例外として長沙王があり、これは呉氏であるが、その地は辺境にあった上、最も領土が小さかったので目こぼしにあずかったものと思われる。

これらの諸王は名目的には、その封建された土地人民を私有して、独自の支配を行いうるはずであったが、事実として彼らは単に漢の一族として登用され、凡庸の君が多かったので政治は中央に頼らなければならず、そこがまた中央の狙いであって、有能な官僚を傅(ふ)、あるいは相(しょう)という名で送りこみ、王の顧問となって指導しながら監督させたのである。

こういう点を見ると漢の同姓封建制には、常に中央の目が届いており、郡県とあまり変らない性質のものであることが分る。しかし諸侯の国へ目付役として派遣される傅、相の地位は甚だ困難なものがあった。彼らは中央から派遣されたと言っても、その国では王の臣下に外ならなかった。中央と諸侯の間の板挟みとなって、不運な死を遂げた人は数知れずある。文人として有名な賈誼(かぎ)は梁王の傅に任ぜられたが、その王が落馬して死んだので、傅たる任務を果せなかったのを歎き、常に哭泣して一年あまりを過ごし、三十二歳の若さで死んでしまった。

対匈奴策

漢初の消極主義はその対外政策の上にも現われている。当時最大の強敵は新たに北方に起った匈奴の遊牧帝国であった。匈奴はモンゴル系の民族と思われるが、秦の時、将軍蒙恬の北伐を受けて打撃を与えられた。ついで漢の初めに冒頓が現われて単于の位につき、ゴビ周辺を征服して大領土を建設した。これはモンゴリア地方における最初の大帝国であり、やはり騎馬戦術がこの地に導入された結果として起った現象である。

匈奴は一地に定住せず、その天幕を携えて獣群と共に、水草を求めて移動する。児童の時から馬背に跨り、馬乳を飲んで生長する。その財産は獣群であるが、もし衣食をすべて牧畜の産物そのままで賄うとすれば、甚だ不健康でもあり、また不経済でもある。しかしもしその養育した牛馬を農耕民の穀物と交換すれば、双方ともに有利であるが、ただしその際言語習慣の相違から、ともすれば紛争を生じやすい。戦争となれば機動力に長じた匈奴部隊は、定着性の強い中国軍隊にとって与し易からざる強敵であった。

高祖が封建した諸王の中に、戦国韓の王室の裔で、韓王に封ぜられた信というものがあり、名将の韓信とは同名異人の韓信である。漢の初めに韓から山西省北部の代に国替えを命ぜられたが、ここは匈奴との接触点にあたり、まともにその攻撃を受けやすい土地であった。代王は中央に救援を求めたが、中央の援護が十分でなかったので、匈奴に降った。今度は匈奴が代王を伴って南下し、内地の奥深く晋陽、すなわち現今の陽曲のあたりまで侵入してきたから、中央政府はもう放っておくわけに行かない。高祖自ら大軍を率いて防戦にでかけた。原来高祖という人は戦争が下手で、名将韓信から、十万人以上の軍隊を指揮するのは荷が重すぎると評されたのだが、この時は三十余万人を引連れて出征した。最初は形勢がよく、敗敵を追いたてて北へ進んだが、実はこれは匈奴方の計略であって、高祖が平城、すなわち今の大同まで来た時、匈奴勢のために十重二十重に取り囲まれた。相手は漢に優越する四十万の大軍であったと言う。高祖は小城の中で包囲され、七日間味方と連絡することが出来ず、屈辱的な和約を結んで引揚げた。漢からは莫大な黄金と絹帛(けんぱく)を贈り、一族の女子を高祖の長女と称して単于に妻(めあわ)せた。更に毎年多大の金帛を贈らねばならなかったが、しかしこれで平和を購えたのであるから、実際に戦争する軍費に比べればずっと安くついたのであった。

高祖の人物

高祖は項羽から漢王に封ぜられて後、五年目に皇帝の位に即き、即位して八年目に淮南王黥布の叛を平らげ、矢傷を負うたのが因(もと)になって死んだ。彼は江蘇省の北端に当る沛に生れ、中流の農民の子であった。この付近が当時においては華北と華中との境界に当る地であった。由来独裁者は文化の境界線から現われるものであって、それは相異なる両種の文明、風気によって鍛錬され、頭脳が複雑に働くので、乱世に処して難局を切抜けるに最も適しているからである。これは高祖ひとりのことではなく、共に事を挙げた蕭何、陳平、曹参など何れも同じような性質をもって高祖を助けたのであった。万夫不当の勇をもって聞えた樊噲の如きも、単なる蛮勇一途の武骨者でなく、進退の節をわきまえた分別者であった。漢の天下はこれらの知恵者が力を併せて造り上げた合作である。されば張良のような功臣も他所者であって、そのグループに溶けこむ自信がないままに、天下一統の後には自ら身を引いて、小さな領主の地位に甘んじて自衛を計ったのであった。

だから高祖は臨終に、呂皇后から、現在の大臣蕭何がもし死んだならば後任は誰がよいかと聞かれ、曹参がよいと答え、更にその次を聞かれて、王陵と陳平を併せ用いよと答えた。いずれも高祖の郷里付近の出身者である。もし張良が朝廷に仕えていたならば、身の置き場がなくなる所であった。最後に陳平の後任を尋ねられると高祖は、それ以上はもう知ったことではないと答えたが、これは同郷人も人材の種が尽きたことを言ったものである。

その後、前漢が倒れた時に漢を中興した後漢の光武帝は南陽から起ったが、これは河南省の南端に近く、やはり華北中原文化の果つるところ、次に後漢に代った魏の曹操は譙を故郷とし、一族の援助によること多かったが、譙は安徽省の北端、河南省境にあり、沛（はい）と極めて相近い土地である。

高祖の死後千五百余年を経て、再び民間の匹夫（ひっぷ）から起って天子の位に即いたのは明の太祖である。彼は淮水流域の鳳陽の人であるが、この頃になると華北文化の南限は淮水の線まで下ってきていたのであった。

独裁者が地域の境目に生れやすいという傾向は世界に共通する現象であるらしい。ヒットラーが生れたのはドイツとオーストリーの境界近くであり、スターリンが生れたグルジアはキリスト文明とイスラム文明との境界に当っていた。日本では織田信長、豊臣秀吉、徳川家康の三人が揃って尾張、三河から現われたがこの辺は銀使いの西日本と、金使いの東日本の境目付近であった。維新の際の西郷や山県を生んだ薩摩、長門は日本の辺境であって、琉球や対馬を通して、海外と密貿易を行って接触を保っていた。乱世に生れて覇を争うには画一的な教育によって頭の動きを固定されず、物事を相対的に考え、平衡感覚を働かせて現実に即した行動をすることが最も必要なのであった。

恵帝と呂后

高祖は在位の十二年目に死んで、廟号（びょうごう）〔天子の霊を宗廟に祀るさいの尊称〕を太祖、諡（おくりな）〔死後の称号〕を高皇帝と贈られた。だから高祖という呼び方はおかしいのであるが、司馬遷（しばせん）

が恐らく当時の呼称に従って『史記』に「高祖本紀」を立ててから、そのまま固定してしまった。後に班固が『漢書』を著わした時、本紀の名は正しく高帝紀と名付けながら、文中ではやはり高祖と称せざるを得なかった。高祖が死ぬと、代って子の恵帝が即位した。恵帝というのはもちろん死後の諡号(しごう)であるが、これは暗愚な天子に対する諡(おくりな)であるらしい。後世にも西晋の恵帝という愚帝が出て国を滅ぼしてしまった。漢の恵帝の方はそこまでには至らなかったが、実母の呂太后が権力を握って専横に振舞い、あやうく漢の天下を呂氏一族の手に奪われかけた。だから司馬遷の『史記』は「高祖本紀」にすぐ続けて「呂后本紀」を立て、恵帝は全くその存在を無視されている。

　高祖の死後、呂后が権力を握った事情は、源頼朝に対する北条政子の関係とよく似ている。高祖起事の初め、妻呂氏のほうが格の高い豪族であったので、その力を借りることが多く、性格の上でも動(やや)もすれば呂氏に掣肘(せいちゅう)を受ける傾向があった。幸いに呂氏には時政に当るような父がおらず、凡庸な一族しかなかったので、呂后一人の悪業で事が済んだのである。寡婦となった呂太后は、高祖の寵を受けた戚(せき)夫人を召し、手足を切断し、目をくりぬき、曝(さら)し者にして殺したが、恵帝はこれを見て衝撃を受け、日夜酒を飲み、淫楽して政務を視なかったと言う。在位は七年、年二十四で死んだ。恵帝の子が立てられて天子となり、呂太后は公に摂政となって政治を視、在位四年でこれを殺してその弟を立て、この間に呂氏の一族を大臣、大将に取立てて自己の地位を固めた。幸いに朝廷にはまだ高祖の同郷グループの大臣、陳平、周勃（しゅうぼつ）らがあり、実は呂氏とも同じグループであったので、呂太后の生存中は自重していたのであったが、太后が病死したのを機会に、近衛軍を語らってクーデターを起し、呂氏一族を誅滅し、恵帝の弟、文帝を迎えて位に即かせた。

文帝の政治

文帝の治世二十三年は最も太平無事の世と称せられた。宮中の生活も極めて質素で、宮中に小亭を建てさせようとしたが、大工の見積りによると百万銭で、これは中流十家の財産に当ると言って中止した。しかしその晩年になると、既に国初から四十年程もたっているので、戦禍の記憶もようやく遠ざかり、生産の機能も次第に恢復されてきたが、一方にはこれに伴って各種の弊害が目立つようになった。その悲観的な材料は当時の文人賈誼（かぎ）の『新書』に見えている。後世は太平至治の世と称せられる文帝の政治も、彼によれば、事勢の痛惜すべきもの一、流涕（りゅうてい）すべきもの二、長大息すべきもの六あり、その他の理に倍（そむ）き道を傷つくるものに至ってはあまねく数えあげることができぬ、と言っている。

その中でも賈誼が指摘する最も大なる憂患は、封建諸王の勢力が余りにも強大で、ややもすれば中央から離叛する傾向のあることであった。諸王は封建された初めにおいては、これまで苦楽を共にした一族であったが、世代が下るにつれて本家と疎遠になるのは自然であり、しかも広大な領土人民を私有しているので、奢侈暴虐に流れる者が出やすい傾向にある。まだ社会には儒教的な教育が成立しておらず、天子の家が原来無教養な出身であったから家法というものがなく、子弟の教育は野放しの状態であったせいもある。あたかも賈誼の頃に淮南王の長が叛を謀って自殺した事件が起ったが、賈誼はなおこの外にも同様な異変が起り得る情勢にあることを憂慮したのであった。果して次代の景帝の時に、呉楚七国の大乱が勃発した。

次に賈誼が注意を喚起したのは匈奴の侵寇であった。彼によれば匈奴の実勢力は漢の一大県に及ばず、騎馬の武士六万人として、五人から一人を徴発するのであれば全人口三十万に過ぎぬ。然るに常に積極的に侵略を行うのは匈奴側であって、漢はこれを防禦して奔命に疲れるのは、対策が当を得ないからであるとし、彼我の長所短所を比較分析し、最後的に漢はその財力を以て勝つべきことを論じている。この匈奴の問題は景帝の次の武帝の時に至って一応の解決を見た。

ところが賈誼がその弊を指摘して以来、景帝、武帝はおろか、後世永久に解決できない問題は貧富の懸隔、奢侈の増長の現実であった。賈誼の頃は国初以来既に三、四十年を経て生産力も恢復したが、自由放任の政治の下で、最もその恩恵を蒙ったのは、富人大賈であって、彼らはその壁に天子の服となすべき錦繡を張り、その妻妾に皇后の服となすべき羅紈を着せたと言う。この奢侈は社会上の蓄積を浪費して、いったん凶作に遇えばたちまち人民を飢餓に陥れ、盗賊の発生する原因になるから、制度を定めて禁止し、人民に勧めて農業に励み、商工末作に走らざるよう指導すべきだと唱える。賈誼は三十二歳で死し、その才能を十分に伸ばすことができなかったので、司馬遷はその志を憫み、『史記』の中では戦国の楚の屈原と同じ巻に列べて伝を立てた。賈誼自身、屈原に同情し、彼が身を沈めた湘水に臨んで、その死を弔うの賦を書し、水に投じて祭ったほどであった。

呉楚七国の乱

文帝の後に立った景帝の時、賈誼が憂慮したように、封建諸王の叛乱が勃発した。その主謀者は呉王濞であって、諸王のうち最も年長者であった。その国は海に瀕して魚塩の利があり、また銅山を開発して富強となり、専恣の行いがあったので、朝廷はこれを抑えようとし、鼂錯の議を用いて呉を始め諸王の領土を削ることを定めた。そこで呉王は楚王ら六国を語らい、鼂錯が一族を離叛せしめるの罪を鳴らして兵を挙げたのである。景帝は驚いて不覚にも、鼂錯を斬って七国を宥めようとしたが、かえって呉王らはいよいよ勢い付き、洛陽の近くまで攻めこんできた。まさに鼂錯が言ったように、諸王は驕横となっており、削るもまた叛し、削らざるもまた叛す、という言葉が当っていたのである。景帝は父文帝の遺言を思い、周勃の子、周亜夫を大将として東方諸侯を征伐せしめた。亜夫は間道を馳せて洛陽に入り、武庫の兵器を出して武装を整え、陣地によって敵軍を阻止する一方、騎兵を発して後方を脅かして糧道を断たしめた。呉楚の軍は対陣して日を経るうちに糧食が尽き、全軍が瓦解して敗走した。こうして呉王が数十年にわたって準備した叛乱の計画は完全な失敗に終った。この内乱は漢にとって、雨降って地固まるの利益を与え、中央に反抗しそうな大諸侯はこれを機会にほとんど消滅し、代って数多くの小諸侯が建てられたが、領地が細分化されると、もはや本家に弓を引くほどの力を持たなくなった。普通に諸侯の勢力が衰えたのは、武帝の時に主父偃の策に従い、推恩の令なるものを行い、諸侯の領土をその子孫に分割相続せしむるようになってからの事とされるが、実は推恩のことは景帝の時に既に行われたのであって、そのことは『史記』の「諸侯年表第五」に見えている通りである。しかるに『史記』は主父偃の伝において、彼が武帝に献策して推恩の令を実施せしめたように記したのは前後相矛盾している。公平に見れば列伝の方は根拠が曖昧であって、年表が実事に即して記述した正確さには及ばない。しかるに後人は王安石の有名な万言書に主父偃伝の説を引くのを読み慣れているために、列伝の言う所を採って、年表の説を省みないのである。ことによれば主父偃は武帝に説いたのでなくて、景帝に対して献策したのが用いられたのではないかとも考えられる。とまれ大諸侯制御の問題は景帝時代に解決を見たことは事実である。またそうでなければせっかく七国の叛乱を平定しながら、当時の情勢を有効に活用できなかったことになり、景帝時代の政治家にとって、誠に面目ない次第と言わねばならなくなる。

武帝の統一完成

景帝はその十六年の治世を終え、子の武帝が嗣いで立ち、五十四年という空前の在位年数を算えたが、漢の国勢もこのころにその絶頂に達した。武帝の任務は彼自身が果して自覚していたか否かは別として、歴史的に出現した古代帝国の統一という事業を、完成する大使命を果すことであった。高祖による武力的統一、景帝による諸王の鎮圧を経て、敵対勢力の妨害は除かれたが、しかしそれが史上最初の試作とも称せらるべきものであったため、この古代帝国には内容の面でまだ完全な統一体と言えぬ弱点が残っていた。それが武帝に至ってようやく細部に至るまで彫琢を加え、他の世界に比べても退けをとらぬ古代帝国に仕上げたのである。

武帝が実施した統一策の第一は思想の統一である。漢初は戦国時代の諸子百家の学が並行した後を受け、朝廷の官僚もおのおの趣好を異にし、儒学や老荘、あるいは法家の学などが渾然として行われた。武帝は学問よりも文学を好み、即位の初め、文学の士を選ぶために策問を行った。これは天子の質問に対して文章をもって答えさせるもので、対策者百余人の中、董仲舒の文章が最も武帝の意に叶った。董仲舒の言うところは儒教によって政治を指導すべしとの説であったが、普通にこれによって漢朝廷の儒教採用が定ったように考えられるが、実際はそうでなく、彼の言はまだ政府の方針を定めるほどの力はなかったのである。後に公孫弘の建議によって博士弟子の員をおいて英才教育を施したと言っても、その目的は実際に役立つ文学の士の養成にあって、儒学的教育の振興のためではなかった。結局朝廷に儒教系統の大臣官僚が次第に多くなったために、自然に儒教が官学の地位を獲得したというのが真相であったようである。

そんなら儒教がどうして他の学派を圧倒して勝利を得たかと言えば、やはり学問そのものが優勢になり得る性質があったと言えそうである。儒教の何よりの強味は、それが歴史学を踏まえていることである。老荘は無為自然を尊び、人為を排斥するから歴史学がない。墨子の学は『書経』があるだけで『春秋』がない。言わば古代史があって中世史以下がない。戦国縦横家(じゅうおうか)の学は近世史だけあって古代史がない。しかるに儒学は古くは夏殷周三代の盛時があり、下って春秋がそれを受け、春秋の終りは孔子の時代であり、それ以下は孟子、荀子らの学者がうけて現代史に至っている。こういう一貫した歴史体系を持っているのは儒教だけである。言いかえれば儒教だけが、中国とは何であり、何であるべきかを教えることができたのであった。

結局武帝は文学を好んだのは事実であるが、特に儒学を国教とするような意志はなかったようである。しかし通観すると、武帝の長い治世の間に儒教が学問の正統であるという大勢が定まり、これはむしろ時勢の力であって、天子個人の意向を超えて行われた。とすれば武帝が六経(りくけい)を表彰したと言っても別に間違いではないであろう。そして以後他の学派はおおむね逼塞して儒教による思想界の統一が実現したのである。

年号制

武帝自身の発意による統一政策には、年号の制定がある。従来の紀年法は君主が先代を継承すると、その翌年を元年として数え始めた。戦国時代は七国がそれぞれの君主の即位年数を用いたのはもちろんであるが、漢代に入っても封建君主はその領内で、その君の即位年で年を記したのである。中央では文帝の時、在位がやや長くなったので、十七年目にまた元年として数え直した。これを後元年として区別するのは後世の加筆である。次の景帝は八年目が中元年、更に七年目が後元年と、二回の改元を行った。こういう方法は記録を整理する時に紛らわしくて甚だ不便である。特に皇帝には死んでから諡号を贈られるまでは名がなく、後世でこそ景帝の中二年と言えるが、その当時においては、ただ皇帝二年とだけしか言えない。更に地方の封建君主の即位年があるからいよいよ混雑しやすい。武帝の世になっては、六年を一区切りとし、七年目になると元年に戻したが、改元が何回か繰返されると、前後の区別がつかなくなった。そこで五回目の改元の際に、その元年に元封元年という年号を制定して数え始めた。更に前へ戻って、最初から建元、元光、元朔、元狩、元鼎と、六年ずつひとまとめにして年号を追命した。これは当時においては大へん進んだ便利な制度で、中央で定めた年号は国内至る所に通用し、またこれによって何年たった後でも、すぐあの年だということが分る。更に国内のみならず、中国の主権を認める異民族の国にも年号を用いさせれば、それだけ年代を共通にする範囲が広くなるわけである。中国にはキリスト教紀元のようにある起点を定めて元年とし、永久に数えて行く考えは遂に発生しなかった。

年号を創始した武帝は更に進んで暦を制定して、太初暦と名付けた。太初はその時の年号である。これは今日の分類で言えば太陰太陽暦であり、月の運行を本とした太陰暦と、太陽の運行に基づいた太陽暦を合体したものである。一年の長さを三百六十五日と四分の一とし、これを春分、秋分、夏至、冬至を含む二十四気節に分けた部分は太陽暦であり、月を大三十日、小二十九日の二種に分ち、おおむね交互に配置して月の盈虧(えいき)〔満ち欠け〕に合致させる点は太陰暦法であるが、一方二十四気節と調和を保たせるため、もし半月以上のずれが生じそうな時には閏(うるう)月を挿入して調節するのである。この暦を毎年造りかえるのが皇帝の特権となり、皇帝の下した暦を用いるのが、皇帝の主権を認めて臣下となった証拠となり、これを正朔(せいさく)を奉ずる、と言うようになった。

対匈奴戦

武帝の世になって対外政策においても、従来の方針を改めて大転換を行い、攻勢的な積極政策に転じた。漢にとって正面の対立勢力は北方の匈奴(きょうど)であるが、高祖の失敗以来、腫物にさわるような態度で、ひたすら戦争を回避する政策に終始した。十八歳で即位した年少気鋭の武帝は祖先の退嬰策を踏襲するのを恥じ、一戦を決意したが、これにはどうやら経済官僚からの突上げもあったようである。国初以来だいたい平和が続き、朝廷も節約に心掛けた結果、武帝のころには朝廷の財政に余裕が生じ、倉庫には古米が溢れ、銅銭が積重なって錆付くという有様であった。このように財物が死蔵されると、それが世上を不景気に陥れる結果を招くものである。そこで戦争を起すと消費が活潑になり、流通界から匿れて姿を消していた貨幣や物資が世上に出て、経済界が活況に沸き、それがまた生産を刺戟し、雇傭を盛んにして、失業者を救済することにもなる。後世の経済官僚の中にもやはりこれと同じことを考えて、戦争を惹き起した者があったようである。

しかし匈奴との戦争は武帝が最初に考えていたほど甘いものでなく、匈奴の側でも必死の反撃に出て、戦争は長年継続した。ただ漢は背後に広大な生産手段と資源とを控えているので、長期戦となると漢側に情勢が有利に展開した。漢は匈奴からの降兵を利用して先鋒とし、内地にも大いに馬を養い、騎兵を訓練して大部隊を組織して遠征軍を派遣すると匈奴側はゲリラ戦で抵抗するより外なかった。

武帝は匈奴遠征軍の将軍に、青年を選抜して当らせた。戦争には兵卒ばかりでなく、指揮官もまた年の若いことが有利とされる。古今の戦史において大戦闘に当った指揮官の年齢を見ると、勝った将軍の方が年の若いのが原則だそうである。ところで若い将軍を任命しても士卒が心服しなければ効果を収められない。そこで武帝は自己のごく親しい側近の中から人才を選んで、天子の私人という権威によって大将に任じたのである。すなわち衛青は衛皇后の同母弟であり、霍去病(かくきょへい)は衛皇后の姉の子であり、李広利(りこうり)は武帝の寵を受けた李夫人の兄であった。この三人はいずれも身分の賤しい出身であるが、それだけ天子に近付くことができ、大将に任ぜられるとそれぞれ委任に背かない軍功を立てた。かえって貴族的で古風な名将、李広などが失敗を重ねている。このような武帝の人材登用は後世の品のよい独裁天子の時代ならば、かえって朝廷に多分の物議を招いて到底実現できなかったであろうが、古代的な我がままを押通せる専制君主であればこそ出来たのである。この三大将の選任につき、清の趙翼はその『廿二史箚記』の中において、武帝の三大将はみな女寵によることを指摘し、非難がましい口調を用い、しかも彼らが大功を立てたのは、理の解すべからざるものだと不思議がっているのも面白い。

対外積極策

武帝はこれらの将軍を駆使して匈奴に大打撃を与え、これをゴビ砂漠以遠に追い払ったが、これと同時に南方、東方、西方にも兵を動かした。先に秦末の内乱に際し、広東におかれた南海郡の尉であった趙佗(ちょうた)が、桂林、象の二郡を併せ、独立して南越王と称した。しかし漢は高祖以来、努めて事なかれ主義をとり、時に使者を派遣して朝貢(ちょうこう)を促すだけであった。武帝は匈奴を討って勝利を収めた後、南越を征して、趙佗の玄孫、建徳を捕え、その国を滅ぼし、その地に九郡を置いたが、その南端の日南郡は現今越南(ヴェトナム)の順化付近に当ると言う。

武帝はまた東の方、朝鮮に侵入した。朝鮮の地には古くから殷の箕子の後と称する箕氏の朝鮮国があったが、漢の初め頃に燕国から亡命した衛満なる者が、箕氏に代って王となった。その孫の衛右渠は漢の武帝の時に当り、国境で紛争が起ったので、武帝は海陸から朝鮮を攻めてこれを滅ぼし、その地に四郡を置いた。そのうち最も長く後世まで続いたのは、現今の平壌に郡治をおく楽浪郡であり、中国の政治、文化の一大前進基地となった。その東方海中に倭国があることが中国に知られたのも、この楽浪郡を通してであった。

張騫の遠征

西方に対しても武帝は大がかりな遠征を行う破目になった。匈奴との対戦中に武帝は、匈奴の怨敵である月氏国がイリ地方に拠ってなお匈奴に抵抗していると聞き、張騫を遣わして攻守同盟を結ぼうと計った。しかるに張騫がその地に至った頃には、月氏は再び匈奴の追撃を受け、西南方に逃れて、ギリシア人の建てたバクトリア王国を滅ぼし、その領土であったアム河沿岸一帯から西北インドにかけての地域を征服して、ここに大月氏王国を建てていた。天山北路のイリ地方から、アム河畔までは甚だ遠く隔っているように思えるが、実はこのルートは、何度か北方民族がインドに向って南下する道筋になっているのである。そこで張騫は多大の困難を冒して大月氏の国都に到着し、匈奴を挟撃することを提議したが、大月氏は既に新領土に安堵していたので、漢の誘いに応じなかった。新大月氏国の中心は現在のサマルカンド付近であって、気候は温暖であり、物産が豊かな上に東西洋交通の本道からインドに赴く路線の分岐点にあたり、四方の産物が輻湊(ふくそう)する要衝であったのである。そこで張騫は当初の目的を達することは出来なかったが、大月氏国に逗留中に、付近の西アジアの国々、シル河畔にあった大宛(たいえん)国、ペルシアとその周辺を領有した安息(あんそく)国などの事情を調査し、十三年の後に帰国して武帝に報告した。

武帝はこの新知識に基づき、大月氏に代ってイリ地方を占領した烏孫(うそん)民族と同盟して匈奴に当ろうとし、両国の関係は以後長期にわたって継続した。

一方武帝は西アジア地方には中国とは別種の文明があり、珍奇な物産が多いことを知り、隊商を派遣して交易を開いた。その中間にはタクラマカンの大砂漠があり、その西にはアジアを東西に分ける葱嶺(そうれい)、すなわちパミール高原の峻険があって、旅行にも甚だ困難を伴う上に、北方からはしばしば遊牧民族の劫掠(きょうりゃく)を受けるおそれがある。そこで武帝は万里の長城の西端を北へ押しあげ、その南側に酒泉、武威の二郡を設け、内地から大砂漠への出口、敦煌に至るまでの通路を保護させた。敦煌には玉門関(ぎょくもんかん)があり、それから先は大砂漠の沿辺にイラン系民族の住む都市国家が点在するので、これらの国家を漢の朝貢国として隊商の往来を保護させた。更に西のかた、葱嶺を越えると、そこに大宛国があり、現在のフェルガーナの地方である。

西方貿易

武帝は大宛国に汗血馬(かんけつば)なる名馬があるを聞き、隊商を送って馬を求めしめたところ、大宛は使者を殺して金を奪い、馬の輸出を許さなかった。武帝は李広利に命じ、将として大宛を征伐させたが、その軍は大宛城下に至ること再度、二度目にようやく大宛を降して三千余匹の馬を得て帰った。これは今日アラブ種として知られる、実はイラン高原を原産地とする肺活量の大にして、競争馬に向く品種であったらしい。司馬遷の『史記』「大宛伝」はこの戦争の経緯を記すが、その大宛以外の付近の国々についての記載は張騫の報告に基づくものであろう。

東西アジア間の通商は別にこの時に始まったわけではない。ことに北方遊牧民族は移動性があると共に、交換に興味を持つ民族であって、恐らく太古からリレー式の物々交換は実行されていたに違いない。古代ペルシア王朝が成立してから後は、その隊商が中国付近まで到達したであろうことは十分に推察すべき理由がある。しかし国家間において、特に国家の力によって隊商貿易が推進されたのは、武帝の時をもって最初とする。

大規模な東西貿易が開始されると、それが社会、経済の上に大きな影響を及ぼすようになるのを免れ難い。中国が西アジアから求めたものは宝石、珊瑚、ガラス、香料などであり、加工品、工芸品が多かった。これに対し中国から輸出するには黄金と絹を主とした。絹は中国の特産であり、黄金の価値は東方の中国において低く、西へ行くほど高かったからである。当時の文化の水準を比較すると、何と言っても西高東低の傾向にあった。多くの場合、先進国と後進国とが貿易する時には、先進国にとって出超、後進国にとって入超となるのが普通である。そこで漢の場合、中国に豊富であった黄金は、年々西アジアに向って流出する傾向にあった。これが長年月の間に中国の貨幣量の減少という由々しき結果を招くのである。

財政政策

漢政府の国庫もまた連年の外征によって支出が急激に増加し、さしも豊富を誇った蓄積も底をついた上、やがて窮乏を告げるようになった。一方戦争は資本家に一攫千金の好機会を与え、ことに製鉄業者は武器の製造によって巨利を博した。そこで武帝は財政の急を救う一方、不届きな大商工業者を抑えるという名目で、当時の代表的な商品である塩と鉄とを政府の専売とした。ところがいざこれを実施するにはどうしてもそれぞれの専門知識が必要なので、政府の塩鉄専売係の官吏には、もとの民間の塩屋、製鉄業者を任命せざるを得なかった。原来官営の商売というものは能率の上らないものであるが、そこから利益をあげようというのであるから、民間には雑り物のある塩、役に立たぬ鉄器を買わされるという苦情が喧しくなった。そこで武帝が死んだ後、昭帝が位に即くと、地方から推挙された官吏候補者、いわゆる賢良文学の士が、朝廷の大臣である桑弘羊らに対して塩鉄の専売をやめることを求め、激しい議論を闘わせた経緯が、桓寛の『塩鉄論』の中に記載されており、今日から見て当時の実情を知るに貴重な資料となっている。

塩鉄の専売の利益だけではなお財政困難を救うことのできなかった武帝は、商品の通過税の意味で舟車に税をかけ、酒をも専売品の中に加え、更に諸侯に献金させ、その黄金がもし品質が悪ければその領土を没収するなど、あらゆる手段を尽して財政収入の増加を計った。外に注意すべきは、均輸法を行って物価の変動を防ごうとし、また初めて銀を貨幣として使用しようと試みたのであった。これら新政策はおおむね失敗に帰したと記されるが、後世、宋の王安石は均輸法を再興しようと計ったことがあり、銀を貨幣に用いることはその後次第に流行し、明代に至って事実上の本位貨幣と認められるに至った。

『史記』「貨殖伝」の世界

漢は武帝の世においてその極盛に達したと言える。いな単に漢の極盛ばかりでなく、古代史的発展の頂点に到達したのである。漢は秦に代って統一を成就したが、それは始皇帝の統一に勝る大統一であった。そしてこの大統一を可能ならしめたのは、遥遠なる古代から一進一退はありながらも、概して順調に継続発展してきた経済上の好景気であり、その裏には絶えず進行してきた貨幣の蓄積があった。武帝は青銅をもって五銖銭を鋳造させたが、これによって従来一定していなかった銅銭の形状を統一し、この形が長く後世の標準の形となった。青銅銭と並んで黄金が称量貨幣として用いられ、黄金一斤(約六〇〇グラム)が銅銭一万個に相当した。黄金は中国産の外に四方の異民族の国から不断に流入していた。

この武帝時代の経済的繁栄の状況は司馬遷の『史記』の「貨殖伝」、及び班固の『漢書』「食貨志」が記すところの世界である。そこには年収二十万銭を獲て封建諸侯とその楽しみを同じくする富商大賈が描かれると共に、そのような有力者の家に所有されている八百人、千人に及ぶ奴隷の存在が記されている。これは経済界の発展が一方で大成金を輩出させると共に、一方では自由民の没落するものが無数にあったことを物語るものである。

しかしこのような繁栄も、どことなく翳り(かげ)が忍びよってくるのをいかんともなしがたかった。好景気はそういつまでも継続するものでなく、やがて大きな反動の来そうなことを、当時の人はその鋭敏な感覚で探知して対策を立てていた。司馬遷はこれを、末をもって之を致し、本をもって之を守る、と言っている。投機的な商業によって財産を造ったなら、それを農業に投資して保全するという意味である。物は盛んになれば必ず衰えるというのが中国人の人生哲学であって、武帝時代の経済的繁栄の裏に早くも中世的な停滞の到来を予感した言葉である。

昭　帝

漢初天子と朝廷の大臣とは同郷人の信頼関係で結ばれており、後世のような忠義といった道徳で規制された君臣関係ではなかった。従ってこの信頼に甘えすぎると、呂氏一族の専横のような危険な事態が発生する。時代が下ると同郷人の結合は次第に薄れるが、君臣の間が個人的信頼によって結合されている点には変りがなかった。武帝はその長い治世を終るに当って自ら死期を予知し、子の昭帝に位を伝えることを決心すると、その母の趙氏が罪もないのに死を賜わった。信頼関係に甘えて呂氏事件の二の舞いに陥るのを予防したのである。そして大臣の中から、最も信頼できる二人として霍光と金日磾とを選んで後事を託した。霍光は大将軍霍去病の弟で、去病は衛青と共に皇后衛氏の近親に当り、個人的信頼の成立しやすい条件にある。金日磾は匈奴王の子で、素朴民族出身だけに正直で頼りになる人柄であった。

昭帝在位の十三年間は前代の外征による疲弊の後を受け、国初の精神に立返り、努めて安静無事を旨とし民力の休養を計った。昭帝が死して子がなかったので兄の子、昌邑王の賀を迎えて天子としたが、年少で狩猟を好み、奇矯の行いが多かったので、霍光はこれでは天子たるの器量がないと見限り、在位二月で廃位した。この悲劇は青年の天子が朝廷の大臣と親しむことを知らず、以前からの遊戯仲間の近習との信頼を断ちがたく、そのまま朝廷へ連れこもうとした所から起ったのであった。

宣　帝

霍光らは次に武帝の曽孫に当る宣帝を民間から迎えて位につけた。宣帝は不遇の中に苦労して育てられた人だけに辛抱強い所があり、努めて朝廷の大臣とも親しもうとしたが、朝廷の中に根を張った大臣グループの貴族的雰囲気に溶けこむことが出来なかった。

同じ感情は大臣らの方でも抱かざるを得なかった。この距離を縮めるために大臣側から非常手段がとられ、霍光の妻が皇后許氏を毒殺し、代りに自己の女(むすめ)を皇后に立てることを敢えてした。

しかし宣帝は隠忍して大勢に従い、霍光が死ぬとその兄、その子らを重く用い、一族が栄耀を極めるを許した。一方宣帝は自ら政事を行い、勤勉に事務を処理し、独自の判断で人事の進退を行った。これが霍氏一族から見ると既得権の侵害と思われるので、みな心に不平を抱いた。時に霍氏一族が謀叛を企てていると告訴するものあり、宣帝は霍氏一族をことごとく死に処し、霍皇后も連座して廃せられた。

宣帝は地方政治に意を用い、地方官となって成績を挙げた者を抜擢して、中央の大臣に登用した。これは一面、自然に朝廷に成立した門閥勢力を一掃し、個人の才能を重くみる能率本位の人事に切換えようと計ったのである。しかしこれは宣帝のような専制君主で、専制を行うだけの能力があって始めて可能なことであった。宣帝が在位二十五年で死んだ後に凡庸な君主が続いて立つと、再び個人的な信頼重視の大臣登用に戻り、そういう際に最も信頼を得やすい外戚(がいせき)が専横に振舞い、やがて信頼を乱用して簒奪(さんだつ)にまで到るのである。

宣帝は自ら王道と覇道とを併せ用いるのが漢朝の伝統であると公言したが、いわゆる覇道とは法家主義の謂である。法家の説では君主たるものは君主権を自ら掌握して他人に貸さず、大臣に対しても警戒を怠るべきでないことを教える。しかるに王道、即ち儒家の学説は大臣を選任した以上はこれを信頼し、政治を任せきるべきだと唱える。これは一方から言えば甚だ自主性のない態度とも言える。

元帝・成帝

宣帝の太子は許皇后の子であり、宣帝は民間にあった折に、許氏一族の庇護を受けることが多かったために、心ならずもこの太子を立てたのであった。と言うのは太子が柔弱であって、大臣や側近との信頼関係に引きこまれると自主性を失ってしまいそうに見えたからである。果して太子が立つと、これが元帝であるが、宮中の宦官と朝廷の大臣との間に確執が起っても、それを裁定することができず、ただ成行きに任せておく。そのうちに宦官方の陰謀が功を奏して、硬骨の大臣、蕭望之(しょうぼうし)を殺し、宦官石顕が勢力を振うようになった。宦官は漢代初期には政治に干与することがなかったが、武帝が専制権力を振うに当り、宮中の宴遊を盛んにするようになってから、次第に勢力を得、更に宣帝が大臣を抑えるために、宦官を重用するに及んで、隠然たる勢力を蓄えるようになったのである。

元帝は在位十六年で死し、子成帝が嗣ぐと朝廷の勢力関係が、がらりと変った。幼い時には好学で知られた太子が、二十歳で即位するころには淫乱を好み、酒呑みになっていて、政務には少しも興味がなく、母王太后の兄、王鳳に政治を委任した。王鳳は宦官の勢力家石顕を罷免して殺したまではよかったが、ここに朝廷における信頼関係の安定が破れ、王氏一族が大臣に加うるに外戚という利点に乗じて権力を握り、弱体な天子を指導するという情勢が成立した。

王鳳が死んで弟王譚、王譚が死ぬと弟王商、王商が死ぬと弟王根という風に、王太后の兄弟が相嗣いで大臣となり、王根が病気で引退すると、今度はその甥の王莽が大臣となって実権を握った。王莽はその父が早く死んだために王氏一族の間で継子扱いにされたので、発奮して学問に励み、模範青年として称誉されていた。朝廷にはようやく王氏一族の専横を非難する声が高くなったので、王太后は王莽に望みを嘱して王根の後に登用したのであった。

王莽の登場

成帝が死んで子がなかったので、甥の哀帝が迎えられて帝位に即き、在位六年で死んでまた子がなく、その従弟の平帝が十歳で迎立された。王太后は既に老年で幼帝の後見を行うことができず、自然に王莽が大臣として天子に代って政治の衝に当ることになった。

この王莽がやがて簒奪を行い、漢王朝を中絶して新たなる王朝を始めて失敗するのであるが、この王莽なるものの人物については、今日からも理解できない点が多い。王莽に関する史料はすべて後漢時代に書かれたもののみであるから、王莽をもって最大の偽善者、極悪の裏切者のように記すのは当然でもあるが、しかし彼の行動、彼の政治の中には、単純に悪人として見ては割切れぬものがある。そこで近ごろは王莽をもって時勢に先行した理想家として美化しようとする説も出るが、これまた十分に説得力があるとは思えない。そこでもし第三の方法があるとすれば、それは何よりも当時の時勢を検討し、王莽をその背景に据えた上で総体的に観察することではなかろうか。

まず王莽は王氏一族の力によって大臣の位に上ったには相違ないが、しかし彼は若い時には王氏一族から冷遇されたので、その志を得た後も王氏の傀儡となって一族の繁栄に尽力するような気にはならなかった。彼は王氏一族の従来の行為を醜と見なして反抗するだけの正義感を持っていたようである。

経学グループ

既に王莽がその一族から分離して、独自の途を歩もうとすれば、別に然るべき協力者を捜さなければならぬ。幸いにして彼が若い時、ほとんど仕進の志を断念して学問に励んだ時の同学のグループがそこにあった。それは新たに社会的に活動し出した経学グループであり、その中心人物が劉向、劉歆の父子である。このグループは先に武帝の世に用いられた文学の士とは少しく性質を異にする。文学の士はその文学の才の故に用いられたのであって、彼らの経術はほとんど実際に役立てる場がなかった。しかるに劉向らの経学は、経学をそのままの理想で実行しようとするものである。ただし経学の根拠たる経書は何分にも古典であるから、その形のままで応用し難いのは誰しも認めねばならぬ所である。そこで経典を現代的に解釈し、更に進んでは経典に基づいた予言の学、すなわち讖緯の説を加えて、儒教を再生させようと言うのが劉向らの新学の立場である。

しかしながらいずれの世においても、学問で得た理想を現実の世界に実行しようとするには多大の困難を伴わないはずはなかった。そこで是非強力なパトロンを見出して結託する外はないのであるが、その役にぴたりの人物が王莽であった。併しこの王莽は若し王氏一族を代表して従来のやり方をそのまま踏襲することを目的としたにしても、確実な政権掌握には相当の困難を予想しなければならなかった。朝廷にはまだ王氏に反対する勢力が根強く残っており、王莽の施策の隙を狙っているのである。だから、その上に目新しい政策を行おうとするには一層の危険が伴うのである。このような情勢にもかかわらず、敢然として古代儒教の理想を実行しようというのであるから、王莽の行動には初めから異常な性質が内在していたのであった。

王莽の執権

王莽は外戚たる地位を利用して権力に近付いたのであるから、まず同じような地位にある他の外戚と戦わねばならなかった。その第一は先代哀帝の母丁氏、祖母傅氏の一族であり、王莽はこれらに対し、哀帝時代に専横に振舞った罪を責めて、みな都から追い出して本籍地へ帰らせた。次は平帝の母衛氏とその一族とに対し、前の丁氏、傅氏の轍を踏まぬようにと、おためごかしの理由をつけ、みな本籍地に足留めにし、都に上ることを禁じた。この頃から王莽は昔の周公が成王を輔けた故事を真似、自ら周公をもって任じたのであるが、それは単なる芝居でなく、本当にその役になりきって自己陶酔に陥ったように見える。王莽の子の王宇は父のこのような行為に反対し、師の呉章と計り、神怪の事をもって父を嚇して衛氏を都へ呼び寄せようと計った。この呉章は書経の博士であったから、周公の事に関しては王莽よりもよく知っていたわけである。王莽は怒って自身の子王宇、その師の呉章ばかりか、衛氏一族までも責任を取らせて、みな殺してしまった。更に自己の外戚の地位を一層固めるために、十二歳の平帝に、同じ年の自己の女を妻せて皇后とした。しかし平帝は実母衛氏との面会さえも妨害している王莽に恨みを抱いているのを感知した王莽は、十四歳になった平帝を毒殺してしまった。その平帝の容態が危うくなると王莽は、周公の故事を真似て、自身が平帝に代って死にたいという願文を書き、金縢の箱に納めて殿中に蔵した。平帝が死ぬとその後嗣を近親の中から捜し求めたが、同時に王莽が摂皇帝と称して天下の政務を視ることに、王太后から認可を受けた。翌年を居摂元年と号し、平帝の甥分に当る孺子嬰、二歳になるものを帝位に即け、十四歳の寡婦皇后王氏が後見人を委託された。

こうして全権を掌握した王莽であったが、彼の前途はそれまでにも増して困難なものであった。と言うのは、当時の社会は武帝時代を頂点として、既に繁栄の頂点が過ぎ去ったあと、次第に経済上には不況が忍び寄っていたからである。これに対して政府には王朝の末期的症状が起り、綱紀の弛廃、官僚の堕落が加速度に進行しつつあった。そして不景気を一層深刻にしたのは、社会上の貧富の懸隔が年ごとに甚だしくなり、貨幣が豪富の手に集中死蔵されて市上に流通する量が減少することであった。これらの好ましからざる現象が互いに因となり果となって悪循環を繰返すので、最下層の貧民は塗炭の苦しみに陥っていた。政府はその救済を試みたこともあったがいつも失敗し、この上は何らかの奇蹟でも起らぬ限りは打開の途がなさそうに見えた。王莽は丁度そんな時に政権の座についたのである。彼は教えられた儒教の立場から、この社会の歪みを正すには古代聖王の政治を復活するより外にないという、信念にも似た理想を抱いていた。

平帝の元始二年(紀元二年)に中国で最初の戸口調査が行われたが、この統計によれば戸数一二二三万三〇六二、人口五九五九万四九七八とあり、漢代における戸口では最高の数と言われる。奴婢はこの中には含まれなかったであろうが、それはたいした数ではなかったと考えられる。しかし全般的に見て恐らく当時の開発状態においては、人口の飽和点に達したと思われ、水災旱魃などで飢饉のたびごとに多数の餓死者を出した。これには生産人口が少なくて遊食の徒が多かったせいもある。政府はたびたび有力者の土地兼幷(けんぺい)による遊休地の増加を抑えようとして、土地所有に制限を設けようとしたがいつも失敗し、貧民は常にその耕地を失う危険に曝され、飢饉の際には身を売って奴婢となるのでなければ餓死するか、盗賊になり下るより外はなかった。

王莽は最初に最も抵抗の少ない貨幣政策の転換で難局を切抜けようとした。まず黄金の私有を禁じてこれを政府に醵出(きょしゅつ)させ、その代価として当五十、当五百、当五千の新銅貨を鋳造して与え、旧五銖銭と平行して使用させた。いずれの世でも大銭というものは名目よりも実質が少ないのが常であるため、民間から排斥を受ける。この際も明らかに失敗であった。すると王莽はこれは自分が摂皇帝、すなわち仮の皇帝であるから人民が信用せぬのだと思いこんだらしい。その上に地方に王莽打倒の兵を起す者が現われたりしたので、真の革命を行うためにはやむをえぬと考え、四歳の皇帝孺子嬰に代って、自分が真皇帝の位に即いた。孺子嬰が元服したなら、位に復するという約束であったが、翌年たちまち誓を破ってこれを臣下に落し、自分の子を皇太子に立てた。

新王朝

王莽は国号を改めて新（しん）と号し、革新の手始めとして大いに大臣官僚の名称を改め、四輔、三公、四将などを任じた。次にまたもや貨幣を一新し、五銖銭などをすべて廃止し、新たに大小二銭を鋳て通用させた。一方、土地公有の原則に基づき、天下の田を王田と名付け、私に売買することを禁じ、耕作能力以上を所有するものはその余剰をまず親戚、次に地方共同体に分与させた。奴婢は従来牛馬と同じように市を立てて売買したものであったが、今後はこれを私属と名付け、その売買を禁止した。これらの新令はどこまで実施されたかの目安もたたぬ間に、次々と別の新政が後を追いかけて発布された。

その中で注意すべきは五均の法で、これは物価安定策である。まず司市の官を置いて春夏秋冬の仲月に商品の標準価を定める。もし民間で売れない物資があれば均官が標準価で買上げる。物資の価格が騰貴すればそれを標準価で売渡す。民間同士ではすべての商品を標準価でのみ売買させる。人民が急に金銭が必要な時は月利三パーセントで貸す、というのがその骨子である。その他にも民間の酒の醸造を禁止して官営とし、三たび貨幣制度を改めて貨布と貨泉の二種の銅銭を鋳て通用させたりした。

王莽のこれらの新政はその趣旨においては甚だ進歩的で理にかなった所があるが、さてこれを実行するためにどれだけの準備が出来ていたかという段になると、全く寒心に堪えぬものがあった。初めから実務にうとい官僚では到底運営できぬと見えたので、富商大賈を用いてその職に当らせたところ、彼らは帳簿面だけを繕って裏面で姦利をむさぼって已まなかった。文書の操作ではごまかしきれぬ政策、土地や奴婢の売買禁止のような価値あるものほど、その実行には反対が多く、数年にもならぬうちに撤回せざるを得なかった。彼の新政のほとんどすべてが歴史上に何らの痕跡をも残さずに消滅して行った中に、新鋳の銅銭、貨泉だけは広く東アジアに分布して、今日も各地の遺蹟から発見されることが多く、短期間に限り鋳造された理由によって、その遺蹟の年代推測の便を与えている。しかもその貨泉が広く流通した理由は、彼が改めようとした漢の五銖銭と同じ質量であったためであるとは、大きな皮肉ではあるまいか。

王莽の失敗

王莽の空想的新政策は国内を混乱に陥れたのみでなく、四方異民族との間にも摩擦を生じた。彼は宣帝の時以来、漢に服属していた匈奴単于に対し、その印の璽字を改め章字に造りかえて与えたので〔印字を、「匈奴単于璽」から「新匈奴単于章」に改めた〕、匈奴は怒って兵を挙げて入寇した。王莽も敗けてはおらず、匈奴単于を改め降奴服于と名付け三十万の大軍を起して北征したが、これがために天下騒動し、叛乱が四方に起った。中にも湖北省の荊州に起った緑林、平林の兵が最も盛んであった。平林軍中にあった漢の後裔劉玄は諸将に推されて皇帝の位に即き、武関を破って都の長安に入り、王莽は乱兵の下に殺された。

王莽が死んだあと、政府の金庫を検べてみると、まだ黄金が六十余万斤あった。この事はよく当時の社会相を物語る。それは経済上の不景気に直面して、上は朝廷から下は個人まで、金銭を手に入れたらば滅多に使用せずに、そのまま死蔵するのが習わしになっていたことである。そして金銭なるものは適当な時に使用せず、ひとたび使いそびれてしまうと永久に使う時期が来ず、そうなった上は、使っても効果がないものなのだ。

こういう金銭の使い惜しみの風は、次に来る中世時代になると、一層普遍化するから、王莽は言わば中世に模範を示したようなものである。この一事ばかりではない。王莽は中世に対して幾多の先例を示した。彼が外戚、大臣の地位を利用して行った帝位の簒奪は、中世時代に一般的に行われた王朝交替の様式となって、ただそれが禅譲という名に変ったにすぎない。また王莽が始めた儒教主義による政治は、次の後漢時代に入ると王朝の基本方針として受け継がれた。儒教が公に国教として定められたのは王莽に始まると言ってもよい。

六　後漢

光武帝の即位

王莽の末に諸方に群雄が割拠したが、その中に漢の一族の劉氏と名乗る者が多い。最初に勢いを得たのは更始将軍劉玄であり、まず長安に入って王莽を滅ぼし皇帝と称した。しかるに山東省から起った赤眉軍は劉盆子を擁して長安を攻め、更始を殺して皇帝に立てた。この間に更始の下に属していた劉秀は河北に入って、邯鄲で自立した劉子輿と天下分け目の戦争をしていた。劉秀の方では劉子輿が成帝の子だなどと称しているのは偽物で、実は卜者の王郎なるものに違いないと言い、これに対し先方でも劉秀が漢の景帝の後〔子孫〕だと称するのは偽者だと言い合ったらしい。実は歴史家にとってはどちらでもいいことなのであるが、漢の後と称することが当時において非常に有利な条件になったという事実は見逃せない。別に漢王朝の恩沢が深く人民の間に浸み透っていたというわけでなくても、その方が通りがよかったのであろう。それだけ一方から言えば、王莽の政治は評判が悪かったということにもなるのである。

劉秀が競争相手の劉子輿、すなわち卜者王郎を倒すと、中原一帯が彼の手に落ちて覇業の基礎が定まった。そこで自立して漢皇帝と名乗り(二五年)、西征して赤眉に擁せられた劉盆子を降し、ついで四方の独立政権を平定して天下を統一した。これが後漢の光武帝であり、河南省の洛陽を都としたので、また東漢とも称せられる。

前漢と後漢

後漢一代はその名が示すように、前漢の歴史を繰返した点が多い。専制王朝は武力によって国を建てるので、国初に武力盛んな時はその威力によってすべての方面に好都合に事が運ぶ。しかるに世代が重なるにつれ、王朝自身が腐敗衰退する上に、社会にも歪みが生じて困難な問題が続出するに至る。その重圧に堪えないで社会が混乱に陥ると共に王朝も滅亡する。そのパターンを創り出したのが前漢であり、それを踏襲した最初の例が後漢であった。

後漢の第一代光武帝が天下を統一した初めは、あたかも前漢の高祖の時代と同じ。王莽の乱のために戸口が減半したと言われる程、社会は疲弊のどん底にあったので、専ら民と共に休養する政策をとり、在位三十三年、北方の匈奴に対しても戦争を避け、〔後の〕新疆の地、いわゆる西域を放棄して省みなかった。

次代明帝、三代章帝、四代和帝の時になると民力も恢復し、財政も豊かになったので対外的にも積極政策に乗り出した。前漢ならば正に武帝、宣帝の時代に当る。当時匈奴は南北二国に分裂し、南匈奴は漢に帰服したので漢はこれを利用して北匈奴を攻め、同時に西域地方の都市国家を威服し、前漢の先例に沿って、ここに都護を置いて監視し、西アジア地方との貿易を保護させた。西域都護として最も功績のあったのは班超であり、西域にあること三十年、その間に西域五十余国を漢に朝貢せしめた。また甘英を遣わして大秦国と称せられたローマに使せしめたが、甘英は安息(パルチア)の西界なる条支国、シリアに至り、西海、すなわち地中海に臨んで、前途の航海の多難なるを知ってそこから引返した。この甘英が到達した西海を、日本では白鳥庫吉(しらとりくらきち)博士、藤田豊八(とよはち)博士の頃から、ペルシア湾に比定するのはどう考えてもおかしい。大秦国、すなわちローマへ行こうと言う時に、地中海へ出ないでペルシア湾に臨んで帰るという法はない。この比定の誤りは、途中にある斯賓(しひん)、斯羅(しら)という名の国の扱いに由来する。両博士ともにこれをクテシフォン、セレウキア(バビロン付近)に比定され、しかも音韻上この比定を動かすべからざる鉄案と信じて疑われなかった。この先入観がある限り、なるほどクテシフォン、セレウキアの先方の海はペルシア湾とならざるを得ないのである。しかし一歩退いて、斯賓、斯羅に別の比定はできぬかと考えると、実はもっと適当な地名があった。それはユーフラテス河の上流で、北方にソフェーネ、南方にオスロエーネという国があったのである。斯賓と斯羅はまさにこの二国に相違ない。そしてここまで来れば、その前方に横たわる西海は地中海であり、条支国はシリアに外ならぬのである。白鳥、藤田両博士の新説の出る前は、例えば那珂通世博士の説の如き、正しく条支をもってシリアに比定して誤らないのであった。地名の考証はあまり細部に拘泥すると、大局を見誤るおそれがあるものである。

先に前漢の武帝が遣わした張騫(ちょうけん)は、サマルカンド付近までしか行かなかったが、後漢の班超の頃になると東西の交通はそれよりもずっと容易になっていたことがこれによっても分る。班超は和帝の時代に帰国したが、その後は都護に人を得ず、西域諸国が離叛したので、漢も都護を置くことを断念した。

北匈奴は後漢と南匈奴の連合軍に攻められてしばしば敗北し、更に東方から起った鮮(せん)卑(び)族のために侵寇され、その住民の多くは鮮卑に降り、北単于直轄の部族は遠く西方に遁走した。この後約二百五十年程を経て、ローマ帝国の末期にヨーロッパに侵入して民族大移動の原動力となったフン族は、北匈奴の後裔に外ならぬと認められる。

前漢では武帝以来、儒学を尊崇したと言っても、それは臣下が儒教を学ぶことを認めたという程度であって、天子自ら孔子の信徒となったことはない。しかるに後漢では明帝の時、辟雍(へきよう)と称する天子学問所を建て、みずから儒教の礼を行った。これは天子が儒教に帰依したことを示すもので、天子の宗教は即ち人民の宗教に外ならぬから、これ以後、儒教は中国の国教になったと言えるのである。

後漢の衰頽

後漢は和帝の後、五代殤(しょう)帝が立ち、ここまでは系図が一本筋で、父から子へと伝えたのであるが、殤帝が在位一年未満で若死すると、子がなかったので従弟の安帝が迎えられて天子となった。この頃から後漢王朝に衰頽の兆が現われてくる。それは何よりも系図の乱れが示している事実で、天子の宮中生活が奢侈に流れると共にその身が不健康となり、若死しては傍系から後嗣を迎えるが、それもまた身心ともに弱体であったという例を繰返すのである。これは前漢ならばごく末期、十一代の成帝のころになって起ったことであったが、後漢では早くもその中期、四代和帝の次から始まっている。それだけ後漢は王朝としても生活力が尫弱であったと言える。そういう際に必然的に起るのは、外戚の専権でなければ、宦官の陰謀である。和帝は十歳で位に即いたので、竇太后が後見となり、それにつれて后の兄、竇憲とその一族が朝廷の要職を独占して横暴の振舞が多かった。天子はこれに快からず、宦官の鄭衆と計って竇憲を殺したが、今度は宦官の勢力が伸張し、宮中を我物として政府と対立する情勢となった。

和帝が在位十七年で死し、皇后鄧氏は生れて百余日の皇子を位につけたのが殤帝であり、それが間もなく死んだので、その従弟の安帝を迎立し、自身が皇太后として後見役となり、これと共にその一族が勢力を得た。

安帝が在位十九年で死んだ時、その皇后閻氏は先代の例に倣い、後見人として勢力を振うことを考え、その兄、閻顕と計り、安帝に皇子があるのを差し置いて、その従弟に当る幼少の少帝を迎えて天子とし、自ら皇太后となった。しかるに少帝は在位七月で死んだので、これに乗じて宦官孫程らが蹶起し、かつて安帝の皇太子であった順帝を擁立し、閻顕とその一族を殺した。この際の功によって宦官十九人が、侯に封ぜられ、宦官の勢力がいよいよ伸張した。

順帝は十一歳で即位したが、成長して梁氏を皇后に立てると、その父梁商、その子梁冀が相継いで大将軍となり朝政を専らにした。梁氏一族の横暴は、前漢ならば王氏の専権に相当するのであるが、ただしその結末は異なっていた。順帝が在位十九年で死し、梁皇后は二歳の冲帝を立てたが三ヵ月で死んだので、その従弟分に当る質帝を迎え、皇太后となって後見役をつとめた。質帝は年八歳で即位したが、子供心にも大将軍梁冀(りょうき)の専横を憎み、跋扈(ばっこ)将軍と口走ったので、これを聞いた梁冀は内心に恐れを抱き、毒饅頭を進めてこれを殺した。在位一年半に過ぎなかった。

その後へ立てられたのは、叔父分に当る桓帝であり、年十五であった。和帝以来八帝が立ったが、寿命は三十歳に達したものがただ二人、在位は二十年を越えたものがない。年十歳未満で死んだ者三人、その在位はいずれも一年そこそこであった。これでは天子自身が政治を親政することはおろか、発言権さえ失ってしまうのは当然である。そのあとに桓帝が立ったので即位の年は十五歳、そして在位は二十一年に及んだが、年齢在位の点では難がないと、今度は才能が凡庸であり、いったん皇室が手放してしまった政権を恢復するというような重任に堪えるものではなかった。

桓帝は梁太后の妹を皇后としたが、在位の十三年目に皇后が死んだ機会に、宦官の単超らが近衛兵を動かして梁冀とその一族を誅殺した。ところがそのあとが大変なので、この功によっていよいよ勢力を増大した宦官は、もはや何者も動かし難い強固な地盤を形成し、ほとんど永久政権を獲得したかの観を呈した。中国史上、宦官の横暴は後に唐、明二代が甚だしいと称せられるが、後漢がその先蹤を示したものである。

党　錮

明帝以来、儒教をもって国教として取扱い、地方の優秀なる学徒を明経、または孝廉の名によって選抜して中央政府に登用した効果は、ようやくこの頃になって現われてきた。都の太学には学生数千人があって朝廷の政治、人事を議し、地方にも学徒が名士を中心として団結してこれに相応じた。彼らの非難の鋒先は必然的に宦官及びその党派の官僚に向って放たれる。桓帝は宦官に使嗾され、諸生が朝政を誹謗するとの理由で、その二百余人を検挙し、これを党人と名付けてその仕官を禁じた。これを党錮と言うが、中国では学問に志すのは将来官吏に登用されて学問の理想を実現するにあるので、これを禁錮、すなわち任官権剥奪の処分にするのは、現今で言えば大学から追放するに当る。その禁錮の理由が結党にあったことは、中国では官僚は絶対に中立で、天子に直結さるべきもので、官僚同士が横に党派を造るのはそれだけで処罰に値する罪悪と見なされたからである。ただこの時は皇后の父竇武、及び大臣の陳蕃の運動によって、間もなく禁錮は中止された。陳蕃は順帝の時に孝廉に挙げられた者で、この頃は太尉の官に任ぜられ、諸生の全国的なグループの領袖となっていた。

桓帝が死ぬと、竇皇后は甥分に当る十二歳の霊帝を擁立し、皇太后として朝政を見、竇武と陳蕃とが大臣となってこれを輔けた。両大臣は宦官がいよいよ勢力を増して政治に干渉するのを見て、これを抑えようと謀ったところ、宦官らは機先を制してクーデターを起し、両大臣を殺し、その党と名付け連座させて死する者百人、禁錮される者六、七百人に及んだ。これが第二回の党錮である。

このような非常手段を用いて、朝廷が評判を落さぬはずはない。そこで朝廷は人気挽回策として都に太学を新築して学生を集め、学者たちに命じて五経の正文を校定し、古文、篆、隷の三体で書したものを石に刻してその門前に立てた。いわゆる熹平の石刻なるものであって今はその断片しか残っていないが、現存する五経の最も古い本文である。併しこんなことで当時の知識人が不満を解消したとは思われない。

知識人に対する禁錮はまた地方人才を中央に登用する門戸を閉鎖することを意味した。それではいよいよ地方が中央から離叛する結果を招くおそれがあるので、政府は最も容易に官位を獲得させる方法として、大いに売官の途を開いた。中央の大臣、司徒の位でも五百万銭を出せば買えた。これが同時に政府の財政困難の解消に役立てようとの意図であることは言うまでもない。なるほどこれで中央と地方の連繋はある程度保たれるようになったかも知れぬが、それは地方の金持階級、しかもそれは学問には縁のない、品質の悪い金持と、それから中央の宦官、ないしは宦官の党派との間の連繫でしかなかった。

郷制の崩壊

しかしながら中央と地方との連繫が円滑に行かなくなった最大の理由は、後漢に入って地方における自治制が崩壊に向ったという事実にあるであろう。前漢時代までは古代の都市国家の遺制が強く残っており、人民の集落は必ずその周囲に牆壁を廻らしており、その内に住む住民は強い一体感に支えられて共同体意識を持っていた。この集落はその大小によって郷、亭とよばれ、その内部はいくつかの里に分れ、里もまた周囲を牆壁で囲む。里はおおむね百戸を普通とするので、辺境の人口少ない所では時に一里が一亭を成すこともあるが、多くは一亭に数個の里を含む。さて十個に近い亭が集まった時にこれを郷と名付けるが、またその中心の最大の亭をも郷とよぶ。この亭を特に都亭と称する。都亭と呼んで亭の名を消さぬ理由は、土地はすべて亭に属し、人はすべて里に属するという原則があったからである。土地の位置を示すには必ず何郷何亭の何処と称し、亭を省くことができぬのであった。同様に人は何郷何里の某とよび、里を省いてはならぬのである。次に数個の郷が集まると県となり、県令以下の官吏が中央から任命されるが、この県治のおかれる郷は都郷と称し、また県とも称せられる。県の上には郡があり、郡は中央に直属し、中央から郡太守以下の官が任命される。

さて郷・亭とよばれる牆壁をもった集落は、古代の邑（ゆう）、即ち都市国家の後身なので、住民は自治独立の意識が旺盛である。言いかえれば徴税や裁判などについては、なるべく中央の干渉を好まず、住民自身の手で自治的に行いたいのである。そこで住民の中から推挙して、郷には教化を掌るための三老、租税徴収係の嗇夫（しょくふ）、保安官の遊徼（ゆうきょう）が置かれ、亭には亭長があった。民間の刑事、民事の小事件は県の手数を煩わさず、これらのいわゆる郷官の責任で処置されるところに漢代の地方制度の特色があり、後世から最も理想的な美風と賞讃されている。ところがこの郷制が次第に時勢に取残されて有名無実化してくるのである。

まず政治から言えば、専制君主を戴いた中央政府の政治権力が、好ましくない夾雑物を伴いながら地方へ浸透してくるのである。政府の大官、時には宦官などが地方に土地を求めて資本を投下すると、地方人の中にはこれと結託して地方における自己の地位向上を計る者があり、一般地方人との間に摩擦を生ずる。そして実際に紛争が起れば、中央政権がそこへ介入して、中央の利益を守り、地方自治を破壊する結果を招くに至る。

豪族と荘園

次に地方の側から見ると、経済の発展、貨幣経済の浸透は、地方人民の間に貧富の懸隔、生活程度の格差を生む。従来は豪族と言ってもそれは単なる大家族のことで、量的な差に過ぎなかったものが、社会の進化に伴ってそれが質的なものになり、豪族の生活は凡人の及ばぬ奢侈に満ちたものになった。こうなってくると、昔のように一郷、一亭の人が共同体意識で結合されにくくなるのである。

更に別の要素は荘園の発達である。貨幣経済が頂点に達して、今度は翳りが見え始めると、利に敏い富人は資本を土地に投下して保全を計ろうとした。原来人民の耕地は牆壁を廻らした亭の外側にほぼ円形に拡がっているものであるが、その郊外には原野が横たわっていることが多い。富人などは既墾の耕地を買い漁るだけで満足せず、未墾の原野を開拓して、ここを自己の別荘とした。これを別業とも言うが、業とは産業、すなわち田産の意味であり、西洋における Villa, Manor とその趣を同じくする。単に別館があるばかりでなく、周囲に山林、原野、池沼、耕地が付属して、多種多様の産物があり、それだけで自給自足できる囲いこみ地である。その労働力には貧民を招き、半ば奴隷的に使役するのであった。

この風は前漢から始まり、晋の葛洪の『西京雑記』に袁広漢の記事がある。彼は長安に近い茂陵の富人で財産数億に上るが洛陽へ来て、北邙山下に荘園を築いた。東西四里、南北五里(一里=約四五〇メートル)、その中に山を造り水を引き奇樹を植え異鳥を飼ったとある。そこに使用した僮僕八、九百人の衣食を他で購入して与えたとは思えぬから、自給するに必要な耕地が付属していたに違いない。これは天子の苑囿を真似たものであるが、後世の貴族の荘園の中心部分はこのような結構であった。

前漢末の樊氏の荘園はもっと生産性に重きを置いた。開墾した田地は三百余頃(頃=一五〇メートル×三六〇メートル)で宏壮な建物を中心とし、池には魚を、野には牛羊を飼い、求めあれば必ず給すという自給自足体制を確立した。家財道具を造ろうと思えば梓樹と漆樹とを植えてその生長を待った。これは不景気時代に入った以上、金銭は使ってしまえば今度はそれを取返すに何層倍かの努力が必要なので、出来る限り金を出さない工夫をするのである。だから司馬遷は『史記』に「貨殖伝」を立て、上代から当時に至る金満家の事蹟を記したが、それ以後はそんな成金は滅多に出なかったと見え、後漢の班固の『漢書』「貨殖伝」は全く『史記』の引写しで、武帝以後の新しい材料を付け加えることができなかった。後漢以後の正史には「貨殖伝」が無く、代って樊氏のような荘園の持主の記事が現われる。

さて従来の郷・亭の地方都市の遠郊に荘園ができると、そこへは政府の力が及ばない。

従って租税は郷・亭に残された人民の上にかかってくるので負担が重くなる。そこで彼らがいよいよ困窮すれば、本籍を棄てて荘園に逃げこんで客となる。これが後世の部曲の起原である。荘園には税がかからぬので、このような流民を抱えてますます大きくなって行く。これに反して政府は空虚な戸籍を擁しても、使える人民は次第に少なくなり、租税収入も減るばかりである。

太平道運動

こういう際に一番困るのは実は一般の人民なのである。一方では政府の誅求が次第に重く、一方からは富豪の荘園から圧迫を受ける。郷制も漸く崩壊して、郷官の力も頼るに足らなくなる。要するに従来の伝統的な生き方では安心しておれなくなったのである。何か新しい相互扶助の方法をと誰しも考えるのだが、そこへ現われたのが太平道の運動である。

鉅鹿の張角なる者が黄老の術を得たと称して太平道なる宗教を興し、符水の呪により、医薬を用いないで病気を療治することが出来ると唱えて徒衆を集め、十余年間に数十万の信者を得た。北は幽・冀、東は青・徐、南は荊・揚、中央は兗・豫と八州の地に拡まったので、地方に三十六の方を任命し、大方は万余人、小方は六、七千の衆を統べしめた。最初は単なる民間の相互扶助の団体であったが、これだけ勢力が増大してくると、それが当時の民間における反政府感情に乗って、革命運動に転化した。霊帝の中平元年は干支が甲子に当るので、この年こそ蹶起(けっき)の年だとして、全国一斉に蜂起(ほうき)した（一八四年）。

さてこの太平道の性質であるが、その団体にはあまり多くの知識人は加わっていなかった模様である。農民が多かったことはもちろんであるが、そんなら農民運動かと言えばそうでもない。わずか十数年の間に交通不便な時代、数十万の徒衆を得、それが全国同日に蜂起するという芸当は、彼らが優れて交通手段と情報伝達機関を持たなければ出来るはずがない。どうもこの団体の中心は運輸交通業者ではなかったかと思われる。これは同時に西方に起った五斗米道(ごとべいどう)との関連において見る必要があろう。

五斗米道

張角と同じ頃、同じようなやり方で徒衆を集めたのが益州における張魯(ちょうろ)である。張魯はその祖父、張陵が蜀へ来てこの道を拡め、五斗の米を入会費として徴収したので、五斗米道(ごとべいどう)と称せられた。中原における張角の衆が東方、北方、南方に延びて、西方に対して一向に延びていないのは、ここに張魯があったためではないかと思われる。しかも張魯の方は祖父以来の伝道であったから、此方のほうが本家だったに違いない。

張魯の法も病気を癒すに医薬を用いず、符水を飲ませ、罪過を白状させて治療すること、全く張角と同じ。更に張魯について言われていることは、道中に義舎という宿泊設備を建てさせ、その中に義米肉をおいて旅人が必要なだけ使用することを許したという。また小過を犯した者には百歩の道路を修理させて赦したとあるから、この教えはもっぱら交通業者が中心になって相互扶助を行っていたとしか考えられない。すると張角のほうもやはり同じ種類の業者が結束して大勢力となったものであろう。

張角の太平道信徒がいよいよ蜂起すると、農民には見られない機動力を発揮して各地に出没し、味方を政府軍と区別するために黄巾を着けて目印としたので、黄巾賊と称せられた。旬月の間に天下響応し、京師震動したとある。

党人の本質

政府は正規軍を繰り出して征討に向うと共に、先に党錮に処した人士を大赦して、黄巾討伐に協力を求めた。こういう党人を味方につけることで、どんな利益があったであろうか。黄巾の中には原来読書人はほとんど入っていなかったらしいので、もし黄巾に知識人が加わってブレーンになると、大へんなことになるという消極的な理由もあったであろう。しかし積極的には、いわゆる党人は、党と称せられる名前が示すように、彼ら独自の連絡通信網を持っていた。これが内乱などの際には情報提供源として非常な利便が期待されたのであろう。この情報伝達について、安帝のころ、宦官蔡倫（さいりん）なる者の手によって、紙が発明されていたことが、更に大なる利便を提供したものと思われる。またこの党人の中には地方の有力者階層を含み、宏大なる荘園を所有し、多数の隷民を所属させている者があり、これらを中心として義兵を組織すれば、政府側の動員力は倍増する望みがあるのであった。

一方党人の側においても、彼らは宦官や腐敗官僚に対しては反撥するが、漢王朝そのものに対して敵意を持つものでなく、かえって忠誠を尽そうとしているのであるから、あからさまに革命を標榜し、漢のシンボルである蒼天に代って新政権の黄天を打ち立てようとする黄巾軍とは初めから水火相容れない。だから政府から誘いがあれば、渡りに舟と相応ずるのであった。しかしもともと宦官とは仇敵の間なので黄巾の乱が平らぐと、再び宦官と争って殺された荀昱（じゅんいく）のような人が多かった。

黄巾は原来が烏合の衆であり、適当な指導者もなかったため、正規軍と民間の義勇兵とが協力して作戦すると、所在に敗北し、間もなく平定された。しかしこの際に義勇軍を組織して民間から起った英雄は、部下との団結の強固さの故をもって次第に頭角を現わし、政界が混乱すればする程、大きな勢力を振うようになった。河北の涿郡の人、劉備がそれであり、政府の小官に過ぎなかった曹操も、またこの種に属する。そしてこれらの新興勢力が、政府を背景とした旧勢力の官僚派大臣と覇を争うに至るのである。

宦官の誅除

黄巾が平定されて一息ついた後漢朝廷で、霊帝が治世二十二年の幕を閉じると、これを機として宦官と官僚との大衝突が起った。霊帝のあと、十四歳の皇子弁が即位し、何太后とその兄何進が後見して政務を視ることとなった。都知事に当る司隷校尉の袁紹が何進に勧めて宮中の宦官を誅戮して禍根を除こうとしたが、何進は優柔不断なためにかえって宦官に計られ、宮中で暗殺された。袁紹は事の急なのを見て、兵を率いて宮中に入り、宦官を見れば少長となく二千余人をすべて殺し尽してしまった(一八九年)。

これは甚だ乱暴なやり方であるが、専制君主が無能力者である場合、宦官が代って専制を行うので、その害は計るべからざるものがある。当時十常侍と称せられる宦官グループが政治を専断し、その親戚党派を地方に派遣して土地の買占めを行い利殖を計らせた。これが必然的に地方官の権限を侵し、政治を紊乱混濁せしめる。そういう際に実害を蒙るのはいつも罪のない地方人民である。そして地方からの訴えは決して中央で取上げてもらえない。こういう実状を見て宦官の横暴を責め、十常侍の首を斬って天下に謝すべきだと上書した張鈞なる者があったがかえって獄に下して虐殺されたことがあった。

しかしこうして宦官が一掃されると、天子の権力もまた地に落ちた。これまで暗愚な霊帝は、宦官の一人を父、もう一人を母と称して、ひたすら頼りきっていたあとへ、宦官という支えを失って位についた少年天子は全く孤立無援であったのである。一方、宦官を鏖殺(おうさつ)した袁紹はまだ官位が低かったので、政府の中心となるだけの貫禄がない。そこへ大軍を擁して乗りこんできたのが将軍董卓(とうたく)であって、朝廷における自己の威権を確立するために、即位してまだ半年にもならぬ幼天子を廃して、その弟で九歳になる献帝を位に即(つ)かせ、自ら相国(しょうこく)となって朝政を左右した。

天下大乱

この専権に反抗した袁紹は都を逃れ、東方の諸州郡の諸将を糾合し、董卓を洛陽に攻めた。董卓はその勢いに抗し難く、洛陽を棄て、献帝を擁して長安に移ってここに都したが、暴虐なるために、その部下に殺された。

袁紹の許に集まった諸将は、董卓の逃亡によって目的を失い、それぞれ根拠地に帰って自衛の計を成し、天下は四分五裂に陥った。その中に最も有力なのは河北省の冀州に拠った袁紹と、山東省東部の兗州を領した曹操とであった。袁紹は四世にわたり、朝廷の最高位なる三公に上った大臣五人を出した名門であって、後漢の延長線上にある旧勢力を代表した。これに対し曹操は新興勢力の代表とも言うべく、その武力の根幹は郷里における親戚、朋友の根強さで郷党的に団結した農民であった。

両者は黄河を境として、覇を争って戦ったが、曹操は献帝を長安より迎えて自己の根拠地、河南省の許(きょ)に都せしめ、天子の号令を受け、名分を正して袁紹を討ち大いにこれを破り、袁紹の死後、その子を追って冀州を併せた。この大敵が敗れると、黄河流域は自然に平定され、曹操は献帝から魏王に封ぜられ、漢の版図の大部分を領有し、ここに漢の天子よりも有力な魏国という独立的勢力が成立した。

もしもこれが更に二百年も以前であったならば、黄河流域の平定は、すなわち全国の平定を意味し、敵対する勢力の存在は考えられない所であった。しかるに後漢の間に南方の開発が大いに進み、揚子江流域によって華北に対立する勢力の興隆を見ることとなった。それは揚子江の上流、蜀に拠った劉備と、下流の呉を中心とした孫権とである。劉備は中原において転々として居を移し、曹操と覇を争って失敗し、最後に蜀に入って成都を根拠とした。孫権は土着の豪族勢力を糾合して樹立した政権で、劉備を助けて曹操の南下を赤壁(せきへき)に破ってからその地位が確立した。ここに三国分裂の形勢が出現したのである。従来の中国の大勢は、分散から統一へと進む動きが主潮であったが、これから以後の中国は分裂的傾向が強く現われ、時に統一が出現してもたちまち分裂の波に捲(ま)きこまれる。明らかに世の中が変ってきたことが分る。

第二篇　中世史

一　三国

中世的禅譲の開始

魏王曹操(そうそう)は自ら周の文王に比したと言うが、彼が死んだのを機会に、嗣子曹丕(そうひ)は漢の献帝に迫って位を譲らせ、魏王朝を創始した(二二〇年)。これが文帝であり、父曹操に武帝と謚(おくりな)した。この王朝更迭は実質的には簒奪(さんだつ)に外ならなかったが、堯(ぎょう)・舜(しゅん)の故事に倣って表面を飾ったので、禅譲(ぜんじょう)と称せられる。実は同様のことは前漢末の王莽(おうもう)が既に行ったところであるが、この禅譲形式の革命こそ、以後七百数十年にわたって、正統王朝に必要な革命方式として遵守されたものであった。この点を取っただけでも、この期間を中世と名付けて前後と区別する十分な理由が成立つ。

中国の朝廷に行われる政治儀式には、礼というものがあって、細大洩らさず礼書の中に記載されている。ところが禅譲の際にも盛大な儀式が行われ、壇を築いてその上に陞り、旧皇帝から主権を象徴する印綬の伝授が行われ、新皇帝の即位が宣言される。しかし新天子の方ではその王朝が今後万年も続くものと思っているから、禅譲の礼は一度限りのものと考え、これを無限に繰返される礼の一種とは考えない。しかし実際にはそれは中世の革命のたびごとに繰返されているので、このような礼外の礼の中に重要な意義があるはずである。だが多数ある礼の研究者の中でこの禅譲の礼を研究した人はまだ無いようである。

禅譲という古い外形を装って見ても、しょせんこれは実力による簒奪である。この場合、簒奪側の魏の文帝が歎息し、経書に書いてある尭・舜の禅譲とは、実際はこんなものであることが分った、と叫んだとか。しかしながら事が平和裡に進行し、武力革命の際に不可避な血腥い犠牲者の出ることが防げることを考えるなら、これは甚だ合理的なやり方である。白日堂々と、何人も異存ないことを確かめて行われる政権交替であれば、これほど公明な政権授受はない。あたかも今日の総選挙による首班決定のようなものである。

漢魏の禅譲の報が伝わると、蜀の劉備は自己が漢の一族である理由から優先権を主張し、成都で皇帝の位に即いた。やや遅れて呉でも孫権が天子の位に即き、死後大皇帝と謚されたので、史に大帝と称せられる。ここにおいて中国には一時に魏、呉、蜀の三皇帝が出現することになった。原来皇帝とは万民の主権者であり、一時に一人しか認められないものである。とすれば三皇帝のうち、真の皇帝はただ一人であって、他は偽者でなければならぬ。そこで正閏論が闘わされることになる。

正統論

実は皇統の正閏論は漢代から既にあり、ただしそれは五行説に基づくものであった。五行とは木火土金水の五徳であり、ある王朝はこのうちの一つの徳を受けて成生し、その徳が尽きると、他の徳を受けた別の王朝に取って代られるというのがこの学説の趣旨である。ところで漢の火徳は、秦をとびこえて周の木徳を受けたとするのが、漢代の五行相生説であり、この場合、秦を正統王朝に数えないで、これを閏位に置くのである。それはあたかも閏月が正の月の後に来るが、十二個月の中には数えられないのと趣を同じうする。だからこの場合の正閏論は一王朝が正統王朝の中に数えられて前と後に続くか、それとも数に入らないで飛び越されてしまうか否かの問題であった。これが正閏という文字の上から見ても正しい用法であった。

ところが今度生じた正閏論は、并立する複数王朝の中で、どれが正統であり、どれが閏位であるかを決めようというのである。正史の一に数えられる『三国志』は魏を正統とし、蜀、呉を閏位に下げている。普通に司馬光の『資治通鑑』は、魏を正統としたように考えられているが、実際はそうでなく、年代を追って記して行くと自然にそうなっただけで単に記述の便宜のために過ぎない、と自ら記している。南宋の朱子に至ってその『資治通鑑綱目』において、蜀を正統と定め、それが基づいた『資治通鑑』の紀年をわざわざ書き直しているのである。ところが蜀を正統とする理由は劉備が漢の一族だという点にあるのだが、司馬光はその事実を疑って、どうも系図が明白でないと言っている。歴史学の立場からすると、司馬光の方が筋が通っているようである。

不景気風

三国時代以後、中国における中世的な特徴は、いよいよ不景気が深刻化してきた事実である。その第一の原因は前漢時代に非常に多かったと思われる黄金が次第に少なくなってきたことである。これは西アジア方面へ流出した結果に違いない。前漢書までは諸処に黄金の莫大な数量の記述が頻見するが、後漢に入るとほとんど姿を消し、財産や取引の数量を記載するには多く銅銭をもって表わしている。ところが当時は鋳銭の量があまり多くなかったから、これでは貨幣の数量が不足する。これが経済界を萎縮させた根本的な原因であろう。

貨幣不足のために不景気が深刻化すると、貨幣はいよいよ死蔵されて、その結果更に不景気が加速されるという悪循環を惹き起す。そこで布帛や穀物が貨幣の代替を勤め、社会は一転して自然物経済に逆戻りの現象が現われる。これは一方から見れば巧まざる自然の摂理、天の救いであったと言える。何となればその結果、農業の重要性が見直され、農業養蚕のために地力の開発が要求され、広く開墾が行われるようになったからである。ただそれが荘園という形によらねばならなかったところに問題がある。

荘園は自給自足を建前とした囲い込みであって、地形の複雑な場所を選んで設けられ、所有者の遊息を主たる目的とするが、また利殖を期待しうる生産設備を具えていたことはもちろんである。前漢の袁広漢、前後漢の交の樊（はん）氏の荘園から、中世に入って晋の石崇（せきすう）、宋の謝霊運のそれなどはこの系統に属する。これと平行して名田なる大土地所有が行われたが、これは既に存在する耕地を買い集めたもので、その弊害が前漢末に既に甚だしくなり、その面積を制限しようという案が朝廷で議論された。この方は寧ろ穀物の生産に主眼を置いたもので、穀物は当時においては商品性があり、投機の対象として収益率の多いものであった。この他人の名田の兼併された大土地所有も、その社会への影響は荘園と変る所がない。

客と部曲

ところで荘園における労働者は如何なる種類のものかと言うに、漢代では多く僮僕と称せられている。僮僕は文字の意味としては奴隷に外ならないが、中国には比喩的な表現が多いので、僮僕とあるものはすべて真正の売買された奴隷であったとは限らない。後漢末になると、郷曲、私付、または賓客と言うものが、僮僕と相並んで、あるいは僮僕の代りに見えてくる。これは奴隷のように金銭によって買われた財産とは異なり、人格を承認されてはいるが、ただ主人に隷属しており、その支配から免れられない、言わば奴隷と自由民との中間に位するものである。このような一種の賤民は時代により色々な名称が与えられたが、唐代になるとそれが部曲の名によって統一され、特に部曲の女性を呼ぶには客女なる名称を用いた。

唐律では部曲を規定し、奴婢とは異なって売買されたものではないから、またこれを売買することは出来ぬものとしている。ただ旧主人から新主人へ転事、すなわち奉公換えすることができるが、その際に新主人は旧主人に対して衣食の値を支払うものだと定めている。この衣食の値の意味を、従来殆んどすべての学者は、現在まで旧主人から給与された衣食の値という風に解釈したので、少しも意味が通らなかった。それでは老年になって、もう働けなくなった者ほど衣食の値は多くなるはずである。実は衣食の値とは成年、すなわち十六歳になるまでに給与した衣食の値、言いかえれば養育費と解すべきであったのである。すなわち部曲なるものの代表的な性質は、飢饉などの際に捨て児となり、主人に拾い育てられた者で、その恩義があるから主人の許を離れられない下僕のことであった。そこでこれに類するもの、例えば奴婢の半ば解放された者などをすべて部曲なる範疇に含ませたのである。六朝時代に衣食客というものがあったが、この衣食も同じく養育の意味である。客とは本籍を離脱して他郷に永住する者、言いかえれば政府の支配を脱して、他郷の豪富の許に身を寄せた者をよぶ名称である。西洋に言うところの Colonatus がすなわち中国の客に相当する。

飢餓の時代

後漢末の叛乱は黄巾（こうきん）だけではなかった。冀州（きしゅう）に黒山賊あり、并州（へいしゅう）に白波賊あり、その他の州郡にいずれもその地の叛乱者があり、大なる者は二、三万、小なる者も六、七千人の徒党を集めた。この叛乱の原動力は深刻な不景気風の荒れる中での失業問題、進んでは飢餓に曝された窮民の蜂起であったと思われる。加うるに政治の貧困から一地方に起った叛乱を平定するために、軍需物資を徴発すると、今度はその地の人民が叛乱に加わるという風に、とめどころもなく騒動が拡大して全国が混乱に陥り、手のつけられぬようになってしまった。しかし無秩序に掠奪してまわれば、それは一層生産を阻害するばかりなので、一方に新興の軍閥勢力を中心として秩序の再建を計る動きが起る。しかるにこの秩序維持のための軍隊と軍隊とが覇を争って互いに戦争しあったので、混乱はますます加速化する。曹操が袁紹と覇を争っていた頃、その領内で穀一斛が五十余万銭に値したと言うが、これは言いかえれば穀物は普通の手段では絶対に手に入らなくなったことを示す。だからその下文に、人相食む、と記されている。

曹操が黄巾軍に最後的な打撃を加えた時、降卒三十余万、男女口百余万口を受け、黒山賊を破って十余万人、匈奴の侵入を撃破して胡漢二十余万口の降を収めたとあるが、その他の戦勝の場合にも相似た降人を受入れなければならなかったであろう。敵地を占領しても荒廃した瘠地、降人を受けても着のみ着のままの貧民であったから、戦後の処理は戦争以上に困難であった。曹操が最後に強敵を殪してしばしば天下統一の業を成し遂げたのは、彼が軍略家であった以上に、政治家であったためである。ただしその政治のやり方は現代から見ては決して賛成できない、方便的なものであった。それは時代が時代で、どうして食っていけるかが最大の問題であった時代だったからである。

戒厳令下の時代

曹操は天下を常時戒厳令下において治めたと言ってもよい。彼の軍隊は盗賊や、異民族の降人の中でも最も勇敢な者を選んで組織したので、これを支配するに最も厳格な軍律を用いた。軍人は言わば奴隷の如きもので、これを兵戸と称した。次に一般人民もまた古代のような自由市民でなく、農奴的な半自由民の資格に降ろされた。ただ政府に出仕する吏と、軍隊の中の指揮官の将とは、特権階級として残った。

このような階級の分化は、しかしながら突然起ったものではない。そもそも古代の都市国家内部における士と庶との区別は、戦国以後次第に薄らぎ、漢代に入っていったん完全に解消したかに見えた。しかるに後漢の頃、一種の復古主義が芽生え、地方の郡太守に対して、その治下の吏民は君臣の分があると考えられ、これに対して忠義を尽すのが美風として讃えられた。言いかえれば官尊民卑の風が濃厚になったのである。既に官尊民卑とすれば、今度は吏と民とが分離し、官にある吏が貴く、野にある民が賤しくなるのは当然の帰結である。それが魏の時から制度として定まり、更に時代の下るにつれて、吏の中から封建制に紛(まが)うような特権貴族が出現するに至るのである。これは言わば古代の士と庶の階級的対立の復活であるが、それは古代そのままの継承でなく、途中に断絶があって、しかる後に再発生したものであるだけに、その性質も自然に変った所がある。新たに生じた貴族階級はまた士と呼ばれるが、この新しい士は武事を卑しみ、文化教養を尊ぶ点において、古代の士が本質的に武士であったのとは大いに異なる。そこにまた古代と中世との差異が認められるわけである。

九品官人法

この貴族制度を助長したものに、九品官人法(きゅうひんかんじんほう)がある。魏の文帝曹丕が漢を簒(うば)って即位する直前、陳群の献議によって、従来の官吏登用がしばしば勢力家の因縁に左右される弊を除くため、官吏候補者を精選して、その資格を厳しく審査しようとし、地方の郡に中正なる官を置いて、責任をもって等級を付して中央政府に推選せしめた。中正が二品と査定した候補者に対しては、中央が定めた九品の官階の中で、二品よりも四等下った六品官にまず任用するのがその定めであった。従前この法を九品中正と呼んできたのは正しくなく、当時の呼称に従って九品官人法、すなわち九品もて人を官にするの法と称すべきである。

この立法の趣旨は甚だ良かったのであるが、当時は社会に貴族的ムードが横溢していた折なので、この新法はたちまち骨抜きにされ、かえって貴族制を擁護する防波堤と化してしまった。地方の中正は自身も貴族であったので、貴族の子弟に対しては二品以上の高い評価を与え、やがてはこの二品がその家の既得権と化して、家格を表わす符牒となった。これではどんなに優秀な人才でも、家格によって初任官が定まり、その初任官が低ければ出世する見込みはなくなってしまう。

この九品官人法の狙いには、地方有力者と中央政府を結合する意図があった。そして人才を因縁に左右されずに登用するという当初の目的は失われながら、地方を中央に結びつけるという効果は収めることが出来たと思われる。しかしその結果は、中央地方を通じて混然とした一団の貴族群の成立を見るに至り、その間に自然に全国的な家格の等級が定まることになったのである。

村制の流行

我国には漢から六朝を経て唐代までを、一連の同性質の社会構造と見て、これを古代帝国と名付けようとする説が有力であるが、漢から三国へ移る間に大きな社会上の変遷があったことは、疑いない事実であり、その実例は聚落形態の変遷の上にも認めることができる。古代の都市国家、邑（ゆう）の遺制は漢代まで続き、県・郷・亭などは城壁を廻らした都市の形式をとりながら、その住民は農民であった。必然的にこれらの都市は穀物の集積地となる。それが全国を挙げての動乱の時代となり飢民が流動する際に、恰好の掠奪の対象となる。これに対して都市の防衛力は甚だ薄弱である。そこで政府は小都市の住民を大都市に移して、協力して防禦に当らせたりするが、これにはまた幾多の危険が伴う。もし移転が長期にわたる時は、人口過密の結果として耕地が欠乏する。更にその大都市が陥落したような場合は、惨害が一層大規模に起る。

そこで農民はもっと賢明な禍害回避の方法を考えついた。それは都市に集居する過去の生活方式に執着せず、自己の耕地に仮住居を建て、三々五々、群を造る村落形式に切換えたのである。これは既に前漢末頃から次第に盛んとなって来た、有力者の企業たる荘園農民の生活がそうであったので、今や戦乱のために自己の都市を破壊された農民は、もはや再び都市を復興しようとせず、荘園村落に似た農村を造って新しい生活を始めたのである。もし敵襲がある場合には穀物を地下の窖(あなぐら)に匿し、一時他所に逃避する。食物のない所へ敵が侵入しても長く留まることができないから、やがて退散するであろう。その時に再び帰ってきて、破れ屋を繕って住む。村落とはそういう所だと、初めから分っておれば、敵のほうでも小さな村落などを襲撃に来なくなることも期待される。これはこの世をば仮の世と思う浮草的な生活であり、無常を観ずる仏教の伝播に対して屈強の条件を造り出したと言えるのである。実際に仏教僧侶は以後南北朝の混乱時代において、常に政治的中立の立場を維持し、敵対する両陣営の間をも自由に往来して情報を蒐集し、人民にそれを伝達する役目を果していたと見られるのである。

しかしながら、たとい仮の住居とは言え、一時的にもせよ、生活の本拠を立去ることは、生活の連続性に対して大打撃であること言うまでもない。そこでしばしば敵襲に曝されやすい地方の農民は或程度の自衛力を持つことを考えた。戦略上の重要な地点に小さな要塞を構え、食糧武器の貯蔵処とし、一朝有事の際にはその中に立籠るのである。これを塢と称した。すべて戦争は相対的なものであるから、敵のほうでも利益と損害とを考慮し、得る所の少ない塢に対して、損害の多い攻撃をしかけることはしないわけである。

都市の変質

後漢末、一時政権を壟断して幅をきかせた董卓が、やがて自己が政治的に失脚することあるを慮り、その際の引退の場所として、長安の近くに万歳塢を構築したことがある。高さも厚さも二十メートルの城壁を廻らし、内に三十年分の穀物を蓄えた。自ら豪語して、事成らば天下に雄飛し、成らざればここで余年を送ろう、と言っていたが、間もなく部下に殺され、塢中に置かれた一族老少はみなその手下に鏖殺された。塢中の財宝は政府に没収されたが、黄金二、三万斤、銀八、九万斤あり、他の錦綺什物が山のように積んであった。万歳塢は董卓のためには少しも役に立たなかったが、我々はこれによって当時の塢というものに対する概念をうることができる。

このようにして、地方では従来の郷・亭と称せられる農業都市が没落して、村落生活に移行して行ったが、県以上の大都市は政府として、軍事上、行政上に必要な存在であるから、これを解消させるわけに行かない。そこで政府はこれらの都市を武装し、農民を締め出して、もっぱら官吏、軍隊及び商工業者の居住する要塞に変形させた。大きな都市においては、その一区画だけを堅固な城壁で守ったが、この小要塞は中央に位置しないで、一方に偏り、外部と直接交通できるように計らってある点が、古代都市国家の内城と異なる点である。この様式が首都の形式にも影響を及ぼし、北魏の洛陽や、唐の長安において、宮城が北部に偏り、北方の門から城外へ出られる仕掛けになっている。我国古代の国都のプランも大体この形式を襲いでいる。

異民族の内徙

ヨーロッパ中世がそうであったように、中国の中世は北方の異民族との関係を無視して語ることが出来ない。普通に西洋中世はローマ帝国の末期、ライン河、ドナウ河に沿う長城の線を越えて内地に移住したゲルマン民族が軍閥として発達を遂げ、内地を擾乱した際に、更に新たなるゲルマン民族の移動が起り、ラインの守りを越えて内地に入り、至る所に独立王国を建設した、いわゆる民族大移動をもって中世の開幕とする。中国においても、全くこれと似たような現象が起ったのである。

後漢はその建国の初めから、北方民族と密接な関係を持った。光武帝が群雄を平定するに当って、烏丸(うがん)民族の騎馬兵、いわゆる突騎の武力に頼る所が多かった。天下統一の後、漢の国力が盛んとなり、匈奴の南単于(ぜんう)が北単于と争って勝たず、漢に内付を求めたので、光武帝はその八部の部落を山西省の北部、并州(へいしゅう)の地に居らしめた。彼らは漢の郡県とは別系統をなし、単于の下に統率されて漢の監督を受けていたが、戦争の度ごとに徴集されて軍役に従った。漢末に董卓が大軍を起して入京した時、その部下に西方、北方の異民族が多かった。ついで袁紹が今の河北省、冀州の地に拠った時も、その近隣の異民族を自己の軍中に加えた。曹操は董卓の兵を引き継いだ呂布(りょふ)を殪(たお)し、袁紹を破って冀州を平らげたので、そのたびごとに敵軍を収容改編した結果、その軍中には自然に異民族出身の戦士が多かった。その軍隊が兵戸と称せられて、普通の農民以下の半奴隷的待遇を受けるようになったのは、こういう所にもその原因があったのである。

曹操が袁紹の甥、高幹を討って并州を平らげた時、南単于の匈奴部落もまたその中に含まれていた。まだ十分に華化していない勇武なる匈奴民族に対し、曹操は分割統治の術策を用いた。彼は匈奴の衆を五部に分ち、それぞれの部落に部帥を置いて支配させ、その上に匈奴中郎将なる官を派遣して監督させた。言いかえれば魏は異民族出身者を多く軍隊に収容して使役し、その軍隊の力をもって異民族を統治したのであった。

屯田

そんならば当時の異民族まじりの軍隊はいかなる理由で魏の政府の頤使に甘んじたかと言えば、それは生活の資を獲るためであった。動乱の世界は同時に飢餓の世界であって、互いに相食む状態であったから、ともかくも一定の秩序の下に食物さえ与えられれば、それだけで満足していなければならなかった。幸いに中国という土地と、その勤勉な農民との生産力は、その蓄積によって、動乱初期の軍糧の要求に即座に応ずることが出来た。しかし動乱が長期化するにつれ、農民の死者逃亡が相継ぎ、このままでは軍民共倒れに陥る危険が予測されるようになった。そこで考案されたのが、屯田法による軍糧の自給策である。

屯田は前漢時代からも、国境に大軍を駐屯させる時などしばしば行われてきたことであるが、それを最も大規模に行ったのが三国の魏である。初め曹操は河南の許に根拠地を置いた時、農民を招いて屯田を行って成績を挙げたが、南方に出現した強国の呉と覇を争うようになり、大軍を動かして南征したのを機会に、淮水の支流である肥水の水を引いて、芍陂(しゃくひ)の屯田を開いたのが、大規模な耕地造成の初めであった。実はこのような開墾は別に曹操の発明ではない。民間では早く前漢末から流行していた荘園の開発を、政府の代表者である曹操が真似てやっただけである。だから曹操の死後にも、有名な将軍鄧艾(とうがい)が、都の洛陽から淮水に至るまでの間に、更に大規模な屯田を開いており、また魏に対立していた呉、蜀の二国も同じく屯田を行った。呉では将軍陸遜(りくそん)が魏との国境で屯田しており、呉王孫権はそこへ巡視に行った際、自ら牛耕を手伝って見せたりした。蜀でも丞相諸葛亮(しょかつりょう)が魏を攻めた時、現地で屯田して輸送の労を省こうと計っている。

本来ならば軍隊は軍事に専念すべきで、その糧食は人民が提供すべきものである。しかるに三国の際は、いずれの国においても、軍人がかつ耕し、かつ守るという兵農両面に使役されている。言いかえれば軍人は自ら耕して得た穀物をば政府から受領することに対して、政府に再びその軍役で奉仕するのである。しかしこれは政府というものの性質を考えれば別に異とするに足りない。どこの政府でも人民から租税を取立て、その税収を利用して人民を支配しているからである。さりながら屯田において軍人は普通の農民よりもずっと多く搾取されている点が特異である。収穫の五割以上が地代として徴収されるのである。しかしこれも屯田なるものが、原来政府の荘園なる性質のものであることを思えば、別に不思議はない。

不安定の政治

さるにても曹操の政治方針は甚だきわどいものであるには相違ない。異民族の多い軍隊の力を利用して異民族を圧え、軍隊に提出させた穀物を配給することによって軍隊を服従させるのである。少しでもこの運用に狂いが生ずれば、たちまち危険な破綻が生じそうである。だからこの体制を維持するには、極度に厳重な法令の実施が不可欠となる。それは常時社会全体を戒厳令下に置くことを意味する。

曹操の政策によって示されるように、中国中世の歴史の推移は、異民族対策と土地政策との展開が主軸となって進行する。更にこの二つの問題の裏に共通の要素を探れば、それはただ食わんがための必死の闘争がそこにある。異民族にとっても、貧民にとっても、より良く生きようというような悠長な願望ではない。深刻な不景気が浸透した時世には、異民族は異民族で食を求めて彷徨い、貧民は貧民で職を探して流浪しなければならなかった。それにしても、このような悲惨な底辺の生活者を土台にして、上流には優雅な貴族階級が栄えたのはどうしたことか。これも別に不思議ではない。戒厳令というものは、受ける者にとっては塗炭の苦しみだが、施行する側にはこれほど有難いものはない。それは我々の戦時中の生活を振返って見ればすぐ分る。

三国国力の比較

ひと口に三国と言っても、その国力は決して同等ではない。後漢は全国を十三州に分け、刺史を置いて監督させたが、魏は中央の司隷州の外に幽、冀、青、徐、兗、豫、幷、涼と合せて九州、呉は揚、荊、交の三州、蜀漢はただ益州の一州だけである。すると九、三、一の比例となるがただし呉、蜀は面積が広く開発の盛んな土地であるから、戸口数は比較的多くなっていた。いま二六三年頃の統計を比べると、

魏　戸　六六万　口　四四三万
呉　戸　五二万　口　二三〇万
蜀　戸　二八万　口　九四万

となっており、戸数比は大体七、五、三であるがこれが国力を表わす比率とは思われない。口数比は四、二、一となり、この方が真に近いと思われるが、ただし魏の口数は実際はもっと多かったに違いないから、結局三国の実力は、六、二、一位の比かと思われる。

さていま示された数を機械的に合計すれば、戸数一四六万、口数七六七万を得る。これを後漢桓帝の永寿三年(一五七年)の統計、戸数一〇六七万、口数五六四八万に比較す

ると、いずれも約七分の一に減少している。もちろん統計には常に誤差が付き物であり、特にこの場合、荘園に吸収された隷農などは報告されなかったであろうから、実数はこれほど激減していなかったかも知れない。しかし政府が掌握し得た戸口が減少したことは争われない事実である。そこで当時の記録に、海内荒残して、人戸の存する所、十に一、二無し、とあるのは、単なる比喩でないことが分る。

三国のうち、魏は洛陽を都とし、黄河の流域を中心とした九州を領有し、圧倒的な優位を誇ったと言っても、この地方は同時に最も深刻な戦禍を蒙った所であるから、武帝曹操、文帝曹丕の二代にわたって、何度か揚子江辺りに兵を進めて、呉を平定しようとしたが、戦力が続かないでその都度失敗した。数量において劣勢に立つ呉と蜀とは攻守同盟を結び、互いに相手が対等の皇帝であることを承認した上で、共同戦線を張ったので、魏としても全力を出し切って攻勢を取るには危険を伴わねばならなかった。しかしながら一応形勢が落付き、秩序が整ってくると、魏の数的な優位が物を言うようになる。

蜀漢滅ぶ

魏は文帝の後に明帝立ち、将軍司馬懿(しばい)が蜀の丞相諸葛亮の侵入を防禦して功あり、次第に朝廷の権力を手中に収めた。明帝の子、斉王の芳が位に在る時、司馬懿がクーデターを起して丞相となってから、実権はその家に帰し、子の司馬師は大将軍となり、天子芳を廃してその従弟、高貴郷公髦を迎立した。司馬師の死後、弟昭が嗣ぎ、新天子は司馬氏の専権に堪えかねて、兵を起して司馬昭を攻めたがかえって殺された。司馬昭は殺した天子の叔父分に当る元帝を迎えて位に即かせた。

この頃に至って蜀は丞相諸葛亮が既に死し、暗愚な後主、劉禅が位にあり、政治が乱れたので、司馬昭は鄧艾らを遣わして蜀を攻め後主を降した。蜀は先主劉備、後主劉禅の父子二代、享国四十四年にして滅亡した。ここに先主、後主と言う呼び方は、蜀を閏位とする『三国志』の書法に従ったのであり、『三国志』の著者、陳寿は晋の人であり、晋は魏をうけているから、必然的に魏を正統に置かざるを得なかった。そこでもし南宋の朱子の『資治通鑑綱目』及びその系統の史書のように、蜀を正統とする場合は、劉備をその諡により昭烈皇帝と称して、後漢の献帝の後に続ける。劉禅は魏に降り、天子としての諡を持たないので、やむをえず、後皇帝と称する。ここでおかしいのは蜀漢を正統とするはずの歴史小説『三国志演義』が、相かわらず先主、後主の呼び方を用いている点で、その代り魏の武帝、文帝以下は皆な曹操、曹丕という風に実名の呼び捨てである。

二　晋

晋興り呉滅ぶ

さて魏では実権者の司馬昭が晋王に封ぜられ、魏と晋との二重国家の形相を呈したが、司馬昭の死後、子の炎が晋王の位を嗣ぐと、魏の元帝を廃して自ら帝位に即いた。これが晋の初代の天子武帝である。

呉は大帝孫権が在位三十一年という当時としては長寿を保って死んだ後は、しばしば内訌（ないこう）が起って国勢振わず、その孫の孫皓（そんこう）の荒淫なるに乗じて、晋軍は揚子江を渡って建業、今の南京を陥れ、孫皓を降してここに天下は再び統一された。

晋の統一は分裂傾向の強い中世における第一回の統一である。しかしながらこの統一の前途には険しい困難が待ち構えている。その中でも重大な問題は、異民族の内地雑居の処理である。現今の山西省、幷州の地には後漢以来、南匈奴の部落があり、郡県に属する中国人とは別系統に、部帥に統率されて原野に天幕生活を送り、常に中国住民との間に摩擦を生じている。現今の陝西・甘粛省、当時の涼州地方は人口百万でその半ばは戎狄（じゅうてき）である、と称せられた。ここに戎狄と言うのは当時の普通の呼び方によれば氐（てい）・羌（きょう）

と称せられるチベット系の民族のことである。これは後漢末から叛乱を起して中国の郡県に侵入することがあり、後漢ではその際にかえって中国人を内入（ないにゅう）と称して、内地に遷徙（せんし）させることもあった。更に曹操は逆に羌人を内地に移住させて懐柔したこともあり、遂に中国人と人口相半ばするまでに至ったのである。

この他に現今の河北省、遼寧省など、当時の幽州には鮮卑（せんぴ）、烏丸（うがん）などの北方民族の内徙（ないし）する者が少なくなく、その背後には更に大部隊の遊牧部落が控えている。

このような現実を前にして、武帝は王朝の前途に対して危惧の念を抱かざるを得なかった。そしてこの種の困難を乗り切るには、一族の団結に頼るより外はないとの結論に達した。晋が魏を奪うことが出来たのは、祖父の司馬懿（しばい）以後、三代にわたって一族がよく団結して、朝廷内に潜勢力を扶殖したからであった。しかもそれは大臣として、絶えず反対勢力と闘いながら勢力を伸ばして来たのであるから、今や晋の天下となり、表面反対するもののない以上、更に一層一族の勢力地盤を強化することは、いと容易に見えた。くれぐれも注意すべきは曹氏の魏が、一族互いに憎みあい、迫害しあって最後に天子が孤立して滅びた先蹤（せんしょう）を踏まぬことである。

八王の乱

ここにおいて武帝は大いにその一族を封じて各地に王とした。諸王は皇室の藩屛となるべきものであるから、その領地において強大な軍備を維持し、軍事を専決することができる。更にこの王たちの権力を相対的に高めるために、州郡の長官の下にあった軍隊を裁撤した。州の刺史、郡の太守は純然たる文官に過ぎなくなったのである。しかしながら事は果して武帝の思惑どおりに運んだであろうか。

武帝が死んで子の恵帝が即位したが、菽麦を弁ぜざる庸愚であった。皇后賈氏は功臣の子で専恣を極め姦智にたけていたと言う。皇太后楊氏を廃してその父を殺し、朝政を掌握して頻りに大臣を殺した。初め一族の年長者、汝南王亮を召して政治を輔けさせたが、その専権を嫌い、帝の弟、楚王瑋と計ってこれを殺したが、また楚王をも殺した。汝南王の弟、趙王倫は朝政のみだれたのを見、兵を率いて宮中に入り、賈皇后を廃してこれを殺した。そこまでは良かったのであるが、勢いに乗じて恵帝を廃し、自ら帝位に即いた。そこで一族の斉王冏、成都王穎、河間王顒らが兵を挙げて趙王を討ってこれを殺し、恵帝を迎えて位に復した。これで騒動が収まったかに見えたが、今度は功を立てた諸王の間に内訌が起り、斉王冏がまず殺された。これは諸王の行動がその部下の軍団の首領に掣肘され、その意のままに操られて動くことから生ずる必然の結果であった。

実際に諸王の背後にあって、これを操縦したのは、張方、孫秀など下層階級から出身した軍閥将領であったのである。張方は自己の野心を遂げんがために、河間王と成都王を動かして朝廷に謀叛させ、天子に味方した長沙王乂を殺した。この前後から張方は既に独立した軍閥となり、諸王の下を離れて自由な行動を取るようになり、天子を脅かして長安に移るまでになった。併しこれは当時の情勢としては行き過ぎであったと見え、人心が服せず、やがて河間王のために殺された。その河間王と成都王とが相次いで殺され、東海王越が一人残って王室を輔けることとなった。

この事実が示すように武帝が王室を強化しようとして一族諸王を封建して、これに兵権を授けた結果は、みじめな失敗に終った。およそ人間というものは困難な際には強固な団結を誇ったにしても、その収穫をあげる段になると、逆に互いに反目し憎悪しあう性質のものである。これは一族の間にばかり見られる現象ではない。

後漢の末に四世にわたり三公五人を出した名家の袁氏があった。この家はそれだけになるまでは一族間で緊密な相互扶助に努めたに違いないのだが、最後に袁紹が冀州に拠って覇を称すると、たちまちその子供らは仲違いし、互いに排斥しあって滅亡を招いた。その隙に乗じた曹操は初め縁故者を糾合して覇権を樹立したのであるが、創業にあずかった一世たちがよく団結して他の群雄を平定したにかかわらず、晩年になると早くもその集団に亀裂が生じた。曹操が功成って魏公に封ぜられるのを前にして、漢高祖の張良に比せられる参謀の荀彧(じゅんいく)と意見を異にし、荀彧は迫られて自殺したと取沙汰された。曹操の長子、文帝曹丕はその弟で武芸に長じた曹彰、文才に秀でた曹植と、鎬(しのぎ)を削って争い、これに伴って朝臣もまた分派抗争し、これが司馬氏に乗ずべき隙を与えることになった。ここで曹氏に代った司馬氏だけが例外でないことは、考えて見れば初めから分っていたことではなかったか。

貴族の奢侈

晋王朝が衰えた他の原因はその貴族化、奢侈(しゃし)化であるが、これもやはり前朝の失敗を踏襲したものであった。後漢末の霊帝は王朝の滅亡が予見される際に、宦官の言に聞いて、天下の田地一畝(いっぽ)に十銭の修宮銭を徴収して、宮殿を修め、何の役にもたたぬ銅人〔銅像〕を鋳造させた。曹操は武将であるが文芸を好み、自ら詩賦を作った。孫の明帝に至って奢侈を好み、大いに洛陽宮を営み、芳林園を起して奇樹を植え、異獣を飼育した。その子、斉王芳の時、司馬氏の勢力の勃興にあい、これに対抗したのは一族の曹爽(そうそう)、同郷の功臣の後裔、夏侯玄らであったが、いずれも貴族化し、優柔不断のため司馬懿の反撃にあって殺された。次は晋王朝の番であるが、初代の武帝は即位の初め、倹約令を宣布し、自ら宮中の雉頭裘と称する華美な毛皮を引出し、殿前で焚焼して百官に範を示した程であったが、たちまち軟化して甘美な奢侈生活に耽溺し、後宮の美女数千を数うるに至った。もともと晋王朝に奉仕する官僚の多くは前代魏から引継いだものであったが、おおむね既に貴族化していて安佚の中に生長したので武事を知らぬ。いわゆる八王の乱は下層出身の武人の暗躍によって惹起されたものであるが、諸王及びその側近の官僚が無能なるために、彼らの跳梁を許した結果であった。そして内部の混乱よりも、更に恐るべき衝撃は外部異民族から与えられるのであるが、このような非常事態に直面すると、貴族的官僚はいよいよその無能を暴露するのである。

異民族の蜂起

先に八王の乱中、成都王穎が謀叛を起した際、幷州の匈奴部帥、劉淵を招いて味方の軍に加えようとした。劉淵は子の劉聡と計り、表面は成都王の招きに応ずる素振りを見せて、北単于の称号を受け、五部の兵を統率すると、自立して漢王と称した。これまで匈奴単于はしばしば漢の公主と結婚したので、漢の姓の劉を名乗り、漢の正統を受くる者と号して、中国人民にその主権を認めるように呼びかけたのである。

しかし匈奴の漢は劉淵の死後内乱が続き、族子の劉曜と、部将の石勒とが相並んで勢力を得た。晋の恵帝が東海王越のために毒殺され、弟懐帝が立つと、匈奴ばかりでなく、氐、鮮卑などの異民族、及び内地人民の叛乱が諸方に蜂起して、天下は四分五裂の状態に陥った。

このような困難な事態に直面して、晋の政府の現状は甚だ心細い限りであった。八王の乱の唯一人の生残りの東海王越は、せっかく懐帝を擁立したものの、懐帝は東海王を忌んで権力を与えなかったので、東海王はこれを恨み、宮中に入って天子の側近を殺したりして、いよいよ人望を失った。そこへ起ったのが漢の石勒の入寇である。東海王は四方に檄を伝えて救援の兵を召したが、応ずるものがない。やむをえず、自ら手兵を率いて出陣したが、その際朝野に名望のある王衍を参謀として同行した。

王衍は魏末から晋初にかけて世上に持てはやされた清談派、いわゆる竹林の七賢の一人、王戎の従弟であり、やはり清談派に属し、時にはその名声が王戎を凌いだ。そもそもこの清談なるものは、当時の貴族主義から生れたものであって、老荘の虚無の思想を標榜するかと思えば、人一倍強い名誉心も権勢慾も否定しないのだから、これは特権階級にだけ通用する甚だ身勝手な論理に外ならぬのである。

東海王越は敵軍の盛んなのに引換えて味方には応援の軍が待てども来らず、心労の揚句に軍中で病死した。主帥を失った将校たちは名声の高い王衍を推挙して大将とした。

こういう際にも否と言えないのが王衍であった。私は若い時から全然出世慾というものがなかったのに、辞令を貰うと断わりきれないで、ずるずるとここまで来てしまった、今日の事態は到底私の才能で処理できることとは思わぬが、と言いながらも断わりきれずに引受けてしまった。そこへ怒濤のように押寄せたのが石勒（せきろく）の軍で、十余万の晋軍を包囲し、王衍以下の将領を一人も逃さず全部捕虜とした。石勒が王衍を召して、晋の政治を詰問すると、王衍はその失敗を認めながら、自分には少しも責任がなかったと答えたばかりか、石勒に対して、もし天子の位に即く気があるならば、私が手助けをしましょうと言った。流石の石勒も呆れて、若い時から官途につき、大臣の位に上って、名声を恣（ほしいまま）にしながら、朝政に対し責任がなかったとはよく言えたものだ、と面責して退出させた。こんな人間は活かしておいても世のためにならぬ、と言いながらも、有名人を殺したという非難を避けるため、夜間を待ち、宿舎の壁を押し倒してその下敷きにして死なせた。王衍の最期は古来、見苦しい死に方の標本とされているが、これは個人の問題より以上に、当時の貴族社会の在り方が問わるべき問題なのであった。

西晋の滅亡

石勒は軍を進めて洛陽に向い、劉曜と力をあわせてこれを陥れ、懐帝を捕えて漢の都、平陽に送り、やがて死に処した。

懐帝の甥、愍帝は洛陽陥落の報を聞き、長安で天子の位についたが、間もなく漢軍の攻囲を受けて降り、平陽に送って殺された。

この際の異民族の蜂起は、都に近い并州の匈奴ばかりでなく、至る所に異民族が起って、民族間の衝突が行われ、天下は名状すべからざる混乱に陥った。これは先に魏の曹操が始めた、異民族を利用して異民族を圧え、軍隊を利用して軍隊を統御するという、きわどい政策が破綻したことを意味する。こういう政策がそもそも甚だ危険な無理な性質なものであるだけ、その一端で混乱の幕が開ければ、直ちに全部に波及してやまないことは、初めから目に見えていた。そこで中原に戦乱が進行しだすと、早くも華北に見切りをつけ、呉の旧都、建業に拠って自立を計ったのが、晋の一族、瑯邪王の司馬睿であった。彼は中原の名族を招いて幕下に置くとともに、在地の土豪を手なずけ、長安の陥落の報を聞くと部下の推戴を受けて天子の位に即いた。これが東晋の元帝である。

晋の南渡

東晋の立国の基本方針は、北方中原から逃避してくる軍隊、流民を収容し、これと協力して国防前線を守るにある。国防の第一線は淮水であり、この河は地理的に黄河流域の華北中原と、揚子江流域のいわゆる江南とを区分する境界線である。現今でもこの線を境として、以北は畑作、以南は水田地帯に分れている。国防第二線は揚子江であって、大海と紛うほどの水量を湛えた大河は、従来も北方からの侵入軍を喰い止める天険の役を果した。魏の曹操が百万と号する大軍を率いて南下し、孫権と劉備の連合軍と赤壁に戦って大敗を喫したのは、そんなに古い出来事ではなかった。そして従前よりも増強された前線の国防軍に対する給与は、幸いにして豊富な江南の資源がある。当時江南はまだ開発が進行中であり、労働力に不足していた所であるから、新来の移住者をいくらも受入れる余地があった。更に幸いなことには、中原に蜂起した異民族は一種族でなく、互いに反目して人種戦争を繰返していたため、大征服者が現われて覇権を樹立するまでは、東晋に対して南征を企てるほどの余裕がなく、その間に東晋政権は立直りの時間を稼ぐことが出来たのであった。

五胡強盛

西晋懐帝の永嘉年間に起ったが故に永嘉の乱と称せられる民族闘争による天下の混乱は、有史以来未曽有のものであった。至る所で虐殺が繰返され、これがために中原の人口は百に一、二無しと称せられる程であった。異民族は五胡と総称されるが、漢の劉氏の匈奴の外に、匈奴の別種で羯と称せられるものがあって、石勒はこれに属する。長城外に本拠を持つ鮮卑の長城内に移住したものは、并州に拓跋氏あり、幽州に慕容氏がある。関中には同じチベット系に属しながら、氐族の苻氏と羌族の姚氏との対立があった。これに対して中国民族もまた必死の抵抗を示し、至る所に小粒の要塞、塢を造って自衛を計った。

総人口のうえから言えば、なんと言っても中国人が多数を占め、異民族は少数であり、それが更に幾種、幾族に分れるから、ある政権に参加する族民はいよいよ少数である。これが五胡時代に入って、どの種族が勢力を得てもその覇権が永続せず、支配する範囲も限定され、約百三十年の間に中原に興亡する国が十六を数えるに至った理由である。

匈奴出身の劉淵の立てた漢は、子の劉聡が死んだ後、前趙の劉曜と、後趙の石勒との二国に分裂して相争い、石勒が勝を制して、中原の太半を領有し、養子石虎の時に全盛を極めながら早くも衰亡の兆を現わした。代って遼東の鮮卑の慕容氏と、関中の氐の苻氏とが強盛となり、前秦の苻堅が現われると、慕容氏を滅ぼして中原に覇を唱え、余勢を駆って南下し、東晋を攻略して天下統一の野望を達成しようとした。

時に東晋では元帝の孫、孝武帝の治世に当っていた。もっとも元帝から孝武帝の間には七人の天子が在位したから、孝武帝は武帝を初代として、第十二代に当る。前秦の苻堅の大軍が南下する鋒先鋭く、朝野を挙げて震駭する中で、将軍謝石、謝玄らがこれを淮水の支流、肥水のほとりに迎撃して敗走せしめた。東晋はその国防の第一線で敵襲を食い止めるに成功したわけである。当時朝廷では謝石の兄、謝安が局に当っており、一族が大功を立てたため、以後謝氏は東晋開国の功臣、王氏と並ぶ名家として崇められた。その実、肥水の戦に奮戦して功を立てたのは、広陵に駐する中原出身の軍閥、いわゆる北府の兵の働きなのであった。

肥水の戦に敗れて関中に引揚げた苻堅は、宿敵たる羌族出身の後秦の姚萇のために殺された。姚萇の子、姚興の時、後秦は長安を都として全盛を極め、特に仏教が栄え、印度経典がここで漢訳されたものが少なくない。現今日本で用いられている仏説阿弥陀経はその一である。

三　南北朝

北魏興る

後秦と同時に東方では後燕の慕容氏が盛んであったが、やがて恐るべき生蕃国、鮮卑族の拓跋氏の代国、後の北魏国が長城の南に接して国を建て、未開民族のエネルギーによって着々と軍事に成功を収めつつあった。その都平城は今日の大同に近く、現今に残る大同石仏寺の仏像彫刻は北魏時代の旧を伝えている。

北魏が華北に覇権を樹立するに至る最初の成功は、太祖道武帝、拓跋珪(たくばつけい)の時、河北の大勢力、後燕の英主慕容垂(ぼようすい)が派遣した侵入軍四、五万人を参合陂(さんごうひ)に邀撃して殲滅したことであった。慕容垂が病死すると、魏は反撃に転じて後燕を攻めてこれを滅ぼし、転じて西に向い、世祖太武帝の時に、匈奴族赫連(かくれん)氏の建てた夏を滅ぼして関中を定め、更に敦煌に至るまでの諸国を討平して黄河沿岸の中原一帯を統一した(四三九年)。

北魏が覇を制するに至った原因は、長城外に同じ遊牧民族の集団があり、そこから絶えず人員馬匹の補給を受ける便があったためである。逆に言えば、それまでの諸国の覇権が永続せず、例えば後趙の石虎、前秦の苻堅、後燕の慕容垂等が、栄えたかと思えば直ちに凋落に向ったのは、その同族の人口が比較的に少数であったためである。絶対多数を占める地方人民は、その人種的反感から、絶えず叛乱を企図しているので、これを圧伏するには地方の要地に同族出身の軍団を常駐させて睨みを利かせる必要があるのであるが、いかんせん、頼りになる腹心の軍隊は少数である。大軍団に纏(まと)めておけば駐屯箇処が少なくなり、威令が地方末端まで届かない。さりとて至るところに配置すれば兵力が分散して、敵側から各個に撃破される危険を生ずる。そのような際に纏った兵力が大損害を蒙るような敗戦に遇えば一度に覇権は揺らぐのであった。この点において北魏は人的資源に恵まれたわけであるが、しかしそれにも限度がある。長城外の鮮卑族が内地へ移住する者が多くなると、モンゴル地方では人口が稀薄になり、やがて砂漠の北に興った新民族、柔然(じゅうぜん)が勢力を得て、北魏はその脅威に直面するようになった。

孝文帝の華化政策

太武帝の玄孫、孝文帝の時に至って、北魏はその都を北辺の平城から、歴代中国の国都のあった洛陽に移転した。このことは鮮卑族王朝の中国化を意味した。未開異民族が中国と接触する間に中国化してくるのは自然の趨勢であり、むしろ避けられぬ運命とも言える。ただこの際の孝文帝の華化政策は、あまりにも急激であり、特に鮮卑語、鮮卑服の使用を禁じ、鮮卑固有の人名までも改めて、一に中国風に化せしめたなどは、行き過ぎではなかったかという批判は、後世の歴史家のみならず、既に当時の鮮卑人の間からも上っていた。そして事実、鮮卑人はこの改革以後、華化されると共に本来の素朴剛健な気風を失って柔弱となり、王朝の衰頽もまたここから始まっているのである。

しかしながら孝文帝の華化政策は、一方から見れば中国支配のために必要不可欠な窮余の策であったとも言える。鮮卑族の人口は五胡族の中では比較的多数だと言っても、これを中国人に較べると到底及びもつかない。しかも文化の点で中国人は絶対優秀である。このような条件の下で鮮卑王朝の支配を永続させるためには、自己が中国人と同等の文化人とならなければならない。また鮮卑族の人口寡少を補うためには、他の胡族と混一してその助力を得る必要がある。ところで他の胡族を同化せしめる文化は、鮮卑に固有のものがなければ、やはりそれは中国文化を採用せざるを得ないではないか。恐らくすべては孝文帝がその側近と綿密に利害を打算した上で決行されたに違いないのである。

東晋衰う

華北で北魏の征服が進行しつつあるのに平行して、江南でも新しい事態の進展が見られた。それは東晋王朝の衰亡である。

東晋政権の弱点はそれが流寓(りゅうぐう)王朝であったという点に存した。東晋はもともと西晋王家の一派が華北から官僚、軍隊を引率して、江南の新天地に流れこみ、いつかは中原の失地を恢復することを理想として、一時的に住みついたものである。そのために王家と共に南下した官僚、及び人民は大なる特権を与えられた。まず官僚は中央政府の要職を独占して、土着の貴族を二流扱いにし、顕貴な地位の配分にあずからせなかった。また北来人の戸籍は白籍と称せられて土着人の黄籍と区別され、その本籍地の州郡名を名乗り、その所有する土地には租税が免除されていた。言いかえれば北来人は好ましき権利はすべて保有するが、義務的な負担はほとんど支払わずに済んだのである。

このような不公平に対して土着の南人の間に不満が生ずるのは当然である。しかもそれが爆発に至らないのは、朝廷には北来の軍隊がつき従っているのを憚ると共に、もしこの軍事力がなければ更に好ましからざる華北の胡族勢力が南下するおそれがあり、異民族の征服を受けるよりは、まだしもこれまでの晋王朝の統治下にあるほうがましだと観念するからであった。

ところで華北中原を恢復して、今の南京、建康の都から引揚げて行くべき東晋政権は、百年近くたっても一向に動く気配がなく、事実華北の勢力が強くして、南風競わず、東晋政権はこのまま居すわってしまいそうな形勢が見えて来た。もし東晋が江南王朝に変質するならば、土着の江南貴族たる者は、北来人との間の権利義務の不公平を是正するよう要求しなければならぬ。ここに黄白籍の区別を解消し、北来人をもすべて現地の土着人として登録する、いわゆる土断(どだん)の問題が表面化して来た。

第三者から見れば全く問題のない、極めて当然な要求に対して、東晋の朝廷自身には全然解決の能力がない。朝廷の貴族はいよいよ貴族化してひたすら既得権の擁護に余念がなく、いささかでも自己の権益を損うような提議には始めから耳を貸そうとしないからである。九品官人法はますます形式化して、個人の官歴は全くその家柄に左右される。更に同一の官品中の職務に清官と濁官の差別が生じ、上流貴族は清官から清官へと頂上を伝わって官品が上り、末は三公にまで到達するのに対し、下層の貴族は濁官から濁官へと底辺を伝わって官品が上り、途中で上る階段がなくなって終るのである。たとえ北来の貴族でも家格が低くて才能に自信のある者は、働き甲斐のない政府に愛想をつかして反体制運動に走ることがある。そして更に不満なのは言うまでもなく、いつまでも下積みにされている現地江南の貴族である。

このような不満はしばしば野心家に利用されて、現実の叛乱となって突発する。叛乱はやがて鎮定されるが、これは軍人が頭角を顕わすに絶好の機会である。そして世上は英雄の出現を待望している。社会上の困難なもろもろの問題を解決して不安を無くして貰いたいからである。

劉裕宋を興す

こういう際に現われたのが劉裕である。北方の国境に近い彭城に生れ、若くして賤業に従事している中、北府の軍閥将領、劉牢之に認められてその幕下に加わった。劉牢之は先に肥水の戦で前秦軍の侵入を破ったおりの実際の指揮官である。これから後、劉裕は劉牢之に従ってしばしば内乱を平らげて手柄を立てた上、揚子江上流に拠った大軍閥、桓玄のために劉牢之が詐(あざむ)かれて殺された後、桓玄の叛乱を討平して、いよいよ威名を高めた。

兵権を掌握した劉裕は朝政に参与し、年来の宿題であった土断を実施し、北来者の白籍を改めて一様に土着人と同じ黄籍に上せ、従来国家権力の外に置かれていた土地、人民に税役を課した。これによって財政にも余裕を生じたので、彼はこれを利用して北伐を敢行した。

当時華北は五胡時代の末期に近く、後秦の姚泓(ようおう)が晋の故都洛陽から長安にわたる一帯を領有していたが、父姚興の積極財政策の後をうけて国力疲弊していたおりなので、劉裕の遠征軍は難なく洛陽を占領し、進んで長安に迫り、姚泓を捕虜として引揚げた。

しかし彼が目にした洛陽、及び長安は、東晋人が夢みた先祖の住んだ都の俤(おもかげ)を全く失っていた。五胡の戦乱でしばしば劫掠(きょうりゃく)を受け、荒廃した姿を見て、劉裕は再びここへ都を移そうという気になれなかった。ただ彼がこの地に僅かの守備隊を留めて引揚げ、それでも占領を続けていられると考えたのなら、それは情勢を余りにも甘く見過ぎた誤算であった。彼の軍隊の主力が撤退すると、長安も洛陽もたちまち周囲で機を窺っていた胡族国家のために奪回され、やがて北魏の新領土に加えられてしまったのである。

しかし劉裕の脳中を支配したのは、もはや洛陽や長安の旧都のことではなく、既に命数の尽きたかに見える東晋王朝を簒奪(さんだつ)して、新王朝を建設することであった。兵権を掌握した実力者が一たび決心すると、禅譲(ぜんじょう)の計画は着々と実行に移された。斯くして百五十余年ほどの間史上に聞くことのなかった禅譲は、またも現実の事例として再現され、しかもそれがいったん始まると、以後矢継ぎばやに繰返される時代に入って行くのである。

劉裕は東晋の安帝を弑(しい)して、恭帝を位に即けると間もなく、その禅りを受け、国を宋と号した(四二〇年)。これが初代の武帝であるが、その三年後に、華北では統一者、北魏の太武帝が即位した。この頃から以後、中国には南北に二王朝が対立するので南北朝と称する。

南朝の側近政治

宋の武帝は既に東晋の下で懸案の土断を実施したが、流寓と土着の貴族間の待遇調整については、何ら干渉する所がなかった。彼は実力を尊ぶ軍人であって、貴族の問題には興味がなく、若し土着貴族の地位を引上げて、北来貴族と同等にしてみても、何ら自己に取ってえる所はないと考えたのであろう。むしろ彼は貴族制度そのものを骨抜きにすることを考えたようである。すなわち表面は貴族の既得権を尊重するように見せながら、実際は貴族出身の朝廷大臣に権力を与えず、別に自己の側近に内局を造らせ、機密事項を謀議した。この内局は中書であるが、中書なるものは原来、尚書の支局であったと言うことができる。

後漢の光武帝は政務を親裁するために、公の宰相である三公に実権を与えず、もっぱら宮中の内局である尚書と共に政治を議して決裁した。しかるに尚書が実際に政治議決という実権を握ると、その地位が自然に公的なものとなり、もし大臣が実際に政治の局に当る場合には、録尚書事なる肩書を持って、尚書を指揮する権限を帯びなければならなくなった。三国魏の曹操は事実上天子を代行して、天下の政治を行ったが、尚書は漢の天子の公的機関なのでこれを敬遠し、これと同じ機能を持つ中書を設けて自己の顧問としたので、魏王朝成立の後も、公的な尚書の外に、内局の中書があって天子のために、裏面で画策した。しかるに中書が重きを加えてくると、やがてこれも尚書と変る所のない公的機関となり、その長官には貴族が任命されることとなった。そこで貴族に非ざる軍人出身の宋の天子は、中書の機関はそのままにしながら、その僚属である中書舎人（ちゅうしょしゃじん）を宮中に招き、これと政治上の機密事項を謀議し、その決定を中書の長官である監、令に伝えて実施させることにした。これが後世における中書舎人院の起原であって、中書の一支局でありながら、また天子に直属するという奇妙な性質の役所である。

ところで宋の天子はこの中書舎人には優れた才能を持ちながら、家柄が低いために出世を抑えられている、いわゆる寒士（かんし）の出身者を登用した。同じことは尚書のほうでも行われ、寒士出の下僚、令史が実務を処理するようになった。ここで魏晋以来の貴族政治の変質が起ったのであって、表面はこれまでと変る所のない貴族制であるが、貴族が表面に立つ表向きの政府は実際から遊離して浮上り、裏面で軍閥天子と寒士出身の下級官僚とが政治を動かすという、変態的な畸形政治が行われることになったのである。

微賤な寒士が動かす中書政治には、良い面もあれば悪い面もあった。良い面を言えば政策が過去の因縁や、貴族的な体面にこだわることなく、敏速に決定される点にある。武帝の後、廃帝、その弟文帝を経て、文帝の子、孝武帝が位につき、いよいよ中書舎人を重用し、秘密側近政治を行ったが、この間に祖父、武帝劉裕が実施してなお未完成に残された部分の土断をも遂行した。

由来土断は朝廷の高級官僚が既得権を侵害されるのを好まずして反対するので、流石の劉裕さえも、上流貴族が多く分布する地方は除外しておいたのであったが、孝武帝に至って、貴族の意向に頓着なくこれを断行することが出来たのである。

しかし一方、側近政治は武断に陥りやすく、ことに昏愚な天子が位にある時は、あまりにもすべての決断が早いため、ブレーキの役目を果すべき機関の発動が間にあわず、大臣や親戚を殺すような重大事までが、わけもなく簡単に行われた。これは東晋の貴族政治では、ほとんど見られなかった異常事態であった。このために宋では宮中までが実力行使の場となり、暴威を振おうとした天子が、かえって在位のまま殺されることさえ珍しくない。そこで宋は天子の位を践(ふ)んだもの九人のうち、廃殺された者が六人を数え、身命を全うして病死したのは僅かに三人であった。

このような政治の運営上致命的な弱点が重なり、宋は治世六十年にして、その大臣、蕭道成のために滅ぼされた(四七九年)。

南斉から梁へ

蕭道成が天子となり、国を斉と号したが、これが初代高帝であり、その子、二代の武帝までは無事であったものの、三代の廃帝は不行跡で人望を失い、一族の蕭鸞(しょうらん)のために殺された。蕭鸞は廃帝の弟を立てて天子としたが、またこれをも殺して、自ら天子の位についた。これが明帝である。明帝は即位すると、廃帝の系統の一族をことごとく殺し尽したが、その応報は彼が死ぬと間もなくやってきた。彼の後を嗣いだ東昏侯は自己の荒淫な所業をも省みず、朝廷の大臣が天子の位を狙うのをおそれ、片端から名望のある重臣を殺した。その十人目が蕭懿(しょうい)であり、ここに至って蕭懿の弟、蕭衍(しょうえん)が揚子江上流で兵を挙げて叛し、都を包囲して攻めると城内にこれに応ずる者があり、天子を殺して蕭衍に降った。蕭衍は殺された天子の弟、和帝を立てて位に即かせたが、一年もたたぬ間にこれを廃弑(はいし)して自ら天子となった(五〇二年)。斉王朝もまた前代の宋と同じ失敗の跡をたどったわけで、天子が平気で大臣を殺し、一族がまた互いに殺しあい、最後に大臣が天子を廃して殺す結果となった。七人の天子のうち、四人が非業の最期を遂げている。

斉に代った蕭衍は、すなわち梁の武帝であり、軍人出身ではあるが、早くから一流の文化人としても世に聞えていた。武帝の治世前半は血なまぐさい南北朝の間において、最も平和で、人民は太平を謳歌したと称せられ、在位四十八年、寿八十六と言う世にも稀な記録を打ち立てた。しかしその晩年には、仏教に心酔したために、慈悲と称して罪悪を看過し、老齢のために決断力が鈍って、しばしば政策転換の機を失し、終には国家を荒廃に陥れ、身自らも非命に殪(たお)れる結果を招いた。そしてこの悲劇をもたらした原因は、華北における政争の余波が及んだものであった。

北魏衰う

北魏は孝文帝の華化政策により、表面的には華やかな貴族社会が栄え、新都洛陽を中心として中国文化の復興が見られた。中国古代の井田法(せいでんほう)の理想に従い、三国魏以来行われた屯田法(とんでんほう)の経験を生かして、いわゆる均田法(きんでんほう)が発布され、耕す者には地ありという政策を実施しようとした。これは隋唐の土地法の直接の起原をなすものであるが、ただしそれがどこまで有効に施行されたか明らかでない。

かえって孝文帝の政治には幾多の矛盾が見られた。孝文帝に従って洛陽に移住し、中国流の貴族に変身した鮮卑(せんぴ)人は、その子孫も朝廷の高級官僚として栄華を謳歌することが出来たが、地方に取残された同族は、依然として兵営生活を続ける鮮卑軍人であった。そして軍人たることは国初においては名誉ある職業であったが、栄達した鮮卑貴族の中国化した立場から見れば、それはともに語るに足らない賤民的な存在に過ぎなくなった。かつては北魏国家の建設のために、相携えて苦楽を共にした同種族が、今や貴族と賤民と両階層に分裂して、互いに意志が相通じなくなったのである。それでも内地勤務の軍人ならばまだよい。いちばん骨が折れて、しかも最も報いられることの少ないのが、北方長城外の陰山山脈に沿った前線基地の駐屯部隊である。

北魏は当時モンゴル地方に勢力を得た遊牧民族柔然(じゅうぜん)の侵寇に備え、六鎮(りくちん)を配置して防禦に当らせたが、当初においてはこの前線で戦功を立てると、その勲績に応じて賞与を受け、出世の緒を摑むことができた。しかるに洛陽遷都後、北辺の守備隊の長官には中央から華化した貴族出の将軍が派遣され、彼らはその家柄を誇って軍人を奴隷視し、戦功があれば自分の功に帰して独占し、軍人は働いただけ働き損になるのであった。

このような六鎮軍民の不満と困窮に乗じて、鎮民の叛乱が起り、葛栄なる者の統率の下にその勢力が次第に内地に及び、河北の要衝、鄴が危険に瀕した。孝文帝の孫、明帝は大いに驚き、正規軍の力では頼りにならぬと見て、山西省北部の大豪族、爾朱栄に援助を要請した。北魏は中央政府が華化したと言っても、地方にはなお古い氏族制時代の遺風が残り、天子から客分の扱いを受けて自治を許されている部族があった。爾朱氏は当時においてその最大のものであり、牛羊駝馬を放牧し、毛色によって群を分ち、十二の谷に満ちていた。

時に北魏の朝廷に内訌あり、太后胡氏が明帝を毒殺し、三歳の児を天子の位に即けて自ら政務を視ようとした。爾朱栄は兵を率いて都に入り、太后と幼帝を黄河に沈め、太后に追従していた朝臣二千余人をあわせて殺し、孝荘帝を迎えて天子とした。こうして後顧の患を無くした上で、爾朱栄は鄴の救援に向い、騎兵を縦って味方に数十倍するほどの敵を包囲し、陣に臨んで葛栄を擒にした。葛栄の軍はもともと農民の脅従した烏合の衆であったので、彼らが互いに親属を捜し合って退散するのを許すと、数十万の大軍が一朝に解消してしまった。

ここにおいて爾朱栄は魏帝から太原王に封ぜられ、その一族が朝廷に布列し、これがために貴族化したために一時萎靡振わなくなった北魏政府がにわかに活気を取戻したかに見えた。しかし既に心底から中国化した魏の王室一族には、粗野な爾朱氏のために朝廷を占領された形になった屈辱に堪えられなかった。爾朱栄に擁立され、その女を皇后としている孝荘帝自身も爾朱栄に対する反感を抑えきれなかった。帝は皇后爾朱氏が男児を産んだと称して、爾朱栄を欺いて宮中に召し、その近親など三十人とあわせてこれを殺した。

しかしながら爾朱栄個人を除いたところで、そのまま実権が北魏天子の手に戻るような形勢ではなかった。孝荘帝は後漢末に董卓が宮中で殺された故事を研究して参考にしたと言うが、董卓はバックのない個人であり、爾朱栄は強大な部族を背後に持つ族長であって、事情が全く異なっていた。歴史の先例はそんなに簡単に役立つものではなかったのだ。

北魏分裂

果して爾朱栄の従子、爾朱兆は一族宗党を率いて洛陽を攻め孝荘帝を捕えて縊り殺した。しかるに爾朱兆は統率の才なく、爾朱栄から三千騎の将たるに過ぎずと評せられた位であったから、いま爾朱栄が俄に死んだ後の混乱を収拾する重圧に堪えなかった。流動的な事態は時勢を洞察する英雄の出現に好機会を与えるものである。

爾朱栄の旧部下に高歓あり、かつて仕官を求めて洛陽に出たが、朝政の乱れたのを見て断念し、郷里に帰って地方の豪傑と交わりを求めた。爾朱栄の下で戦功を立て頭角を現わしたが、爾朱兆のなすなきを見て自立の計を案じ、六鎮の遺民にして旧葛栄の部下となり、いま爾朱氏の下に酷使されている二十万の衆を懐柔し、独立して冀州に拠った。

高歓は鄴を陥れてここに移り、これが奪回のために大軍を集めて馳せ参じた爾朱兆は、かえって高歓のために邀撃(ようげき)され、大敗して逃竄(とうざん)した後に自殺した。高歓は進んで洛陽を占領し、魏の一族中から節愍帝(せつびんてい)を選んで立てて天子とした。ここにおいて関以東の中原はおおむね高歓の支配に帰した。

現今の陝西を中心とした関中には、この間に別箇の形勢が展開していた。北辺の六鎮の一に武川鎮があり、その鎮民は先の葛栄の乱にひとり行動を異にし、宇文泰の指導の下に、関中に入り、長安を占領してここを拠点とした。たまたま高歓に擁立されて節愍帝に代った孝武帝が高歓の専権を快しとせず、洛陽から出奔して長安の宇文泰の下に身をよせた。

高歓は孝武帝を追いかけたが及ばず、別に魏の一族から孝静帝を擁立して鄴に都させた。ここにおいて魏は東魏孝静帝と西魏孝武帝とに分裂したが、実権は名目上の天子の手を離れて、高歓と宇文泰との掌握する所であった。そして西魏では宇文泰が孝武帝の人となりを忌んでこれを毒殺し、代りにその従弟、文帝を天子の位に即けた。

東西魏滅ぶ

高歓と宇文泰は互いに相手を殪して華北を統一しようと競い、攻戦連年に及んだが、いずれ劣らぬ好敵手であって、戦力の消耗が重なるばかりで勝負が決まらず、これ以上の対決は無意味と思い、それぞれ自国内において地歩を固めるのが得策と悟った。まず東魏においては孝静帝が虚位を擁すること十六年の後、高歓の子、高澄を経て、その弟高洋の時、天子の位を簒い、国を斉と号した(五五〇年)。これがいわゆる北斉の文宣帝である。

西魏においては文帝が死んで子の廃帝が立ち、宇文泰を憎んで殺そうとして、かえって廃弑され、代ってその弟、恭帝が立てられた。しかし宇文泰が死んで子、宇文覚が嗣ぐと、恭帝を廃して帝位に即き、国を周と号した(五五七年)。これが北周の閔帝である。西魏の滅亡は東魏に遅ること七年であった。

名分論のやかましい中国では、東魏と西魏と、いずれも取るに足らぬ名目的な、しかも偏在した王朝であるが、それにしても何方(いずかた)が正統かという議論が行われた。北斉の魏収が『魏書』を編纂した時、自己の立場上、東魏を正統として『魏書』の中に書き込んだ。しかるに後世、北周をうけた隋が正統王朝ならば、北周とその前の西魏が正統でなければならぬという議論が起り、司馬光の『資治通鑑』はこの説に従っている。清代になって謝啓昆が『西魏書』を著わし、西魏をもって北魏をうけるものと主張した。ただしこの議論は大して意味がないというのは、当時は南北朝対立の時代であったから、もし北朝を正統とした上でなければ、東西魏の正閏争いは無意味であるし、もし南北並立を認めるならば、同じように東西魏の並立を認めなければならぬ。そして中国では北朝を正統とし、南朝を閏位(じゅんい)に置く説はほとんどなく、たいていは南朝を正統とするのが常識となっている。正統論はまた実力と名分とを論ずるが、当時の形勢で東魏と西魏とは実力に大差なく、その領有する面積人口の点から言えば、むしろ東魏の方が勝っていたと思われる。名分上から言えば、いずれも似たりよったりで、高歓に擁立された孝武帝が、逃亡して宇文泰に依ったのが西魏だから正統だ、と言ってみても、その孝武帝が後に宇文泰に毒殺された以上、その後に立てられた文帝の側に正統を主張する権利がありそうにも思えない。この場合の正閏争いは全く瑣末な議論に過ぎないが、こういう点を争う所に中国的思考の特色が窺われるとは言えるであろう。

侯景の乱

さて上述のうち、東・西魏の滅ぶより少しく前、東魏では高歓が死に、その子の高澄が嗣いで大丞相になった時、西魏では宇文泰の生存中に、侯景なる人物を中心として、東魏、西魏と南朝梁の三国間に微妙な紛争が起り、結局最後に最も手痛い貧乏籤(くじ)を引いたのが、慾張りすぎた梁の武帝であったという、誠に皮肉な結果に終ったのであった。

侯景は北魏北辺の六鎮の出身で、爾朱栄に従って葛栄を征討して功を立てた頃から世に知られ、爾朱栄の死後は高歓に属し、河南十三州の支配を委任された。しかるに高歓が死ぬと、彼はその後嗣の高澄とそりが合わず、自己の支配下の河南を率いて降参したいと、梁に申入れた。東魏の高澄は侯景の二心を抱くのを知って、兵を出して侯景を攻めたので、侯景は改めて西魏に救いを求めた。併し西魏は侯景の心事を計りかねて深入りしなかったが、乗気になっていた梁の武帝はわざわざ軍隊を繰出し、共同して東魏を攻める計画さえ立てようとした。

ところが流石に東魏は高歓以来、実戦で鍛えあげた無敵の軍隊があり、侯景は戦いに破れて梁の領土内に庇護を求めて亡命してきた。侯景の部隊は東魏に対しては敗退したものの、梁の軍隊に較べれば格段の強さである。やがて梁の弱点を看破した侯景は謀叛して揚子江を渡り、梁の都、建康を囲むこと半年、武帝は講和という形式で侯景に降り、幽閉されて餓死した。当時にあって八十六歳と言えば、現今なら百歳にも当る長寿であったが、誠に諺にあるように命長ければ恥多し、という諺そのままであった。原始的な未開人の強さを持った侯景とその軍隊はしかしながら、あまりにも暴虐に振舞って江南人の憤慨を招き、四方から梁軍が集まって来て攻めかかると支えられなくなり、敗走して逃亡の途中に殺された。

この騒乱によって、繁華を誇った建康付近一帯は瓦礫のみ残る焼野原となったので、梁の武帝の子、元帝はここを見すてて、揚子江の上流、湖北の江陵に徙(うつ)り都した。

梁に侯景の内乱が進行している間に、東魏では高澄が暗殺されて弟高洋が嗣ぎ、魏帝を廃して自ら即位し、北斉の文宣帝となったのであった。北斉は梁の混乱に乗じて、兵を南下させ、淮水を越えて、いわゆる淮南の地を占領してその領土とした。

これを見て西魏もただ指を銜(くわ)えて坐視するわけでなかった。丞相宇文泰は梁の元帝の都する江陵を攻め、元帝を降した(五五四年)。元帝は降るに先立ち、蔵書十余万巻を焼き、書万巻を読むもなお今日あり、文武の道尽きたり、と歎じた。侯景の乱に際しても、建康の図書がことごとく戦禍に罹ったので、このところ書籍の災難が相次いだのであった。西魏軍は城中の男女数万人をことごとく奴隷として北に連行し、あとに梁の武帝の孫を立てて天子とし、付近数州の地を領して西魏の属国とした。これが後梁の宣帝である。彼の父は昭明太子と称せられ、『文選』の編者として有名であるが、父武帝が長寿であったため、帝位に即くに及ばずして死んだのであった。

先に侯景の乱を平らげるに功のあった将軍陳覇先は、元帝の子、敬帝を擁し建康で天子の位に即かせたが、やがて敬帝に迫って位を禅らせた(五五七年)。これが陳の武帝である。しかしその領土は前代の梁に比べるとずっと狭く、揚子江の北は半ばを北斉に奪われ、半ばは西魏と後梁とに占領され、僅かに揚子江以南を保つに過ぎなくなった。

北斉北周滅ぶ

北斉は、西魏を奪った北周に比して、土地が広く文化も栄え、普通の常識から言えば、北周を圧倒しそうに見えた。しかるに高歓の後を嗣いだ諸帝の中に、異常性格の持ち主が多く、文武の才能には秀でながら、猜疑心が強かったりして、一族が互いに不信を抱いて殺しあい、それが大臣の間にも動揺を惹起して国論が分裂し、かえって北周にとって乗ずべき隙を与えることになった。

北周の宇文氏は、祖先の宇文泰以後、おおむね一族が助け合って国勢を維持してきた。

その根拠地である長安を中心とする関中の地は、この頃になると生産力において北斉に劣り、数をもってすれば圧倒されがちであった。これがかえって上下の団結を強固にしたとも見られる。例外的には初代の閔帝、その兄弟の明帝が相次いで従兄宇文護に毒殺されたが、その後に立てられた弟の武帝が専権をきわめた宇文護を殺して親政を行った。北斉では初代の文宣帝が酒乱で殺人を好み、大臣諸王、前代北魏の一族などを多く虐殺したあと、子の廃帝が立つと、叔父昭帝に位を奪われ、この人だけがまともな普通人であったが、そのあと弟の武成帝が立つと、昭帝の子を殺して、自己の子を相続人とし、間もなく位を禅って自ら太上皇帝と称した。この武成帝は兄である初代の文宣帝に劣らぬ暴虐の君主で、すっかり王朝の信用を落した上、彼が死ぬと後嗣の天子、いわゆる後主は同じくらいの昏愚であるにかかわらず、柱石となる大臣を殺して、国政がいよいよ乱れた。これに乗じて積弱の末と軽蔑していた南朝陳から反撃され、淮南江北の占領地を奪還された。西隣のライバル、北周がこの好機を見逃すはずがない。北周の武帝は総動員令を発して、まず北斉の軍事根拠地、平陽を攻めてこれを陥れ、ついで北辺の重地、晋陽を占領し、勢いに乗じて都の鄴(ぎょう)を包囲攻撃した。北斉の後主は太子に位を譲って逃走を計ったが、捕えられて殺された(五七七年)。ここに六代二十八年続いた北斉が滅びたが、その滅亡はかつては始祖高歓が、好敵手宇文泰と渡りあい、鎬(しのぎ)を削って壮烈な白兵戦を演じながら、遂に雌雄を分たなかった往時を顧みると、信じられないほどの脆弱さであった。

しかしながら勝利者の北周の運命も、これに劣らぬはかないものであった。武帝が死んで宣帝が立ち、同じ武川鎮出身の軍閥、楊堅の女（むすめ）を皇后に立てた。この宣帝は北周の系統にはかつてない淫虐の天子で、むしろ北斉の諸天子に類似した。個人的な放縦の生活に浸るために在位一年で位を幼主静帝に譲り、上皇と称した。上皇となって一年、荒淫のために若死して、外戚楊堅が隋王に封ぜられ、幼主の後見となった。後見となって一年、楊堅が幼帝を廃し、即位したのが、隋の文帝である(五八一年)。華北の再統一者、北周の武帝が死んでから、わずかに三年目、北周政権はあれよあれよと見る間に、隋王朝の手に移って行ったのである。

隋の統一

紀元六世紀の末、隋王朝の初めの頃において、中国の中心は依然として、華北中原にあり、華北に強固な統一政権が現われれば、江南の割拠政権はいつまでもその独立を保ち難い形勢にあった。そこで南朝の滅亡は既に時間の問題と見られたが、南朝陳にとって不幸なことは、明主宣帝の在位十四年の後を、暗愚な後主が相続したことであった。

道楽好きな青年天子は土木を起して宮殿を飾り、寵愛の張麗華以下の美人を擁し、日夜酒宴に明けくれて、遊びほうけていた。これは天下統一を狙う北方の隋にとって絶好の機会である。

隋の文帝は江南攻略の足掛りとするため、揚子江上の要衝、江陵に占拠する後梁政権を取りつぶして、数州の地を直轄とした。ここで揚子江を下る水軍の船団を準備し、直接に建康を衝く陸路軍と、両道に分れて陳に侵入した。この奇襲攻撃の前に、陳王朝は脆くも潰(つい)えて、後主が捕虜となった(五八九年)。

長い間南北に分れていた中国は、ここに至り隋王朝によって再び合体することになった。東晋が自立してから二百七十余年、北魏の太武帝が華北を統一して南朝宋と対立するようになってから数えて百五十余年たっている。但し中国の伝統的な史観では、隋王朝は隋唐と後に続けるよりも、南北朝のうちの北朝の一に数える。だから唐の李延寿が著わした『北史』には北魏から隋の滅亡までの史実を記している。

因みに六朝(りくちょう)という言葉は、建康に都した江南の文化を指す場合には、三国呉、東晋、宋、斉、梁、陳の六代を言うが、また南北を含めて、三国の次の晋から、唐の前までの言わば過渡的な時代を引きくるめて呼ぶ場合がある。例えば明の張溥の『漢魏六朝百三名家集』の六朝は、晋から隋までを含み、これを更に増補して上古から唐以前のすべての散文を集めた清の厳可均の『全上古三代秦漢三国六朝文』の六朝もまた同じ用法である。

中世における統一の意味

中世という時代は分裂的傾向の強い時代であるが、その中世にあって、一方では統一に向う機運があったことは注意さるべきである。そしてその統一の原動力となったのは、旧来の中国社会の中から生れたものでなく、中国とは異質の異民族の間から醸(かも)し出された機運であったこともまた注意すべき現象である。

後漢の頃から中国の内地に入りこんだ異民族は、次第にその移住者の数を増し、それが蜂起した時にいわゆる五胡十六国の分裂を来した。しかしそれはやがて新たなる鮮卑族の移住により、鮮卑を中核とした北魏の強力政権によって華北の統一がもたらされた。これはいわゆる五胡が幾多の変遷を経て、次第に独自の国民性を失い、長い軍隊生活の間に、最も後進的な鮮卑に同化された結果として起ったものである。しかるに北魏朝廷がその華化政策のために、更に大なる統一に向って前進するエネルギーを失った際、もう一度原初の状態に立返る必要があり、六鎮の叛乱となって一時華北が大混乱に陥った間に、武川鎮軍閥を中核として再度、統一に向う機運が動き出す。この二度目の統一傾向は北魏朝廷がなし得なかった事業、すなわち華北のみならず、進んで江南を合せて打って一丸とした大統一を成就するを得たのである。しかしながらそれで統一が安泰になったかと言えば必ずしもそうでない。中世中国は本来、分裂的素因の方が強く働いていたからである。だから隋は短命で滅びてまたもや天下の大混乱が起り、しかもそれが武川鎮軍閥の最後の代表者、唐王朝の手によって収拾されるのである。そしてこの唐王朝はともすれば漢王朝と同じ性質をもった統一王朝と見なされ、時には漢唐と続けて古代帝国の延長と考えられたりするが、子細に見れば漢と唐とはその中間に約四百年のいわゆる六朝時代を挟んでおり、この間に中国の社会は大きく変っている。両者は決して同じ性質のものたり得ない。

また隋・唐の統一があるによって、中世を分裂時代と規定することに大きな障害になるとする見方もあるが、私の言おうとする所は、中世は常に分裂状態にあったと言うのでなく、分裂する傾向が強い時代とするにある。すなわち状態ではなくして動きである。すべての事柄には作用があれば反作用がある。分裂的傾向の強い中世に、同時に統一的志向が現われても決して不思議はない。特にそれが中国社会内部から自発的に起ったことでなく、言わば外部からもたらされた場合は特にしかりとする。事実外見的には空前の大統一のように見える唐王朝において、意外にそこに分裂的傾向が強く現われることは、これからその歴史の跡をたどるに従って追い追い明らかにされて行くであろう。

隋の文帝の事業

隋の文帝楊堅は歴史上で名君の中に数えられているが、当時の評判では必ずしもそうではなかった。それは楊堅は北周の宇文氏と共に武川鎮軍閥に属するが、その家柄はさして高いものではなかった。それが幸運なめぐりあわせでやすやすと天子になったが、そのためか、彼は極めて猜疑心が強く、自己の地位を安全にするために、宇文氏の一族をことごとく殺してしまった。これはこれまで一致団結して困難に当ってきた武川鎮集団を破壊する行為であるとして周囲から厳しく指弾されたのである。

しかし文帝自身に言わせれば、自分はせいぜい天下人民のために公正な政治をやった心算であった。官吏をためすに、ひそかに賄賂を送らせて、取るか取らぬかを見、取った方を厳罰に処したなどは、天子のやるべき事でないと非難されたが、しかし官吏に清廉を期待した彼の意向は汲み取るべきであろう。従来の九品官人法が立法の趣旨と反対に、貴族主義の牙城を守る護符と化していたので、これを廃して、新たに才能本位の科挙を始めたのも、同じ意向の反映である。もっとも科挙の功罪については種々の異論があるが、良かれ悪しかれその後千三百年にわたって中国で実行されて来たのは、そこに取るべき何物かが存在したわけである。ちなみに科挙の開始を普通に次代の煬帝の大業年間であったとするのは誤解で、実は文帝の開皇年中であったのである。

煬帝の運命

隋文帝は南朝陳を滅ぼして、久しく分裂していた中国を再統一するの偉業を遂げ、在位二十四年で死んだ。普通に文帝は第二子の煬帝(ようだい)のために弑(しい)せられたと言われるが、この事は実はあまり確かでない。また煬帝は史上稀に見る暴虐の君主のように語られているが、これにも誇張があり、その実、北朝斉、南朝斉の諸君主に比べれば、それ程甚だしい昏愚の主とは思えない。ただ豪奢を好み、土木工事を頻りに起して民力を疲弊せしめたことは疑いない。ただしその中には大運河を開鑿(かいさく)して、北は白河から、中間黄河、淮水、揚子江を経て銭塘江(せんとうこう)に至るまで、東西に流れる大河川を南北に連絡して交通の革命を起したなどは、後世に残した恩恵を考えれば、あながち非難ばかりはされないであろう。ただしこの大運河は最初は政府専用の官営水路であり、それが民間でも盛んに利用するようになったのは、唐代中期以後である。それはあたかも科挙が、真に貴族的運用から脱却し得たのは、宋代を待たねばならなかったのと同様である。中国のような広大な社会では、開始と盛行との間にはいつも百年単位のずれがある。

隋の煬帝にとって命取りとなったのは、再三にわたる高句麗征討の失敗であった。そしてこれも煬帝の虚栄心から出た暴挙と言うよりは、むしろ軍隊の盲動を抑えることの出来なかった隋政権の体質的な欠陥から来ているらしい。いつも、またどこの国でも軍人は戦争が職業なので、戦争がなければ出世できない。そこで常に事あれかしと狙っているものであるが、隋王朝は武川鎮軍閥を土台として成立しながら、その軍閥の間で受けが悪かった。そこで彼らの欲望を強いて抑圧すると、彼らの不満が内向して、王室のもつ矛盾に鋒先を向けぬとも限らない。煬帝の父の文帝さえも彼らの外征に対する嗜慾を抑えることができないで、無名の高句麗征討の軍を起して失敗した。軍隊というものは一度失敗すると、今度こそはと名誉恢復を計って、一層強く戦争慾に駆られるものなのである。煬帝の最初の出兵は遼東城で前進を阻まれ、退軍の際に莫大な損害をこうむって帰還した。この敗戦の報が伝わると、各地に隋の支配に反抗して叛乱が起ったが、そんな情勢を無視して第二回の征討軍が強行されたものである。前線の戦いたけなわなる時、後方の兵站を掌っていた大将の楊玄感が謀叛し、煬帝の帰路を断った。一時危機に陥った煬帝であったが、楊玄感に人望がなかったために敗亡したので、この場は切抜けた。それにも懲りずに第三回の征討に賭け、やっと高句麗の名目的な降服で兵を収めたものの、この間に内地の叛乱はとめどなく拡大し、既に手のつけられぬほどに深刻化していた。

煬帝は根拠地の都、長安の軍隊が頼みにならぬのを察し、新しく近衛軍を編制し、大運河伝いに揚州まで南下し、ここで天下の形勢を観望するうちに、部下のために殺された。時に同じ武川鎮軍閥に属する李淵、李世民の父子が、北辺の前進基地、晋陽で兵を挙げ、都長安に入り、煬帝の孫、恭帝を立てて天子とした。李淵父子にとって、これまで歴代の都であった長安に拠り、従来の組織を活用して天下の情報を入手し得たのが何よりの強味であった。当時関東には名だたる英雄、豪傑の割拠政権が多かる中に、李世民は次々にこれらを討って平らげた。

李淵は間もなく隋の恭帝を廃して天子の位につき、これが唐の高祖である。当時正統の天子となるには禅譲の形式によらねばならぬという考えが一般化していたので、高祖の場合は別に隋王室を奉戴する必要がなかったにもかかわらず、不要な手数を費している。唐の李氏は武川鎮軍閥の中の家格では、隋室の楊氏よりも上位であったのである。

四　唐

唐王朝の性格

唐代約三百年の歴史は、大ざっぱに言って前期と後期とに分けられる。前期は高祖、太宗、高宗と父子相継いだあと、則天武后の簒奪という思いがけない断絶があり、この騒動を鎮めて唐を中興したのが玄宗であり、これまでを前期とする。前期の唐は、北周から始まり隋がうけた、武川鎮軍閥政権の延長線の上にあり、隋も唐も漢人出身とは称するものの、実はその前の北周の宇文氏とあまり変らない、異民族気質を濃厚に受けた、いわゆる漢胡混淆の血統であって、あるいは異民族そのものではなかったかとさえ言われている。例えば隋の煬帝が父の妾と通じ、唐の高宗が父の妾武氏を皇后に立てたなど、これを純中国的立場から見れば全く人目をおどろかす不倫行為であるが、北方遊牧民族の間には極めて普通に行われる習俗に外ならない。

唐代は我国との関係上、我が王朝時代の法律の母法となった律令を制定実施した点で特に注意され、彼我を引きくるめて律令時代と言うような呼び名さえある。しかし実際は律令なるものは中国では漢魏以来、また下っては明清にも行われたもので、別に隋や唐に限られたことではない。むしろ日本で注意されるのは唐代の律令中に含まれる土地制度、いわゆる均田法が特に問題にされているのではないかと思われる。

ところで北朝に行われた均田法は、遠く三国魏の屯田法、西晋の課田法の系統を受けたもので、直接には北魏から始まり、周、隋と受けて唐に至ったものである。しかるにこの法の制度自体、及びその実施方法が実はあまりよく分っていないのである。それは当時の法典が完全に伝わらず、一方近時敦煌(とんこう)文書など根本史料が発見されてもそれをいかに理解すべきかについて異論の多いことなどによって、法の全貌がまだつかめていない現状にある。そこで以下に述べることは、私の理解した範囲について、私の意見を紹介するだけで、決して万人の賛同を得たものでないことを断っておかねばならない。

まず私が注意したいのは、この均田法は天下に一様に施行されたものでなく、主に華北中原地方を中心として行われたという事実である。次にこの土地法は長い歴史を有するもので、唐代は既にその末期に当り、幾多の矛盾を含んで崩壊に瀕しており、決して法律の文面通りには行われなくなっていたに違いないことである。私はまず均田法崩壊も間近に迫った玄宗の天宝十四載(七五五年)の統計から始めようと思う。

応不課戸	三五六万	不課口	四四七〇万
応課戸	五三四万	課口	八二〇万
天下管戸	八九一万	口	五二九一万

右の表で万以下は切捨ててある。最初の応不課戸とあるのは、課とは関係のない戸のことである。言いかえれば均田法とは無関係の戸であって、これは北朝の法に、地を受けざる者は課せず、という原則が示してあり、これが均田法を貫く原則であった。つま

り政府から土地を受ければ、そこに初めて課という義務が生ずるが、土地を受けなければ課という義務が全くないのである。そんなら応不課戸にはどんな種類があるかと言えば、それは第一に王公貴族高級官僚であって、彼らの耕地は祖先以来の永業田であったり、天子からの賜田であったりして、政府の公田の分配を受けたものではない。第二は坊郭戸であって市街地に住む商工業者は原則として耕地の分配を受けない。更に第三として揚子江流域以南の地方には、初めから均田法が行われないで別の税法に依っていた所があった。それでなければ、どんなに計算しても、三五六万という大きな数字にはならぬであろう。

課戸という身分

さて政府から耕地の分配を受けた者は、課戸と称せられる。だから課戸は一種の身分である。従って受けた土地の面積は関係しない。そこで課戸の戸内の丁男(ていだん)は自動的に課口、または課丁となる。その義務は毎年、田租として粟二石、絹二丈、力役二十日、及び雑徭四十日未満である。この義務もまた受田面積と関係がない。ただ若し課戸であっても、戸内に丁男がない時には課の義務に応じられないから、これを課戸見不輸(課戸にして現に輸せず)と言い、またこれを不課戸と言うことがある。だから不課戸と応不課戸とは異なり、前者は臨時の不課戸であるが、後者は本質的な不課戸なのである。ただし両者は混同されることがあるから注意を要する。

課に服するのが課口で、課戸一戸当り約一人半となる。課口以外はすべて不課口であるが、右の統計表において、不課口を応不課戸の真下に置いたのは実は紛らわしいので、実際には不課口の多数が、課戸の家族なのである。従って課口と不課口を合せたのが天下の総人口となる。それが計算よりも一万多いのは、前項で切捨てた部分の和が現われたためである。この中に部曲(ぶきょく)、奴婢などの賤民も不課口として含まれていたと思われる。そんならば課戸以外の戸には全く負担がかからなかったかと言えばそうでない。そこには財産税が科せられる。天下の戸はその財産によって、上上戸から下下戸まで九等に分けられるが、中期以後は上上戸は四千銭、以下五百銭ずつ少なくし、下上戸千銭に至り、下中戸七百銭、下下戸五百銭だったことが分っている。これは著しく不公平な累進税率で、最下等の戸に対する比例で、最高の王公貴族でも八倍にしか当っていない。これより前玄宗のころは、これよりも軽く、中下戸四百五十二銭、下下戸二百二十二銭であったと言うが、これでさえも貧乏の家には相当に応えたに違いない。

課役、すなわち租調力役と戸税とは、全く原理の異なる税法である。課役はその根柢に徭役制度があって、現実に租と調とはそれぞれ十五日間の力役に換算して徴せられることがあり、本来の力役二十日と合せて年間五十日の役、これが原始の姿であった。これは当時の大土地所有たる荘園における労働者、部曲の性質と酷似するものがあり、そもそも課戸なるものは、政府に所有された部曲とも言うべきものであったのである。

これに反して戸税は財産の多寡に従って、貨幣をもって徴収されるから、言わば資本主義的な色彩を帯びる。従ってこれは荘園の所有者、あるいは大商人など、自身に課役の義務のない経済的実力者を対象としたものである。しかし課戸もまた多少の資産を有するところから、おおむね八、九等の下戸として、少額の戸税を徴収されることを免れなかったようである。

唐の財政中に戸税が占める比重は、初めは甚だ低かったが、中期以後次第に加重され、更に新税の創設も行われた。徳宗の初年(七八〇年)、従来の諸税役を統合して一本化し、両税法を発布したが、これは戸税と同じ原理に立つものであった。中世的な徭役制度から脱却し、これに代るべき新制度を模索した点に、唐王朝の性格が見られる。

太宗の事業

唐の高祖は即位して七年の間に、天下の群雄をすべて平らげて統一を完成したが、その際に最も功績のあったのは次男の李世民であった。そこで即位九年目に位を譲って太上皇となったが、新天子がすなわち稀代の名君と称せられた太宗である。確かに唐が天下を平定する際に現わした太宗の軍人としての才能は優秀なものがある。ただしこれにも背景があり、それは北周以後の武川鎮軍閥の団結である。更に必要の際にはモンゴル地方において、東西魏の時代から強盛となった突厥（とっくつ）から援軍を借りたこともある。これが天下統一の後にはかえって唐にとって招かざる客となって妨害を加えるに至った。

太宗が自ら言っているように創業に劣らず困難なのは守成の業である。太宗在位の貞観（じょうがん）という年号の二十三年は空前の太平の時代と称せられる。しかしこれも天子の徳というよりは時代がよかったのである。当時の戸口数を見ると、隋の煬帝の大業二年に八百九十万余戸あったものが、太宗の初めには僅かに三百万戸に減っていた。大乱の後の復興時代には労働力があらゆる方面で要求されて、失業問題がない。その上に中国の特産である絹も、このころ長い戦乱で東西交通が杜絶していた後なので、しきりに西アジア方面から要求があった。しかし東西交通に妨害を与えるのは、北方の遊牧民族突厥であって、新疆の砂漠沿辺の都市を支配下に置いて、重い通過税を徴収しようと企てる。そこで太宗は将軍李靖、李勣（りせき）をやって東突厥を破り、突利（とつり）、頡利（きつり）の二可汗を降し、その衆に命じて長城の北方を守禦させ、新疆の東端なる高昌国を滅ぼして西州とし、ここから砂漠の諸都市を監視せしめた。唐は次の高宗の時代になり、将軍蘇定方（そていほう）を遣わして西突厥を平定し、ペルシアに接するまでの地方を支配下に置いた。これによって東西の貿易が盛大となり、この際には西方の銀が、中国へ絹の代価として流入し、これが中国の経済界を好景気に導いたのであった。

唐室内紛の背景

唐の初期、朝廷の官僚にはおよそ三種類の出身があった。第一は北周以来の武川鎮軍閥系統の旧貴族であり、長孫(ちょうそん)氏によって代表される。第二は隋末の大乱に乗じて民間から崛起(くっき)し、功績によって高位に上った者で、その代表は李勣である。彼は隋末に群盗に従って起り、唐に降って後、戦功により宰相にまでなった。その本姓は徐であるが、唐の姓に従って李と改め、更に本名が世勣であったのを、世の字が太宗の諱(いみな)世民を犯すので、世字を去って李勣とした。中国人が姓を改めるというのは、余程のことであって身分の卑しかった証拠である。第三は中国的土着の豪族ないしは貴族で、郡望と称せられるものである。多くは漢以来の古い家格を誇り、南北朝の争乱の時代には地方に匿れて経済的な地盤を養い、平和な時代になると地方を足場として中央政府へ進出して名誉ある地位を狙う。長い歴史の間にこれら貴族の間に自然と全国的な番付が出来上り、唐代には崔(さい)氏と盧(ろ)氏とが最高の名族とされ、当時の貴族社会の評価では、これに比べると天子の家李氏も物の数でもなかった。また家格はそれほどでなくても、唐が関中に都し、その都が繁栄すると共に、その余慶によって実力が急上昇した豪族がある。高宗の皇后武氏、中宗の皇后韋氏が大勢力を振うようになったのは、単に個人の才覚ばかりではなく、武氏一族は并州の豪農であり、長安に移って天子の私有の荘園経営に当っており、韋氏は長安土着の豪族であり、彼らの一族が裏面から皇后を援助していた事情があったのである。

則天武后

太宗の子高宗は即位の後、太宗の妾で尼となっていた武氏を連れ戻して寵愛し、秘書として用いるうちに、武氏は宮中に勢力を張り出した。最初は宮中におけるライバル、皇后や貴妃らと争って次々にこれを殪し、次には朝廷の大臣らと戦い、最後には外戚の大長老である長孫無忌を追放してこれを殺した。長孫無忌の祖先は北魏の王室から出て、西魏、北周、隋を通じての名家であり、彼の妹は太宗の皇后に立てられたから、唐初最高位の貴族である。それが武氏に敗れたのは見苦しかったが、武氏にすればこれによって朝廷の全権を手中にしたことになる。高宗の死後、武氏は中宗を立てたが、やがて中宗を廃して自ら天子の位につき、国号を改めて周と称した。これがいわゆる則天武后である。

武后の奪権はもともと無理なことであったため、一度無理をすると、重ねて更に無理を強行せねばならなかった。自己に敵意をもつ反対勢力、唐の宗室、譜代の功臣の家などを片端から取りつぶしてその一族を殺した。しかしこのことは、長い目から見れば唐王室のために好結果をもたらしたとも言える。この後、唐王室は伝統の束縛から解放されて身軽になり、自由な政策を行うことができたからである。

武后が周と国号を改めて十六年、年齢も八十二歳になった時、宰相の張柬之(ちょうかんし)らが兵を挙げて武后の側近を殺し、武后を幽死せしめ、中宗を迎えて位に復せしめた。しかるにこの時の粛清が不徹底であったために、宮中に残存した武氏一族の勢力が、中宗の皇后韋氏と結び、韋皇后が宛然(えんぜん)武后の再来として朝廷に臨んだ。宰相の張柬之らは不覚にも韋后に計られて殺され、やがて韋后の不行跡に気付いた天子中宗も毒殺された。中宗の弟に睿宗(えいそう)あり、かつて武后の時に名目的な天子の位に即(つ)けられたことがあったが、その子、李隆基が兵を挙げて皇后韋氏、その側近、武氏の残党らをあわせてことごとく殺し、父睿宗を迎えて位に復した。即位して三年、睿宗は位を隆基に譲ったが、これが在位四十四年に及んだ玄宗である(七一二年)。

先に武后による旧貴族に対する粛清があり、今また宮中に根城を有する伝統勢力の一掃があって、唐王朝は玄宗の下に再生の第一歩を踏み出した。朝廷における人材登用も旧習に拘泥することなく比較的自由に行われるようになった。玄宗の初期、その年号によって開元の治と称せられた太平時代の宰相、姚崇、宋璟はいずれも背景をもたない官僚である。

玄宗の初期はまた経済的に好景気の時代であった。唐代の戸口は初め戸数三百万から出発して、高宗の時に三百八十万戸、それが玄宗の末期には隋代と同じ八百九十万戸に達したのは、生産が絶えず上昇し続けたことを物語る。初期には経済はなお自然物経済で、絹や穀物が交換の媒介に用いられた。だから前代の形式を継いだ律の規定には絹を貨幣の尺度として用い、贖罪の際には銅何斤と称して、銭という単位を用いない。従って唐初の好景気というのも農民が自ら生産した絹がそのまま貨幣として購買力を持ち、欲する物がなんでも買えたことを意味した。この絹はやがて集められて外国商人に売られ、銀となって中国に入り、富豪の倉庫に収まったのである。

唐の高祖の時に、開通元宝という銅銭を鋳造したが、まだ十分には通用しなかった。それは高宗の時になって銭式を変更したことによっても察せられる。ところが玄宗の時に同じ開通元宝銭を鋳造してから、これが標準の貨幣の形となり、その重さが後世まで長く襲用されたのみならず、日本へも伝わって、日本銭の模範となった。その重さが精確に日本に伝わって、一匁（もんめ）（三・七五グラム）という単位となっているが、匁という字は銭という字の略体である。漢の五銖銭以来中断していた貨幣制度が、ここに至って復活を見たのであった。

　中国の経済に更に大きな発展をもたらしたのは波斯（ペルシア）人、続いて大食（アラビア）人の渡来である。唐の初めに当り、アラビアにマホメットが現われてイスラム教を興し、いわゆるサラセン帝国を建て、太宗の世にササン朝ペルシアを滅ぼして、その勢力が次第に中央アジアに進出した。宗教を異にし、拝火教（はいかきょう）〔ゾロアスター教〕を信ずるペルシア人はアラビア人に追われ、中央アジアのいわゆるシルク・ロードを伝わって中国に入ってきた。彼らは熟練な商人で特に宝石、貴金属の鑑定に長じ、利殖の術に巧みであり、中国に入るとその長所を利用して動産資本家として著われた。滅多にありうべからざる者の例として、窮波斯（はじ）＝貧乏なペルシア人が挙げられた。中国における動産資本の勃興はペルシア人に負う所が大きいと考えられる。

　ペルシア人の後を追いかけて、今度は大食＝アラビア人が中国に渡来した。彼らは陸路のみならず、海路からもやってきて、広州、泉州、揚州らにその居留地があった。そこには大食ばかりでなく、ペルシア人はもちろん、ユダヤ人らも居住して蕃坊と称せられ、彼らは唐政府によって自治が認められていた。

ここにおいて唐国内の縦貫交通路は、世界的な循環交通路の一部分にくみこまれることとなった。もし起点を地中海にとれば、シリア―ペルシア―中央アジア―新疆―敦煌―長安―洛陽―開封―大運河―揚州―東シナ海―泉州―広東―占城―マレイ―セイロン―アラビア海―紅海―シリアというふうにアジア大陸を一周することができたのである。もちろんこの大幹線のうえの任意の地点から、世界の各地方へ無数の支線が延びている。

唐から日本へ来るには、洛陽、開封の辺りから黄河の線に沿うて山東省の北岸へ出、朝鮮半島の西海岸を南下して対馬に達する北廻り線と、揚州近くの海岸から、東シナ海を横断して五島列島から九州に至る南廻り線とがあった。古くは北廻り線が多く用いられたが、唐以後には南廻り線が普通に利用されることになった。

玄宗時代に唐王朝が再興され、国際貿易が殷賑(いんしん)を極めると、玄宗はかつて貞観時代に置かれた六都護府にならい、辺境地方に十節度使を置いて、国境の警備、貿易の保護に当らせた。十節度使のうち安西、北庭は共に新疆内にあって、同名の都護府の復活であり、共に西方貿易に従事する隊商を保護するのが目的であった。

安史の乱

このように経済界が活潑に活動するのはよかったが、同時に弊害も伴った。それは貧富の階級の差が早くも顕著に現われ始めたことである。玄宗時代は各方面に新興階級の進出が目覚しかったが、彼らが伝統による束縛を感ぜず、能力をフルに回転して成績を挙げる一方、傍若無人な奢侈（しゃし）生活に耽溺（たんでき）して反省する様子のないことが、いよいよ貧富の対立を際だたせた。天子玄宗自らがそのよい例であった。玄宗と楊貴妃との逸楽生活は官僚、軍隊の紀綱を解体せしめた。異民族色の濃い河北の軍閥、安禄山（あんろくざん）、史思明（ししめい）の叛乱は、いわゆる開元の治と称せられた玄宗初期の光栄を一朝にして泥土にまかするに至った。

玄宗は叛乱を避けて蜀に逃れ、子粛宗が立ち、その在位五年は全く叛乱鎮定のために費された。上皇玄宗が七十八歳で死ぬとすぐ粛宗も死し、子代宗が即位し、在位十八年に及んだ。

いわゆる安史（あんし）の乱は漸くにして鎮定されたものの、その後の唐はもはや以前の唐ではなかった。安史の乱の首謀者は誅滅されたが、そこから分派した軍団は河北を中心として残留し、表面上は朝廷に帰順したが、事実は節度使の名をもつ軍閥として割拠し続けた。玄宗の末年に戸数八百九十一万を越えたものが、粛宗の時には二百九十三万戸に減ってしまった。これは実際に減少したばかりではなく、軍閥らが半独立の状態となって管内の戸口数を報告しないものが多かったためである。いずれにしても中央政府の掌握する人口が減少した点においては変るところがない。

財政国家への変質

これと共に唐なる国家そのものが変質してきた。従前の唐は武川鎮軍閥の系統を引く武力国家であった。武力を根幹とし、武力によって治安を維持し、法制を施行し、租税を徴収して、政府を維持する。しかしこの循環の間において貨幣の介在する局面は甚だ小さく、政府は人民を何らの仲介なしに直接軍事力役に使用する部分が甚だ多かった。しかるに安史の乱に直面して政府は、このような組織はもはや全く時代遅れになっていることを発見して、時代に相応する新しい方式に切換えねばならぬことを悟った。それは人民からはもっぱら税を取立て、その税によって軍隊を養うという方法である。

粛宗即位の三年(七五八年)、唐政府は第五琦(だいごき)の献議により、榷塩法(かくえんほう)、すなわち塩の専売法を実施した。塩の専売はかつて漢の武帝の時に行われた事があり、その後は時にやめ、時に行われたが、この時以来、これが歴代政府によって踏襲され、ほとんど中国の国是であるかの如き観を呈した。しかもその目的が軍事費に充当するにあったので税率がすこぶる高い。最初は塩一斗十銭の原価に十倍の百銭を加えて百十銭で売った。これでも法外な高値であるが、時代が下ると共に政府の財政難が加重されるので、これに応じて塩価も高くなり、三百十銭になり、三百七十銭になった。まさに原価の三十七倍であるが、唐以後の各王朝も大体はこの位の税率を維持して清朝末まで及んだ。明治以後日本人が中国に渡ると、塩が砂糖よりも高いと言って驚いたものである。

専売は塩に限らなかった。塩とほとんど同時に酒の専売が始められ、この方はその実施に困難があるため、時に行われ、時にやめさせられた。やがて茶の専売、鉱山の税、津渡の税なども行われ出した。およそ税金の対象となるものはなにくれとなく探し出され、取り尽されたのである。

粛宗の次、代宗を経て徳宗が即位の初め、両税法が施行された。これは均田法の廃止を意味し、農民は公田に対しても土地所有が認められ、従来の課役、すなわち租庸調に代り、春秋二季に税銭を上納すべきことが定められた。既に各種商品の専売法が施行され、政府が金銭収入を中心として、財政を運用することになった以上、土地税もまた銭納化されるのは必然の勢いであったのである。ただし税負担者が現銭収入源を持たない農民であるため、銭をもって納税する方法は実施し難い状況であった。これがため実際には絹と穀物とをもって折納する便法が取られざるを得なかった。また両税法の初意は政府が毎年予算を立て、予算に従って税銭を計上して、必要な額だけを徴収するはずであったが、長い間、入るを計って出づるを制すという方式に慣れて来た官僚には、これを全く逆の方法でやる順応性がなかった。そこで最初に定めた税額はそのまま何時までも踏襲され、不足してくるとその分だけ割増して徴収するという、機械的な、融通のきかない手段がとられた。そして土地利用状況の変化などに対応して、新しい台帳を造りかえることが滅多に行われないため、常に課税が不公平になりがちであった。

粛宗から徳宗に至る間に始められた一連の新経済政策は唐の国家の性質を一変せしめた。これまでの武力国家はここに至って財政国家に変質したのである。何よりも財政を優位におき、歳入を増して財政を豊かにすれば、平和も文化もそれで購える(あがな)という考えである。国内に叛乱が起れば、金銭を与えて異民族の軍隊を雇入れて使い、今度は異民族国家から侵入を蒙れば、金銭を与えてこれと和解するのであった。こういう財政国家方式は、その後の宋王朝に対して先例を示したものであり、またこれは中国に限らず、西アジアの文明の古い国においてしばしば実行された政策であった。

党争の弊

その経済政策においても見られるように、唐王朝はその後半に入ると、北朝的な色彩を失って、中国的な色彩を濃厚に打出してくる。それは時として、かつて中国的社会の行詰りを見せた後漢末期が再現したかの観を呈した。唐王朝がその前半において、武后、韋后など女性が政治に容喙したのは、中国的社会では想像のつかない現象で、これは唐王朝が異民族的性格をもっていたことを物語る。この性格は玄宗以後になって消滅するが、今度はその代りに中国的社会の弱点から生ずる諸特徴が現われ出した。それは後漢末にも起った官僚の党派的団結、これに絡んで生ずる宦官の専横である。

徳宗の朝に宰相盧杞が重用されて権力を振い、姦邪と称せられた。徳宗の子順宗の一年未満の在位中には、党派を造って朝政を左右しようとする野心家が現われ、名文家の柳宗元もその党中にあったが、順宗が死んで憲宗が即位すると、皆な追放に処せられた。憲宗の時に李吉甫が宰相となり、人才を登用するに宜しきを得たと称せられ、その中に詩人、白楽天も含まれていた。しかし一方、李吉甫は天子の意に逢迎するとの非難もあった。この李吉甫の子が李徳裕である。

穆宗の子敬宗は宮中で宦官に弑せられ、弟文宗、武宗の兄弟が相次いで天子となった。文宗の時、李徳裕が翰林学士となって言路に当り、新進の李宗閔がかつてその父の失政を非難したのを憎んでその党派を排斥したが、李宗閔は宦官の助けを借り、牛僧孺を引いて、共に宰相となり、今度は李徳裕とその党派を朝廷から追い出した。当時李宗閔と牛僧孺とを併せて牛李の党と名付けたが、後世この語の意味を誤って、李徳裕に対する牛僧孺の両派の党争と解するようになった。

朝臣の党争は、至って中国的な現象であるが、特にこの際において、李徳裕は父吉甫が宰相であったための余慶として、何らの銓衡(せんこう)を経ることなくして任官できた、いわゆる任子(にんし)の出身であるのに対し、李宗閔と牛僧孺とは進士出身であり、特に両人は同年登科の誼(よし)みがある。任子と進士とはいずれも中国的な制度であるが、これを背景として成立した党派の争いが、その後二十年にわたって継続された執念さがまた頗る中国的であった、と言わねばならぬ。

牛僧孺の在任中に、その対西蔵(チベット)政策の失敗が問題となって失脚すると、今度は李徳裕が用いられて宰相となり、李宗閔をも追い出した。しかるに李徳裕は宦官に逆らって位を去り、代って李宗閔が宰相となり、李徳裕がやめさせられた。この時期においては李徳裕は任子出身の貴族であって自尊心が高く、宦官と結託するのを屑(いさぎよ)しとしないのに反し、李宗閔ら進士派は成り上り者の常として、目的のためには手段を択ばず、宦官の頤使に敢えて甘んずるという点で評判が悪かったのである。

武宗が兄文宗を嗣いで天子となると、今度は李徳裕を召して宰相とした。必然的に牛僧孺と李宗閔が退けられ、貶謫(へんたく)を蒙った。しかし武宗が死んで、叔父分に当る宣宗が入って天子の位に即くと、直ちに李徳裕をやめさせて地方に出し、翌年更に位を貶して追放し、ほとんど同時に牛僧孺も死し、李宗閔は前年に死んでいたので、両党派の首領は漸く一掃されることとなった。この宣宗は唐王朝後半においては、憲宗と共に名君と称せられたが、朝廷における党派の争いを鎮めたにもかかわらず、宮中における宦官の専横を抑えることができなかった。その宣宗が死ぬと、唐王朝は全く宦官の王朝たるの観があった。もっとも宦官勢力の伸張は急に始まったものでなく、その淵源を尋ねると玄宗の朝まで遡るものであった。

宦官の専権

玄宗が楊貴妃を寵愛して宴楽に明け暮れると、これに伴って宮中の事務を管掌する宦官が自然に勢力を得、在朝の官僚が将相の位に昇るためには宦官、高力士（こうりきし）に斡旋を依頼するのが捷径（しょうけい）と称せられた。不思議なのは高力士は美人を娶って栄華に耽り、金銭財貨を積んで仏寺道観を建築し、国家の力でも及ばぬほどの善美を尽したことであった。其後、名君と称せられた憲宗は宦官の勢力を抑えようとしてかえって宦官に殺された。次の穆宗は在位四年で終り、子の敬宗は在位二年で宦官に弑（しい）せられ、弟の文宗が宦官の力によって擁立された。しかしながら文宗は宦官の専権を喜ばず、宰相李訓らと計って宦官を誅戮しようとしたが、宦官らは近衛兵を掌握していたので反撃に転じ、李訓ら朝廷の大臣をことごとく捕えて殺した。さすがに天子に対しては手を出さなかったが、これ以後、政事はことごとく宦官の手に帰し、天子も宰相もただ文書に署名するばかり、その天子すらも廃立は宦官の意のままに行われることとなった。文宗は宦官の専横に歯ぎしりしながら、遂に対抗措置を見出せずに在位十四年を終った。文宗が死ぬと、文宗の意に反して弟武宗が宦官に擁立されて即位した。このような状態であったから、大臣官僚間の党争と言っても、それは政治の本質に関わるほどのことでなく、単なる官僚人事の異動、昇進の遅速を主眼とするものであったことが知られよう。次の宣宗もまた宦官によって立てられた。英明と称せられた宣宗は宦官を誅除する志はあったが、遂にその機を得ないで終った。その子懿宗、その子僖宗、その弟昭宗、いずれも宦官に擁立された天子であって、当時、天子は宦官の門生に過ぎぬと称せられた。しかし朝廷で大臣が派閥争いし、宮中では宦官が天子を愚弄し、天子は自暴自棄となって奢侈宴楽に耽っている間に、社会には天地を驚動するような大事件が進展しつつあったのである。

黄巣の乱

政府が塩を専売とし、高価な塩を人民に売りつけたことは、単に消費者を経済的に苦しめただけに止まらず、更に大きな副作用を惹き起さずにはおかなかった。それは秘密結社の成立である。すべて統制には闇が付き物であるが、統制価格が高ければ高いほど、闇商売の利益が大きくなる。これを放任すれば官塩が売れなくなるから、政府は厳重な取締りを加え、闇商人に対し死刑を含む重罪を以て臨む。すると闇商人の方でも自衛策を講じ、秘密結社を組織して全国的に連絡を取り、最後的には武装して反抗運動に出る準備を整えるのである。唐の塩専売以後、中国社会は一種の畸形状態に陥り、一方に秘密警察、一方に暴力団があって、人民の生命財産が常に不安に脅かされていた。以後の中国では平和な時代と称せられていても常に大小の叛乱が局部的に起るのはこのためであるが、その最初の例が唐の僖宗の初年に起った王仙芝、黄巣(こうそう)の叛乱である。

この二人は山東省の河南省境に近い、交通に便利な黄河沿辺で私塩の密売に従事していたが、災害と重税のために、地方至る所に小叛乱が起ったのに乗じて、まず王仙芝が兵を起し、次いで黄巣がこれに応じて、隊長となった。当時失業者が溢れていたのでたちまち数万の衆が集まった。注意すべきはこの中に、北方異民族が降って各道に配流された者が多くまじっていたと思われることである。彼らは天成の熟練した軍人である上、秘密結社間の連絡、情報網が天下に張りめぐらされていたので、その戦力も機動力も遥かに官軍に優っていた。この点では決して農民戦争などと言える性質のものでない。彼らは無人の境を往くが如く天下を横行し、揚子江を渡り、広州を陥れ、再び揚子江の南北を往復し、最後に洛陽を経て、都長安を占領した。

天子僖宗は蜀に出奔し、山西北部の晋陽に移住していた沙陀(さた)部族の長、李克用に援助を求めた。沙陀は突厥(とっくつ)系の民族で、先に唐に降り国姓の李を賜わったものである。李克用はしきりに黄巣を破り、賊軍から降った朱全忠と協力して黄巣を追いつめてこれを殺した。

叛乱平定に功のあった李克用と朱全忠はその後、覇権を争って攻戦し、李克用が破れて山西に帰り、中原は朱全忠の独り舞台となった。彼は大運河と黄河の接点、開封によって長安の唐朝廷を制し、僖宗の弟昭宗の時、兵を率いて長安に入り、ことごとく宮中の宦官を誅戮した。

しかしながら宦官の掌握から解放された唐朝廷は一層孤立無援となり、宦官を殺した朱全忠の外に、誰も頼るべきものがなかった。しかも天子の昭宗は英気があって中興の志を抱いたのを見、危惧の感を抱いた朱全忠は首都を自己の根拠地開封に近い洛陽へ移転させた。百官以下人民までが強制されて長安から立退かねばならず大騒動を演じた。上下に哀号の声高まる中で、天子は洛陽につくと間もなく殺され、末子の哀帝が立てられた。九人の兄は殺され、哀帝自身もやがて即位の四年、迫られて位を朱全忠に禅(ゆず)り、禅ると間もなく殺された。これがかつては全盛を誇り、三百年近く続いた唐王朝の最期であった。朱全忠はすなわち五代後梁（こうりょう）の太祖である。

五　五代

最後の分裂時代

安禄山の乱後、唐王朝はもはや統一国家ではなくなり、河北を始めとし、各地に軍閥勢力が割拠して半独立の状態にあった。しかし長安を都とする唐王朝は大運河の沿線を確保することによって、財政国家に変身してその命脈を保持することができた。ここに中世的な分裂傾向が再び強く現われたわけであるが、唐王朝にとって幸いなことは、分裂傾向は地方軍閥自身の上にも及び、彼らの間に大団結の生ずることを防いだ点にあった。しかるに黄巣の乱は天下を大混乱に陥れ、この大混乱の間から局部的統一の中心が各地に出現した。その最大のものが朱全忠の集団であり、これは黄巣軍の中核勢力の脱皮したものに外ならなかった。しかし朱全忠が唐を奪って五代梁国を立てても、その政令の及ぶ範囲は黄河沿岸の華北中原地方に過ぎず、揚子江流域以南には、同じ黄巣集団から分派し、またはこれに敵対しながら相似たる性質を有する軍人集団が中心となって、それぞれ勢力範囲を定めて、独立政権を樹立しつつあったのである。

まず浙江省一帯に、杭州を都として銭鏐の呉越国が起り、これを北方から蔽うようにして江蘇、安徽、江西の三省の地に跨がる楊行密の呉国(南唐)があり、その西、湖南省方面には馬殷の湖南国(楚)が成立した。この三国の軍事力の中心はいずれも黄巣集団の分派である。こうして華北との連絡を断たれた福建省には王審知の閩国が、広東省には劉巌の南漢国が独立した。この外、四川省には王建の蜀が独立し、その東に連なる揚子江中流の荊州付近に高季昌の荊南、または南平国が周囲における勢力均衡の間に立って半独立政権を樹立した。これら南方諸国は貿易上の必要から、時に中原の梁王朝に対し、名目的にその主権を認めて臣礼を取ることもあって、平和的態度を示したが、梁にとっての最大の脅威は、山西省北部に拠った李克用の沙陀王国であった。この国は晋と号して、李克用の子、李存勗の時になると、梁の衰頽に反し、その地の特殊資源を利用することによって遽に勢いを盛り返して強国となっていた。この晋国が最後に梁を圧倒して、後唐となり、その後唐は後晋に奪われ、後晋が倒れた後に後漢が起り、後漢は後周に禅位する。これがいわゆる五代であるが、地方には大小の独立政権が簇出した中で、宋の欧陽脩の『新五代史』は十国を取出して、『史記』に倣い「世家」を立てた。いわゆる十国とは、呉と南唐を分けて二とし、蜀を王氏の前蜀と孟氏の後蜀とに分って二とし、これに南漢、楚、呉越、閩、南平、及び後漢王朝から分れ出た北漢とをあわせて十国なのである。

この前後が中世的割拠が絶頂に達した時である。従前の中国では、分裂は多く華北に起り、江南は大体において統一を保っていた。それは江南地方の開発がまだ十分でなく、彼方此方に独立政権を造ってそれを維持するほどの人的、物的資源が揃っていなかったことを物語る。しかるに五代には主として、揚子江流域以南が分裂の主体となっている。特に湖南省における楚の場合は珍しく、従前には湖南省のような所が相当長期にわたって独立政権を賄ってきた例はかつてなかったことである。

軍閥の統合

このような分裂の形勢も、それが行き着く所まで行くと、今度はそこから一転して統一へ向う動きが生じ、それが速度を加えて統一実現に邁進するようになる。これには二つの要因が考えられる。

第一は軍閥勢力の動向である。割拠政権は戦争の結果生じたものであるが、その戦争が永続すると何時かは勝敗の運命が定まり、その際の勝者が中心となって統一が進められて行く。そのよい例は中原における後梁朱氏と晋国李氏との戦争である。

李存勗が根拠とする晋国は良質の鉄鉱を出し、また無煙炭を産するので、唐代から製鉄が盛んで、利器の製造によって知られた。その上に明礬という特産があり、これは皮革を鞣すに不可欠の物質である。その軍士は沙陀の遊牧的民族であり、軍馬の補給は長城外から無限に続けることができる。このような利点から、晋国は次第に開封の後梁政権に対して優位に立つようになった。

後梁にとって不利益なことは、これが黄巣軍団の後身であることから、教養に欠けて殺伐な風が強く、治者としての資格が十分でない点にあった。それは安史の乱の最後と彷彿たるものがあり、安禄山、史思明がいずれもその子に殺された前例のとおり、梁の太祖もその子、朱友珪に弑された。友珪が自立したものの、直ちにその弟末帝友貞に殺された。

後梁の領内、河北地方には唐以来の軍閥が魏州を中心として半独立の状態にあった。これは安禄山集団の遺孽〔子孫〕である。この魏州軍閥が寝返って晋に降ったことが、後梁にとって致命的な打撃となった。晋王李存勗は魏州兵を先導として開封に入り、後梁の末帝を攻め殺した。末帝はその期に及んでも兄弟が謀叛せぬかと恐れ、これをみな殺し尽した。

晋王李存勗、荘宗は開封を占領して帝位に即くと、自己の姓が李であるところから、大唐の後を嗣ぐと称して国を唐と号し、洛陽が唐の東都なるの故を以て、開封を去って洛陽に都した。

後唐の成立によって華北における三大軍閥が統合された。その中心は沙陀族であり、これに安史集団の遺孽たる河北軍閥、及び黄巣集団の後身たる後梁からの降兵が加わったからである。言いかえれば大唐後期の軍閥の歴史がこの新しい後唐王朝に集約されたかの観があった。ここに中国全体の統一に向う原動力が造成されたわけである。

後唐の荘宗は、義弟明宗のために位を簒われ、明宗の子閔帝はまた義兄、潞王のために位を簒われて殺された。ところがこの潞王がまた義弟の石敬瑭に攻め殺された。

契丹の興起

石敬瑭は国号を晋と号し、高祖の廟号で呼ばれるが、後唐に代ると都を開封に戻した。彼が後唐と戦った時、新たに長城外より起ったモンゴル種の契丹から援兵を借り、成功の謝礼として長城内のいわゆる燕雲十六州を割譲して契丹に与えたことは、後世に永く紛争の種を残した。普通に燕雲十六州と言われるが、実は燕とは幽州のことで、その十六州とは即ち、幽、薊、瀛、莫、涿、檀、順、新、嬀、儒、武、雲、応、寰、朔、蔚の各州である。後に後周の世宗がこのうちの瀛、莫二州を恢復し、契丹側が新たに易州を占領したから、宋代まで持越されたのは十五州である。この外に営、平、灤の三州があるが、これはずっと前から契丹領となっていて問題外にされていた。

中国中世においては五代半ば頃、後唐の頃から統一傾向が現われるのに対し、北方の異民族の間にはこれよりも一歩早く、唐末既に統一の機運が動き、長城外のシラムレン流域を中心として契丹帝国が勃興しつつあった。契丹の太祖、耶律阿保機は、これより先、長く松花江流域に国を建て、日本、唐と交通していた渤海国を滅ぼし、次第に内外モンゴリアを併せ、アジアにおける最大の武力国家となった。これは古代の匈奴、中世の突厥、回紇の帝国の再来を思わせるものがあるが、これまでの諸国はいずれも西方から興って東方に勢力を及ぼしたのに反し、契丹に至って、始めて東方から起って西方を威服した。このことはアジア大陸における東西の比重に変化が起ってきたことを示すものである。

従来パミール高原を境として、アジアを東西に分つとき、西アジア諸国の文化、経済は概して東アジアよりも優勢で、従って文物の流れは西から東へ向っていた。このことは必然的に北方遊牧民族の形勢にも影響し、直接に西アジア文明に接触する西方遊牧民族は、東方遊牧民族を圧倒して覇を唱えるのが常であった。しかるに唐末五代頃から、東アジアの中国の文化が徐々に興隆し、生産においても西方を凌駕するという新局面を迎えた。これが直ちに北方にも反映して、さてこそ東方から興った契丹の覇業が可能となったわけである。

契丹の勃興はまた東アジアにおける諸民族の民族的自覚が旺盛となった一つの現われである。この諸民族の中には中国民族も含まれることもちろんである。そしてこの民族的自覚の発達が中国の近世社会の一特長として、中世から区別される標幟（ひょうし）となるのである。

民族闘争

後晋では高祖の子出帝の時、朝廷に民族的国粋論が盛んとなり、契丹に対して臣下の礼を取るのを恥じ、対等の国交を求め、年例の贈遺を中止したので、契丹側は大いに怒り、太祖の子太宗は大挙して入寇し、開封に入って自ら中国を支配しようとし、契丹の国号を改めて中国流に遼と称した。しかし中国人民は異民族の支配に従わず、四方にゲリラ活動が盛んとなったので、太宗は中国統治を断念し、兵を纏めて北帰の途中で病死した。晋と遼との戦争は二つの民族の国粋主義の衝突であるが、また互いに相手を圧倒することの不可能なことを実証する結果となった。

中国人のゲリラ活動の瀰漫した際、山西省の軍閥、劉知遠が兵を起してゲリラを助け、遼軍が北帰すると入れかわりに開封に入り、天子の位に即いて国を漢と号した。この天子高祖は在位一年で死し、子隠帝が即位したが在位三年で周の太祖、郭威のために位を簒われた。後漢は僅かに四年、歴代の正統王朝に数えられるものの中で、これほど儚い王朝は前にも後にも外にない。

後周に入って中国はいよいよ統一成功の曙光が見えてきた。それは後唐以後の政府の中央集権政策が次第に効力を現わしてきたからによる。当時中原地方は時々の中央政府に対し服属してはいるものの、なお中央の政令が地方の隅々まで徹底しない憾みがあった。それは地方政府の軍節度使、州刺史がその地の租税を徴収しながらその軍隊を養うという、封鎖性を地盤とする所から自然に自治性が強く、中央の命令を干渉と受取って反抗したがるためである。そこで中央政府は地方の租税をいったん中央の手に収め、その租税を地方に交付して軍隊を養わせ、この軍隊は中央に直属させるという風に次第に政策を切換えて行った。そして地方軍隊の中から強壮な者を選抜して、中央に送らせ、こうして都下の禁軍を強化したのであった。

名君後周の世宗

後周の太祖は在位三年で死し、養子の世宗が即位した。五代五十余年の間に出た随一の名君と称せられる。世宗が最初に威名を顕わしたのは北漢の侵入を撃退した事件によってである。先に後漢が後周に簒われた際、後漢の一族劉崇が山西北部に自立して周の支配に服しなかった。これが北漢と呼ばれるが、いま周の世宗が太祖を継承するに当り、まだ統治権が確立せざる機を狙い、挙国の軍を挙げて決戦を挑みに襲来したのであった。世宗は自ら禁軍を率いてこれに当り、激戦して大勝を博した。この戦闘直前に敵を見ただけで逃げた将校七十余名を責めてことごとく斬(ざん)に処した。これは重賄(じゅうわい)に釣られて敵に内応した罪をとがめたのであって、当時の軍隊に通有の悪弊であったからである。一方この戦に功のあった将軍趙匡胤(ちょうきょういん)以下を厚く賞した。世宗は軍紀を振粛し、賞罰を厳明にしたので、当時としては無比の強兵を駆使することが出来るようになった。

　世宗は鋒(ほこ)を南唐に向け、その淮南江北の地を奪い、南唐を保護国とした。これによって五十年間、勢力の均衡を保っていた天下の形勢が崩壊に直面し、急転直下、統一に向って進むこととなった。それはこの海岸の塩場を含む新領土の獲得によって、周は揚子江上流諸国の死命を制することができたからである。

　中国では塩の生産地が限られている所から、自然に生産地と消費地との間の結合が固定してくるが、この傾向を決定的にしたのが、唐代に始まった専売法であって、ある産地の塩の消費区域が厳重に指定され、その境界には国境のような厳しい警戒線が設定された。この人為的な境界線が設けられると、その内と外とで官塩の価格に大きな差異が生ずるのを免れない。そこでもし安い地域の塩を、高い地域へ持ちこむと、それが官塩であっても私塩と同じ重い刑罰を受ける。こうして生産地と消費地は緊密に結合されてしまったのである。ところが唐代に揚子江流域の開発が大いに進むと、その地域に供給するために、江蘇省海岸、いわゆる淮南塩場の塩生産が急激に増加した。そしてこの地を領有する南唐が、揚子江流域を圧倒して、江南に覇を称えていた。ところがその塩場を今や後周に奪取されたのである。この結果、南唐の残余の部分、及び湖南、荊南の地方は後周の塩の供給を受けなければならなくなった。その塩の代価は必然に高いから、その点だけでも、これらの地方は自立の能力を失ってしまったのである。

この形勢は海岸沿いに国を建てた呉越、閩、南漢の諸国の上にも響いてくる。これらの諸国は領地が狭いだけに、独立政権を維持することは並大抵の苦労でなく、あるいは貿易の中継ぎ、あるいは茶、陶器などの特殊産業の育成により、農業以外の利益増収を計って、官吏軍隊を養って行かねばならなかった。従来は各国の努力が互いに相補って、纔(わず)かに均衡を保っていたのが、南唐という大黒柱が動揺し出したから、その影響は大きいのである。北方からの重圧によって、南方の諸政権が崩壊して行くのは、もはや時間の問題と思われた。

しかしながら周の世宗は、この予見されたる成果を自らの手で収めるために、あまりにも運が悪すぎた。北征して契丹と戦い、先に後晋が割譲した領土の一部を恢復するなど、目覚しい働きを示しながら、在位僅かに六年、三十九歳の若さで惜しくも病死した。子の恭帝が幼冲（ようちゅう）七歳で即位すると、兵変が起り、近衛軍の大将、趙匡胤（ちょうきょういん）が擁立されて天子となり、宋王朝が出現した。これが宋初代の太祖であるが、彼の手によって、後周世宗の残した統一事業がほぼ達成されることになった。廃位された恭帝は従来のように苛酷な運命に遇うことなくてすんだ。禅譲とは十分な実力を具えた者が堂々と行う政権授受の手段であって、何ら前王朝の反撃を恐れる必要はないという、三国魏の先例が久し振りに復活されたわけである。そしてこれと同時に中世は終りを告げていた。宋の太祖の即位を最後として、中世の特徴と見られる禅譲は、永久に中国史上に見られなくなってしまったのである。

中国史（上）〔全2冊〕

2015年5月15日　第1刷発行
2025年2月25日　第9刷発行

著　者　宮崎市定

発行者　坂本政謙

発行所　株式会社　岩波書店
〒101-8002 東京都千代田区一ツ橋2-5-5

案内 03-5210-4000　営業部 03-5210-4111
文庫編集部 03-5210-4051
https://www.iwanami.co.jp/

印刷 製本・法令印刷　カバー・精興社

ISBN 978-4-00-331333-6　　Printed in Japan

読書子に寄す

――岩波文庫発刊に際して――

岩波茂雄

真理は万人によって求められることを自ら欲し、芸術は万人によって愛されることを自ら望む。かつては民を愚昧ならしめるために学芸が最も狭き堂宇に閉鎖されたことがあった。今や知識と美とを特権階級の独占より奪い返すことはつねに進取的なる民衆の切実なる要求である。岩波文庫はこの要求に応じそれに励まされて生まれた。それは生命ある不朽の書を少数者の書斎と研究室とより解放して街頭にくまなく立たしめ民衆に伍せしめるであろう。近時大量生産予約出版の流行を見る。その広告宣伝の狂態はしばらくおくも、後代にのこすと誇称する全集がその編集に万全の用意をなしたるか。千古の典籍の翻訳企図に敬虔の態度を欠かざりしか。さらに分売を許さず読者を繫縛して数十冊を強うるがごとき、はたしてその揚言する学芸解放のゆえんなりや。吾人は天下の名士の声に和してこれを推挙するに躊躇するものである。このときにあたって、岩波書店は自己の責務のいよいよ重大なるを思い、従来の方針の徹底を期するため、すでに十数年以前より志して来た計画を慎重審議この際断然実行することにした。吾人は範をかのレクラム文庫にとり、古今東西にわたって文芸・哲学・社会科学・自然科学等種類のいかんを問わず、いやしくも万人の必読すべき真に古典的価値ある書をきわめて簡易なる形式において逐次刊行し、あらゆる人間に須要なる生活向上の資料、生活批判の原理を提供せんと欲する。この文庫は予約出版の方法を排したるがゆえに、読者は自己の欲する時に自己の欲する書物を各個に自由に選択することができる。携帯に便にして価格の低きを最主とするがゆえに、外観を顧みざるも内容に至っては厳選最も力を尽くし、従来の岩波出版物の特色をますます発揮せしめようとする。この計画たるや世間の一時の投機的なるものと異なり、永遠の事業として吾人は微力を傾倒し、あらゆる犠牲を忍んで今後永久に継続発展せしめ、もって文庫の使命を遺憾なく果たさしめることを期する。芸術を愛し知識を求むる士の自ら進んでこの挙に参加し、希望と忠言とを寄せられることは吾人の熱望するところである。その性質上経済的には最も困難多きこの事業にあえて当たらんとする吾人の志を諒として、その達成のため世の読書子とのうるわしき共同を期待する。

昭和二年七月

《東洋思想》〔青〕

- 易経 全二冊 高田真治・後藤基巳訳
- 論語 金谷治訳注
- 孔子家語 藤原正校訳
- 孟子 全二冊 小林勝人訳注
- 老子 蜂屋邦夫訳注
- 荘子 全四冊 金谷治訳注
- 新訂 孫子 金谷治訳注
- 荀子 全二冊 金谷治訳注
- 韓非子 全四冊 金谷治訳注
- 史記列伝 全五冊 司馬遷 小川環樹・今鷹真・福島吉彦訳
- 春秋左氏伝 全三冊 小倉芳彦訳
- 塩鉄論 曾我部静雄訳註
- 千字文 小川環樹・木田章義注解
- 大学・中庸 金谷治訳注
- 仁学 —清末の社会変革論 譚嗣同 西順蔵・坂元ひろ子訳注
- 章炳麟集 —清末の民族革命思想 西順蔵・近藤邦康編訳
- 梁啓超文集 岡本隆司・石川禎浩・高嶋航編訳
- マヌの法典 田辺繁子訳
- ガンディー 獄中からの手紙 森本達雄訳
- 随園食単 袁枚 青木正児訳註
- ウパデーシャ・サーハスリー —真実の自己の探求 シャンカラ 前田専学訳

《仏教》〔青〕

- ブッダのことば —スッタニパータ 中村元訳
- ブッダの 真理のことば 感興のことば 中村元訳
- 般若心経・金剛般若経 中村元・紀野一義訳註
- 法華経 全三冊 坂本幸男・岩本裕訳注
- 日蓮文集 兜木正亨校注
- 浄土三部経 全二冊 中村元・早島鏡正・紀野一義訳註
- 大乗起信論 宇井伯寿・高崎直道訳注
- 臨済録 入矢義高訳注
- 碧巌録 全三冊 入矢義高・溝口雄三・末木文美士・伊藤文生訳注
- 無門関 西村恵信訳注
- 法華義疏 全二冊 聖徳太子 花山信勝校訳
- 往生要集 全二冊 源信 石田瑞麿訳注
- 教行信証 親鸞 金子大栄校訂
- 歎異抄 金子大栄校注
- 正法眼蔵 全四冊 道元 水野弥穂子校注
- 正法眼蔵随聞記 懐奘編 和辻哲郎校訂
- 道元禅師清規 大久保道舟訳注
- 一遍上人語録 —付 播州法語集 大橋俊雄校注
- 南無阿弥陀仏 —付 心偈 柳宗悦
- 蓮如上人御一代聞書 稲葉昌丸校訂
- 日本的霊性 鈴木大拙 篠田英雄校訂
- 新編 東洋的な見方 鈴木大拙 上田閑照編
- 大乗仏教概論 鈴木大拙 佐々木閑訳
- 浄土系思想論 鈴木大拙
- 神秘主義 キリスト教と仏教 鈴木大拙 坂東性純・清水守拙訳
- 禅の思想 鈴木大拙
- ブッダ最後の旅 —大パリニッバーナ経 中村元訳
- 仏弟子の告白 —テーラガーター— 中村元訳

尼僧の告白 —テーリーガーター 中村元訳
ブッダ神々との対話 —サンユッタ・ニカーヤI 中村元訳
ブッダ悪魔との対話 —サンユッタ・ニカーヤII 中村元訳
禅林句集 足立大進校注
ブッダが説いたこと ワールポラ・ラーフラ 今枝由郎訳
ブータンの瘋狂聖ドゥクパ・クンレー伝 ゲンドゥン・リンチェン編 今枝由郎訳
梵文和訳 華厳経入法界品 梶山雄一・丹治昭義・津田真一・田村智淳・桂紹隆 訳注

《音楽・美術》〔青〕

ベートーヴェンの生涯 ロマン・ロラン 片山敏彦訳
音楽と音楽家 シューマン 吉田秀和訳
レオナルド・ダ・ヴィンチの手記 全二冊 杉浦明平訳
ゴッホの手紙 全三冊 硲伊之助訳
ビゴー日本素描集 清水勲編
ワーグマン日本素描集 清水勲編
河鍋暁斎戯画集 山口静一・及川茂編
葛飾北斎伝 飯島虚心 鈴木重三校注
ヨーロッパのキリスト教美術 —十二世紀から十八世紀まで 全二冊 エミール・マール 柳宗玄・荒木成子訳

近代日本漫画百選 清水勲編
蛇儀礼 ヴァールブルク 三島憲一訳
ミレー ロマン・ロラン 蛯原徳夫訳
日本の近代美術 土方定一
日本洋画の曙光 平福百穂
映画とは何か 全二冊 アンドレ・バザン 野崎歓・大原宣久・谷本道昭訳
漫画 坊っちゃん 近藤浩一路
漫画 吾輩は猫である 近藤浩一路
ロバート・キャパ写真集 ICPロバート・キャパ・アーカイブ編
北斎 富嶽三十六景 日野原健司編
日本漫画史 —鳥獣戯画から岡本一平まで 細木原青起
世紀末ウィーン文化評論集 ヘルマン・バール 西村雅樹編訳
ゴヤの手紙 全二冊 大高保二郎・松原典子編訳
丹下健三建築論集 豊川斎赫編
丹下健三都市論集 豊川斎赫編
ギリシア芸術模倣論 ヴィンケルマン 田邊玲子訳
堀口捨己建築論集 藤岡洋保編

《東洋文学》〔赤〕

楚辞　小南一郎訳注
杜甫詩選　黒川洋一編
李白詩選　松浦友久編訳
唐詩選　全三冊　前野直彬注解
完訳 三国志　全八冊　小川環樹・金田純一郎訳
西遊記　全十冊　中野美代子訳
菜根譚　洪自誠　今井宇三郎訳注
阿Q正伝・狂人日記 他十二篇（吶喊）　魯迅　竹内好訳
朝花夕拾　魯迅　松枝茂夫訳
歴史小品　郭沫若　平岡武夫訳
家　全二冊　巴金　飯塚朗訳
新編 中国名詩選　全三冊　川合康三編訳
聊斎志異　全二冊　蒲松齢　立間祥介編訳
李商隠詩選　川合康三選訳
白楽天詩選　全二冊　川合康三訳注
文選　全六冊　川合康三・富永一登・釜谷武志・和田英信・浅見洋二・緑川英樹訳注
曹操・曹丕・曹植詩文選　川合康三編訳
ケサル王物語 ―チベットの英雄叙事詩　アレクサンドラ・ダヴィッド＝ネール　アプル・ユンテン　富樫瓔子訳
バガヴァッド・ギーター　上村勝彦訳
ダライ・ラマ六世恋愛詩集　今枝由郎・海老原志穂編訳
朝鮮童謡選　金素雲訳編
朝鮮短篇小説選　全二冊　大村益夫・長璋吉・三枝壽勝編訳
尹東柱詩集 空と風と星と詩　金時鐘編訳
アイヌ民譚集 付 えぞおばけ列伝　知里真志保編訳
アイヌ叙事詩 ユーカラ　金田一京助採集並ニ訳

《ギリシア・ラテン文学》〔赤〕

ホメロス イリアス　全二冊　松平千秋訳
ホメロス オデュッセイア　全二冊　松平千秋訳
イソップ寓話集　中務哲郎訳
アイスキュロス アガメムノーン　久保正彰訳
アイスキュロス 縛られたプロメーテウス　呉茂一訳
アンティゴネー　ソポクレース　中務哲郎訳
ソポクレス オイディプス王　藤沢令夫訳
ソポクレス コロノスのオイディプス　高津春繁訳
ヒッポリュトス ―パイドラーの恋　エウリーピデース　松平千秋訳
バッカイ ―バッコスに憑かれた女たち　エウリーピデース　逸身喜一郎訳
ヘシオドス 神統記　廣川洋一訳
女の議会　アリストパネース　村川堅太郎訳
アポロドーロス ギリシア神話　高津春繁訳
ダフニスとクロエー　ロンゴス　松平千秋訳
ギリシア・ローマ抒情詩選 ―花冠　呉茂一訳
オウィディウス 変身物語　全二冊　中村善也訳
サテュリコン ―古代ローマの諷刺小説　ペトロニウス　国原吉之助訳
ギリシア・ローマ神話 付 インド・北欧神話　ブルフィンチ　野上弥生子訳
ギリシア・ローマ名言集　柳沼重剛編
ローマ諷刺詩集　ペルシウス　ユウェナーリス　国原吉之助訳

《南北ヨーロッパ他文学》(赤)

ダンテ 新生 山川丙三郎訳
夢のなかの夢 タブッキ 和田忠彦訳
カヴァレリーア・ルスティカーナ 他十一篇 G・ヴェルガ 河島英昭訳
カルヴィーノ イタリア民話集 全二冊 河島英昭編訳
むずかしい愛 カルヴィーノ 和田忠彦訳
パロマー カルヴィーノ 和田忠彦訳
カルヴィーノ アメリカ講義 —新たな千年紀のための六つのメモ 米川良夫 和田忠彦訳
まっぷたつの子爵 カルヴィーノ 河島英昭訳
魔法の庭・空を見上げる部族 他十四篇 カルヴィーノ 和田忠彦訳
ペトラルカ ルネサンス書簡集 近藤恒一編訳
ペトラルカ 無知について 近藤恒一訳
美しい夏 パヴェーゼ 河島英昭訳
流刑 パヴェーゼ 河島英昭訳
祭の夜 パヴェーゼ 河島英昭訳
月と篝火 パヴェーゼ 河島英昭訳
ウンベルト・エーコ 小説の森散策 和田忠彦訳

バウドリーノ 全二冊 ウンベルト・エーコ 堤康徳訳
タタール人の砂漠 ブッツァーティ 脇功訳
ラサリーリョ・デ・トルメスの生涯 会田由訳
ドン・キホーテ 前篇 全三冊 セルバンテス 牛島信明訳
ドン・キホーテ 後篇 全三冊 セルバンテス 牛島信明訳
娘たちの空返事 他一篇 モラティン 佐竹謙一訳
プラテーロとわたし J・R・ヒメーネス 長南実訳
オルメードの騎士 ロペ・デ・ベガ 長南実訳
サラマンカの学生 他六篇 エスプロンセーダ 佐竹謙一訳
セビーリャの色事師と石の招客 他一篇 ティルソ・デ・モリーナ 佐竹謙一訳
ティラン・ロ・ブラン 全四冊 J・マルトゥレイ M・J・ダ・ガルバ 田澤耕訳
ダイヤモンド広場 マルセー・ルドゥレダ 田澤耕訳
完訳 アンデルセン童話集 全七冊 大畑末吉訳
即興詩人 全二冊 アンデルセン 大畑末吉訳
アンデルセン自伝 大畑末吉訳
王の没落 イェンセン 長島要一訳
イプセン 人形の家 原千代海訳

イプセン 野鴨 原千代海訳
令嬢ユリェ ストリントベルク 茅野蕭々訳
アミエルの日記 全四冊 河野与一訳
クオ・ワディス 全三冊 シェンキェーヴィチ 木村彰一訳
山椒魚戦争 カレル・チャペック 栗栖継訳
ロボット(R・U・R) チャペック 千野栄一訳
白い病 カレル・チャペック 阿部賢一訳
マクロプロスの処方箋 カレル・チャペック 阿部賢一訳
灰とダイヤモンド 全二冊 アンジェイェフスキ 川上洸訳
牛乳屋テヴィエ ショレム・アレイヘム 西成彦訳
完訳 千一夜物語 全十三冊 豊島与志雄 渡辺一夫 佐藤正彰 岡部正孝訳
ルバイヤート オマル・ハイヤーム 小川亮作訳
ゴレスターン サァディー 沢英三訳
アブー・ヌワース アラブ飲酒詩選 アブー・ヌワース 塙治夫編訳
王書 古代ペルシャの神話・伝説 フェルドウスィー 岡田恵美子訳
中世騎士物語 ブルフィンチ 野上弥生子訳
コルタサル短篇集 悪魔の涎・追い求める男 他八篇 木村榮一訳

遊戯の終わり　コルタサル　木村榮一訳
秘密の武器　コルタサル　木村榮一訳
ペドロ・パラモ　ファン・ルルフォ　杉山晃　増田義郎訳
伝奇集　J・L・ボルヘス　鼓直訳
創造者　J・L・ボルヘス　鼓直訳
続審問　J・L・ボルヘス　中村健二訳
七つの夜　J・L・ボルヘス　野谷文昭訳
詩という仕事について　J・L・ボルヘス　鼓直訳
汚辱の世界史　J・L・ボルヘス　中村健二訳
ブロディーの報告書　J・L・ボルヘス　鼓直訳
アレフ　J・L・ボルヘス　鼓直訳
語るボルヘス　—書物・不死性・時間ほか　J・L・ボルヘス　木村榮一訳
シェイクスピアの記憶　ホルヘ・ルイス・ボルヘス　内田兆史　鼓直訳
20世紀ラテンアメリカ短篇選　野谷文昭編訳
フエンテス短篇集 アウラ・純な魂 他四篇　木村榮一訳
アルテミオ・クルスの死　フエンテス　木村榮一訳
緑の家　全二冊　バルガス＝リョサ　木村榮一訳

密林の語り部　バルガス＝リョサ　西村英一郎訳
ラ・カテドラルでの対話　バルガス＝リョサ　旦敬介訳
弓と竪琴　オクタビオ・パス　牛島信明訳
鷲か太陽か？　オクタビオ・パス　野谷文昭訳
ラテンアメリカ民話集　三原幸久編訳
やし酒飲み　エイモス・チュツオーラ　土屋哲訳
薬草まじない　エイモス・チュツオーラ　土屋哲訳
マイケル・K　J・M・クッツェー　くぼたのぞみ訳
ミゲル・ストリート　V・S・ナイポール　小沢自然　小野正嗣訳
キリストはエボリで止まった　カルロ・レーヴィ　竹山博英訳
クァジーモド全詩集　河島英昭訳
ウンガレッティ全詩集　河島英昭訳
クオーレ　デ・アミーチス　和田忠彦訳
ゼーノの意識　全二冊　ズヴェーヴォ　堤康徳訳
冗談　ミラン・クンデラ　西永良成訳
小説の技法　ミラン・クンデラ　西永良成訳
世界イディッシュ短篇選　西成彦編訳

シェフチェンコ詩集　藤井悦子編訳
死と乙女　アリエル・ドルフマン　飯島みどり訳

《ロシア文学》〔赤〕

- オネーギン　プーシキン 池田健太郎訳
- スペードの女王・ベールキン物語　プーシキン 神西清訳
- 外套・鼻　ゴーゴリ 平井肇訳
- 日本渡航記 ―フレガート「パルラダ」号より　ゴンチャロフ 井上満訳
- 二重人格　ドストエフスキー 小沼文彦訳
- 罪と罰 全三冊　ドストエフスキー 江川卓訳
- 白痴 全二冊　ドストエーフスキイ 米川正夫訳
- カラマーゾフの兄弟 全四冊　ドストエーフスキイ 米川正夫訳
- アンナ・カレーニナ 全三冊　トルストイ 中村融訳
- 戦争と平和 全六冊　トルストイ 藤沼貴訳
- トルストイ民話集 人はなんで生きるか 他四篇　中村白葉訳
- トルストイ民話集 イワンのばか 他八篇　中村白葉訳
- イワン・イリッチの死　トルストイ 米川正夫訳
- 復活 全二冊　トルストイ 藤沼貴訳
- 人生論　トルストイ 中村融訳
- かもめ　チェーホフ 浦雅春訳
- ワーニャおじさん　チェーホフ 小野理子訳
- 桜の園　チェーホフ 小野理子訳
- チェーホフ 妻への手紙 全二冊　湯浅芳子訳
- カシタンカ・ねむい 他七篇　チェーホフ 神西清訳
- ゴーリキー短篇集　上田進 横田瑞穂 訳編
- どん底　ゴーリキイ 中村白葉訳
- ソルジェニーツィン短篇集　木村浩編訳
- アファナーシエフ ロシア民話集 全二冊　中村喜和編訳
- われら　ザミャーチン 川端香男里訳
- プラトーノフ作品集　原卓也訳
- 悪魔物語・運命の卵　ブルガーコフ 水野忠夫訳
- 巨匠とマルガリータ 全二冊　ブルガーコフ 水野忠夫訳

《日本文学(古典)》〔黄〕

- 古事記　倉野憲司校注
- 日本書紀　全五冊　坂本太郎・家永三郎・井上光貞・大野晋校注
- 万葉集　全五冊　佐竹昭広・山田英雄・工藤力男・大谷雅夫・山崎福之校注
- 竹取物語　阪倉篤義校訂
- 伊勢物語　大津有一校注
- 玉造小町子壮衰書 ―小野小町物語　杤尾武校注
- 古今和歌集　佐伯梅友校注
- 土左日記　紀貫之　鈴木知太郎校注
- 蜻蛉日記　今西祐一郎校注
- 紫式部日記　池田亀鑑・秋山虔校注
- 紫式部集 付 大弐三位集・藤原惟規集　紫式部　南波浩校注
- 源氏物語　全九冊　柳井滋・室伏信助・大朝雄二・鈴木日出男・藤井貞和・今西祐一郎校注
- 源氏物語山路の露・補作雲隠六帖 他二篇　今西祐一郎編注
- 枕草子　池田亀鑑校訂
- 和泉式部日記　清水文雄校注
- 更級日記　西下経一校注

- 今昔物語集　全四冊　池上洵一編
- 堤中納言物語　大槻修校注
- 西行全歌集　久保田淳・吉野朋美校注
- 建礼門院右京大夫集 付 平家公達草紙　久松潜一・久保田淳校注
- 拾遺和歌集　小町谷照彦・倉田実校注
- 後拾遺和歌集　久保田淳・平田喜信校注
- 金葉和歌集　川村晃生・柏木由夫・伊倉史人校注
- 詞花和歌集　工藤重矩校注
- 古語拾遺　斎部広成撰　西宮一民校注
- 王朝漢詩選　小島憲之編
- 新訂 方丈記　市古貞次校注
- 新訂 新古今和歌集　佐佐木信綱校訂
- 新訂 徒然草　西尾実・安良岡康作校注
- 平家物語　全四冊　梶原正昭・山下宏明校注
- 神皇正統記　北畠親房　岩佐正校注
- 御伽草子　全二冊　市古貞次校注
- 王朝秀歌選　樋口芳麻呂校注

- 定家八代抄 ―続王朝秀歌選　全二冊　樋口芳麻呂・後藤重郎校注
- 閑吟集　真鍋昌弘校注
- 中世なぞなぞ集　鈴木棠三編
- 千載和歌集　久保田淳校注
- 謡曲選集 読む能の本　野上豊一郎編
- おもろさうし　外間守善校注
- 太平記　全六冊　兵藤裕己校注
- 好色一代男　井原西鶴　横山重校訂
- 好色五人女　井原西鶴　東明雅校註
- 武道伝来記　井原西鶴　横山重・前田金五郎校注
- 西鶴文反古　井原西鶴　片岡良一校訂
- 芭蕉紀行文集 付 嵯峨日記　中村俊定校注
- 芭蕉おくのほそ道 付 曾良旅日記・奥細道菅菰抄　萩原恭男校注
- 芭蕉俳句集　中村俊定校注
- 芭蕉連句集　中村俊定・萩原恭男校注
- 芭蕉書簡集　萩原恭男校注
- 芭蕉文集　潁原退蔵編註

- 芭蕉俳文集 全二冊 堀切実編注
- 芭蕉自筆 奥の細道 上野洋三・櫻井武次郎校注
- 蕪村俳句集 付 春風馬堤曲 他二篇 尾形仂校注
- 蕪村七部集 伊藤松宇校訂
- 近世畸人伝 伴蒿蹊／森銑三校註
- 雨月物語 上田秋成／長島弘明校注
- 宇下人言 修行録 松平定信／松平定光校訂
- 新訂 一茶俳句集 丸山一彦校注
- 一茶 父の終焉日記・おらが春 他一篇 矢羽勝幸校注
- 増補 俳諧歳時記栞草 全二冊 曲亭馬琴編／藍亭青藍補／堀切実校注
- 北越雪譜 鈴木牧之編撰／京山人百樹刪定／岡田武松校訂
- 東海道中膝栗毛 全二冊 十返舎一九／麻生磯次校注
- 浮世床 式亭三馬／和田万吉校訂
- 梅暦 全二冊 為永春水／古川久校訂
- 百人一首一夕話 全二冊 尾崎雅嘉／古川久校訂
- こぶとり爺さん・かちかち山 —日本の昔ばなしI 関敬吾編
- 桃太郎・舌きり雀・花さか爺 —日本の昔ばなしII 関敬吾編

- 一寸法師・さるかに合戦・浦島太郎 —日本の昔ばなしIII 関敬吾編
- 芭蕉臨終記 花屋日記 付 芭蕉翁終焉記・前後日記・行状記 小宮豊隆校訂
- 醒睡笑 全二冊 安楽庵策伝／鈴木棠三校注
- 歌舞伎十八番の内 勧進帳 郡司正勝校注
- 江戸怪談集 全三冊 高田衛編・校注
- 柳多留名句選 山澤英雄選／粕谷宏紀校注
- 松蔭日記 上野洋三校注
- 鬼貫句選・独ごと 復本一郎校注
- 井月句集 復本一郎編
- 花見車・元禄百人一句 雲英末雄・佐藤勝明校注
- 江戸漢詩選 全二冊 揖斐高編訳
- 説経節 俊徳丸・小栗判官 他三篇 兵藤裕己編注

《日本思想》〔青〕

風姿花伝（花伝書）	世阿弥／野上豊一郎・西尾実校訂
五輪書	宮本武蔵／渡辺一郎校注
葉隠 全三冊	山本常朝／和辻哲郎・古川哲史校訂
養生訓・和俗童子訓	貝原益軒／石川謙校訂
貝原益軒 大和俗訓	石川謙校訂
蘭学事始	杉田玄白／緒方富雄校註
島津斉彬言行録	牧野伸顕序
塵劫記	吉田光由／大矢真一校注
兵法家伝書 付 新陰流兵法目録事	柳生宗矩／渡辺一郎校注
農業全書	宮崎安貞編録／貝原楽軒删補／土屋喬雄校訂
上宮聖徳法王帝説	東野治之校注
霊の真柱	平田篤胤／子安宣邦校注
仙境異聞・勝五郎再生記聞	平田篤胤／子安宣邦校注
茶湯一会集・閑夜茶話	井伊直弼／戸田勝久校注
西郷南洲遺訓 附 手抄言志録及遺文	山田済斎編
文明論之概略	福沢諭吉／松沢弘陽校注
新訂 福翁自伝	富田正文校訂
学問のすゝめ	福沢諭吉
福沢諭吉教育論集	山住正己編
福沢諭吉家族論集	中村敏子編
福沢諭吉の手紙	慶應義塾編
新島襄の手紙	同志社編
新島襄 教育宗教論集	同志社編
新島襄自伝 —手記・紀行文・日記	同志社編
植木枝盛選集	家永三郎編
日本の下層社会	横山源之助
中江兆民 三酔人経綸問答	桑原武夫・島田虔次訳・校注
中江兆民評論集	松永昌三編
一年有半・続一年有半	中江兆民／井田進也校注
憲法義解	伊藤博文／宮沢俊義校註
日本風景論	志賀重昂／近藤信行校訂
日本開化小史	田口卯吉／嘉治隆一校訂
新訂 蹇蹇録 —日清戦争外交秘録	陸奥宗光／中塚明校注
茶の本	岡倉覚三／村岡博訳
武士道	新渡戸稲造／矢内原忠雄訳
新渡戸稲造論集	鈴木範久編
キリスト信徒のなぐさめ	内村鑑三
余はいかにしてキリスト信徒となりしか	内村鑑三／鈴木範久訳
代表的日本人	内村鑑三／鈴木範久訳
後世への最大遺物・デンマルク国の話	内村鑑三
宗教座談	内村鑑三
ヨブ記講演	内村鑑三
足利尊氏	山路愛山
徳川家康 全二冊	山路愛山
妾の半生涯	福田英子
三十三年の夢	宮崎滔天／島田虔次・近藤秀樹校注
善の研究	西田幾多郎
西田幾多郎哲学論集 II —論理と生命 他四篇	上田閑照編
西田幾多郎哲学論集 III —自覚について 他四篇	上田閑照編
西田幾多郎歌集	上田薫編

岩波文庫の最新刊

川本皓嗣編
新編 イギリス名詩選
〈歌う喜び〉を感じさせてやまない名詩の数々。一六世紀のスペンサーから二〇世紀後半のヒーニーまで、愛され親しまれている九二篇を対訳で編む。待望の新編。
〔赤二七三-二〕 定価一二七六円

辻 茂編訳/石原靖夫・望月一史訳
チェンニーノ・チェンニーニ
絵画術の書
フィレンツェの工房で伝えられてきた、ジョット以来の偉大な絵画技法を伝える歴史的文献。現存する三写本からの完訳に、詳細な用語解説を付す。(口絵四頁)
〔青五八八-一〕 定価一四三〇円

ルートヴィヒ・ボルツマン著/稲葉肇訳
気体論講義(上)
気体分子の運動に確率計算を取り入れ、統計的方法にもとづく力学理論を打ち立てた、ルートヴィヒ・ボルツマン(一八四四―一九〇六)の集大成といえる著作。(全二冊)
〔青九五九-一〕 定価一四三〇円

相馬御風編注
良寛和尚歌集
良寛(一七五八―一八三一)の和歌は、日本人の心をとらえて来た。良寛研究の礎となった相馬御風(一八八三―一九五〇)の評釈で歌を味わう。(解説=鈴木健一・復本一郎)
〔黄二二二-二〕 定価六四九円

……今月の重版再開……

シュテファン・ツワイク作/高橋禎二、秋山英夫訳
マリー・アントワネット(上)
〔赤四三七-一〕 定価一一五五円

シュテファン・ツワイク作/高橋禎二、秋山英夫訳
マリー・アントワネット(下)
〔赤四三七-二〕 定価一一五五円

定価は消費税10%込です 2025.1

岩波文庫の最新刊

形而上学叙説 他五篇
ライプニッツ著／佐々木能章訳

中期の代表作『形而上学叙説』をはじめ、アルノー宛書簡などを収録。後年の「モナド」や「予定調和」の萌芽をここに見る。七五年ぶりの新訳。
〔青六一六-三〕　定価一二七六円

気体論講義 (下)
ルートヴィヒ・ボルツマン著／稲葉肇訳

気体は熱力学に支配され、分子は力学に支配される。下巻においてボルツマンは、二つの力学を関係づけ、統計力学の理論的な基礎づけも試みる。（全二冊）
〔青九五九-二〕　定価一四三〇円

八木重吉詩集
若松英輔編

近代詩の彗星、八木重吉(一八九八-一九二七)。生への愛しみとかなしみに満ちた詩篇を、『秋の瞳』『貧しき信徒』、残された「詩稿」「訳詩」から精選。
〔緑二三六-一〕　定価一一五五円

過去と思索 (六)
ゲルツェン著／金子幸彦・長縄光男訳

亡命先のロンドンから自身の雑誌《北極星》や新聞《コロコル》を通じて、「自由な言葉」をロシアに届けるゲルツェン。人生の絶頂期を迎える。（全七冊）
〔青N六一〇-七〕　定価一五〇七円

今月の重版再開

死せる魂 (上)(中)(下)
ゴーゴリ作／平井肇・横田瑞穂訳

〔赤六〇五-四～六〕　定価(上)八五八、(中)七九二、(下)八五八円